U0902282

北京市社会科学基金青年项目“首都失能、半失能老人居家养老的社会支持研究”部分研究成果（编号：19GLC061）

中国社会科学院大学校级学术创新支持计划青年项目“嵌入式养老的国际经验研究”（编号：02011903820159）

EMBEDDED

嵌入式养老研究：
基于试点数据与国际经验

ENDOWMENT

Embedded Endowment Research:
Based on Pilot Data and International Experience

周　悦　著

中国社会科学出版社

图书在版编目（CIP）数据

嵌入式养老研究：基于试点数据与国际经验/周悦著.
—北京：中国社会科学出版社，2020.10
ISBN 978-7-5203-7426-2

Ⅰ.①嵌…　Ⅱ.①周…　Ⅲ.①养老—社会服务—研究
Ⅳ.①C913.6

中国版本图书馆 CIP 数据核字(2020)第 205015 号

出 版 人　赵剑英
责任编辑　刘晓红
责任校对　周晓东
责任印制　戴　宽

出　　版　中国社会科学出版社
社　　址　北京鼓楼西大街甲 158 号
邮　　编　100720
网　　址　http://www.csspw.cn
发 行 部　010-84083685
门 市 部　010-84029450
经　　销　新华书店及其他书店

印刷装订　北京市十月印刷有限公司
版　　次　2020 年 10 月第 1 版
印　　次　2020 年 10 月第 1 次印刷

开　　本　710×1000　1/16
印　　张　15.5
插　　页　2
字　　数　209 千字
定　　价　88.00 元

前　言

综观全球，人口老龄化已成定势，欧洲是老龄化最严重的区域，美洲、亚洲、大洋洲人口老龄化步伐正在加快。截止到 2018 年年底，全球 65 岁以上的老人大约有 7.05 亿人。中国自 1999 年进入人口老龄化社会开始至 2019 年，这 20 年，我国老年人口净增 1.18 亿人，成为目前世界上唯一老年人口超过 2 亿的国家。老年人口的攀升、老龄化问题的加剧、养老需求的增加，给养老服务体系提出了新的难题和新的挑战。

“二战”后，西方主要发达国家养老服务业中出现了居家社区养老服务替代机构养老服务的趋势，国外养老模式大致经历了“家庭照护—机构照护—去机构化—社区照护”的衍化路径。当前，就地养老已成为发达国家和发展中国家的普遍共识，去机构化养老、发展居家养老和社区养老成为首选。社区居家养老是老年人口增加—养老服务需求增多—社区养老资源整合的过程，因此社会嵌入理论是解释“嵌入式养老”模式较有说服力的理论工具。嵌入式居家养老作为一种新型养老服务模式，可以有效修正家庭养老和社区养老的社会性不足，以及机构养老的过度社会化问题。嵌入式居家养老模式是以家庭和社区为载体，以资源嵌入、功能嵌入和多元的运作方式嵌入为理念，通过竞争机制在社区内嵌入一个市场化运营的养老方式，整合周边养老服务资源，为老年人就近养老提供专业化、个性化、便利化的养老服务。

本书围绕嵌入式养老这一核心命题和重要模式展开研究，依托两大研究工具，即中国国内试点数据和国外发展经验，既立足本国实践实际，又具备全球国际视野。国内试点数据选自 2016 年全国第一批居家和社区养老服务改革试点地区，而 2019 年恰逢三年考评期。本书从 26 个试点地区抽取标杆试点区域，并在东中西部省份分别抽取试点样本，保证数据准确、科学、严谨。国外发展经验方面，已有研究多以日本为主引介嵌入式养老经验，而本书选取北美、欧洲、亚洲发达国家和地区为主要研究对象，更加全面、客观、科学地引鉴国际经验。

本书结构严谨、脉络清晰，按照思考逻辑层层递进、逐步深入，囊括理论与实践模块、历史与未来模块。全书分为四大部分，七个章节。第一部分为理论模块，是本书的研究依据，涵盖第一章和第二章，对研究背景和研究理论进行客观、全面阐释；第二部分为历史模块，是本书的研究基础，涵盖第三章，对已有政策和实践进行回顾和盘点；第三部分为实践嵌入，是本书的研究重点，涵盖第四章、第五章和第六章，对国内试点情况和国际发展经验进行评测、梳理和总结；第四部分为未来模块，是本书的研究升华，涵盖第七章，内容包括对养老服务体系的整体性回顾和前瞻性思考，以及对我国嵌入式养老发展的具体建议。

第一章是人口老龄化的概念与趋势，主要包括界定人口老龄化的相关概念，对全球和中国人口老龄化趋势进行分析和预测，认为中国人口老龄化存在高龄和失能人口占比较大、地区和城乡老龄化差异大、家庭和社会养老负担较重等特点，从而引出嵌入式养老学术研究和实践研究的必要性和可行性。

第二章是嵌入式养老的理论溯源，主要包括界定养老和嵌入式养老的核心概念，嵌入式养老的国内外文献述评，嵌入式养老的理论基础。嵌入式居家养老是以福利多元主义、社区照顾理论、网络化治理理论和社会嵌入理论为理论依据，诠释居家养老新模式，整合家庭养老、社区养老和机构养老的功能优势，统筹微观（家庭、社区）—中观（企事业单位、社会组织）—宏观（地方政府、中央政府）社会网络的合作资源，融合国际发展趋势、国内政策导向和传统文化习俗，将普惠性、保障性、辐射性的养老服务嵌入老年人身边、床边和周边，提升原居养老、在地养老和居家养老的服务质效。

第三章是我国嵌入式养老的政策与实践盘点，主要包括我国嵌入式养老的政策回顾和实践梳理，基于全国样本数据的社区嵌入式养老实证测评和我国社区嵌入式养老的发展盘点。通过全国性样本数据分析得出发展社区嵌入式养老的关键点，即一是养老服务主体多元化，二是养老服务项目多样化，三是养老服务方式市场化，四是养老服务标准规范化，五是养老服务设施智能化，六是养老服务覆盖普惠化。

第四章是我国嵌入式养老模式的试点与监管，主要包括北京市、上海市、浙江省、湖南省、四川省、云南省嵌入式养老的任务进程和监管经验，并重点阐释了我国嵌入式养老试点监管的困境与对策。北京市、上海市、四川省在试点自评和互评评估中比较突出，其经验可在全省（市）乃至全国推广。

第五章是我国嵌入式养老模式的共性特征与发展桎梏，本章涵盖两部分，一是嵌入式养老模式的共性特征，包括多元主体协同的关系嵌入、养老体系基石的结构嵌入、养老资源整合的功能嵌入、养老能力提升的制度嵌入以及养老服务升级的文化嵌入；二是我国嵌入式养老模式的发展桎梏，包括政策对接问题、资源整合问题、组织运营问题和服务管理问题。

第六章是国外及我国港台地区嵌入式养老经验借鉴，包括美国、英国、德国、日本、新加坡以及我国的香港地区和台湾地区嵌入式养老的发展概况，其中我国的台湾地区和香港地区为实地考察区域。国外及我国港台地区嵌入式养老经验可从七个方面借鉴，一是强化社区家庭养老功能，二是健全社会资源筹措机制，三是规范养老人才输出模式，四是多功能嵌入式养老设施，五是多样化嵌入式养老服务，六是重点推进医养结合服务，七是健全养老质量监管体系。

第七章是我国嵌入式养老模式的未来展望，包括我国养老服务体系的整体性回顾和前瞻性思考，重点提出未来我国嵌入式养老发展的具体思路。未来从三个方面发展嵌入式养老模式，一是构建优化协同的嵌入关系，包括强化政府部门规划与建设主体责任、优化政府市场社会多主体协同关系、健全养老服务全面评价和监督机制；二是强化运营管理的嵌入能力，包括推进养老服务市场化和社会化运营、完善养老机构风险管理和质量管理、强化嵌入式养老的基础和特色功能；三是提升科学合理的嵌入质效，包括建设存量改造和增量优化的硬件设施、促进智慧养老和“互联网＋养老”软件创新、构建城乡和区域协调的养老服务布局。

本书在撰写过程中得到了民政部社会福利中心原调研部主任崔炜博士的大力支持，崔炜博士为本书提供了翔实、准确的居家养老数据和资料，对本书的内容进行了指导和修改，这些帮助有助于学术成果的转化和实践应用。徐梦薇同学和周君玉同学参与了本书前期部分资料的收集与整理工作，在此一并感谢。

周　悦

2020 年 5 月 25 日于北京

目　录

第一章

人口老龄化的概念与趋势

本章主题为人口老龄化的概念与趋势，主要包括界定人口老龄化的相关概念，对全球和中国人口老龄化趋势进行分析和预测。中国人口老龄化存在高龄和失能人口占比较大、地区和城乡老龄化程度差异大、家庭和社会养老负担较重等特点，从而引出嵌入式养老学术研究和实践研究的必要性和可行性。

第一节　人口老龄化的相关概念

一　老年人口

老年人口是指大于或等于一定年龄界限的人口，不同时期和不同国家对老年人口的年龄标准规定有所不同。“19 世纪末 20 年代初，瑞典的人口学家桑德巴认为年龄达到 50 岁以上的人口即为最高年龄组；‘二战’结束后，随着最高年龄组的寿命延长，许多国家把老年人口的起始年龄列为 60 岁；六十年代以来，随着人口预期寿命的延长，西方学者普遍把老年人口的年龄界限延长到 65 岁。”① 中国在《老年人权益保障法》中界定，老年人是指 60 周岁以上的公民。当前国际上通常将 65 周岁以上的人口称为老年人口。老年人

① 田雪原：《中国老年人口》，中国经济出版社 1991 年版，第 56 页。

口比重是指65周岁及以上人口占总人口的比重，即老年人口比重 =（老年人口/总人口数）×100%。老年人口抚养比是指老年人口与劳动人口的比值，以此来衡量社会承担的老年人口抚养的程度，该指标越高表明社会养老负担越重。

二　人口年龄结构

人口年龄结构是指一定地区、一定时间点各个年龄阶段的人口占总人口的比重，常用百分比表示，在人口经济学理论中常用来表示儿童和老年人等非劳动型人口与生产型人口在社会总人口中的分布规律。人口的年龄阶段一般划分为0—14岁少年儿童阶段、15—64岁劳动年龄阶段以及65岁及以上的老年阶段。

联合国将人口年龄结构类型划分为三种。“对人口年龄结构类型的划分有年轻型、成年型和老年型三种，其划分指标主要有老年系数、少年儿童系数、老少比和年龄中位数，区分三种人口年龄结构需要确定这些指标的具体数值。不同类型的人口年龄结构，必然会影响未来的人口再生产，产生不同的人口问题，制约和影响社会经济的发展。”① 联合国划分人口年龄结构类型的标准见表1－1。人口年龄阶段的老化即老年阶段的人口相对于其他两个年龄阶段占社会总人口的比重达到国际标准，并逐年不断攀升。

表1－1　　联合国划分人口年龄结构类型的标准

	年轻型	成年型	老年型
老年系数（65岁及以上）	4%以下	4%—7%	7%以上
少年儿童系数（0—14岁）	40%以上	30%—40%	30%以下
老少比	15%以下	15%—30%	30%以上
年龄中位数	20岁以下	20—30岁	30岁以上

在人口年龄结构类型划分标准中，老年系数即65岁及以上的人口占总人口的比例是最为常见的评价标准。通常将老年系数达到

① 吴忠观、周君玉等：《人口科学辞典》，西南财经大学出版社1997年版，第35页。

7%以上的国家称为老年型国家。随着社会、经济的发展，生活水平和医疗水平的提高，各个国家都出现老年人口的大幅增加，对老年人口出现了更为细致的划分。目前将60岁至69岁或65岁至69岁的老年人口称为低龄老年人口，70岁至79岁的老年人口称为中龄老年人口，80岁及以上的老年人口称为高龄老年人口。

三　人口老龄化

人口老龄化是人口年龄结构的老化。联合国规定，当65岁及以上人口占比为7%时，将该国或该地区归为老龄社会或老龄地区。鉴于发展中国家的具体国情，把老年人的年龄起点下调为60岁，增设新指标即当60岁及以上的人口占总人口比重达到10%定义为老龄社会。因此，人口老龄化的国际通用标准是一个国家的60岁及以上的人口达到或超过总人口的10%，或65岁及以上的人口占总人口的7%以上，该国即为老龄化国家。而比例达到14%和20%时则分别被称为“老龄社会”和“超老龄社会”。人口老龄化可分为老龄化的速度、程度两个方面。人口老龄化的速度是指一个国家或地区老年人口增加的快慢。人口老龄化程度常用老年人口比重及老年人抚养比来衡量。在人口老龄化情况下，年轻人口占整个社会总人口的比重下降，老年人口占社会总人口的比重不断上升。

第二节　全球人口老龄化趋势

一　全球老年人口比例

根据数据统计，“2019年全球人口77亿，预计到2050年增至97亿。全球人口寿命继续延长，2019年全球人均预期寿命为72.6岁，比1990年提高了8岁，预计到2050年将提高到77.1岁”。[①]

① 联合国经济和社会事务部人口司：《世界人口展望2019：发现提要》，http://www.xinhuanet.com/tech/2019-06/18/c_1124639379.htm，2019年6月18日。

从全世界的范围来看，由于生育率下降和预期寿命提高的总趋势，人口老龄化的现象正在以相当快的速度发展。2017 年，全世界大约有 6.62 亿 60 岁及以上人口，占全球人口的 13%，并且以每年 3% 的增长率增长，世界上的大部分地区也正在经历着快速人口老龄化的进程；预计到 2030 年，世界老年人的数量将达到 14 亿人，2050 年达到 21 亿人，并可能在 2100 年达到 31 亿人。全球 60 岁及以上人口增长速度超过年轻群体。[①]

二　全球老年人口抚养比

老年人口抚养比是指某一人口中老年人口数与劳动年龄人口数之比，即 65 岁及以上人口数除以 15 岁至 64 岁人口数。“根据联合国的数据预测，发达地区的老年人口抚养比预计将从 2015 年的 100 名工作年龄成人抚养 27 名老年人增至 2050 年的 100 人抚养 46 人。如果发达区域 2015 年至 2050 年期间的净移民数为零，则老年人口抚养比到 2050 年时会略高，为 100 人抚养 50 人。假定净移民数为零，预测在 2050 年欧洲的老年人口抚养比将从 48 人增至 51 人，北美洲从 38 人增至 43 人，大洋洲从 30 人增至 34 人。”[②]

综上所述，人口老龄化已经成为全球性问题。人口老龄化将会对政治、经济和社会生活各方面产生影响，同时老年人的养老问题将随着人口老龄化的趋势而日益严峻。

第三节　中国人口老龄化趋势

进入 21 世纪，中国也步入了老龄化时代，并一跃成为世界上老

① 《积极老龄化：国际养老社区及适老化住宅建设经验》，https：//www. sohu. com/a/345675369_ 801793，2019 年 10 月 8 日。

② 联合国人口与发展委员会：《世界人口前景：2015 年订正版》，https：//www. un. org/en/development/desa/populati - on/migration/generalassembly/docs/A _ 71 _ 296 _ C. pdf，2016 年 6 月 4 日。

年人口数量最多的国家。中国人口老龄化趋势可以从纵向维度和横向维度进行综合比较和全面研判，通过科学统计和数据分析展现当前中国人口老龄化水平和未来人口老龄化趋势。

一　中国人口老龄化的纵向维度

（一）中国老年人口数量

1953 年第一次人口普查数据显示，我国老年人口规模较小。20 世纪 50 年代，国家鼓励生育，大量人口出生，1964 年第二次人口普查时老年人口的数量相对较少。20 世纪 70 年代我国开始实行计划生育政策，人口出生率下降。随着国家经济社会的发展，医疗水平的提高使人口的平均预期寿命提高，人民生活观念改变以及计划生育政策的持续等原因，到第六次人口普查时，我国已经显现出老龄化的趋势。根据国家统计局数据显示，“2019 年中国 65 岁及以上人口已达 1.76 亿，占比达 12.6%。预计到 2050 将达 3.76 亿，2058 年达到 4.14 亿的峰值，届时大致每 3 个中国人中就有 1 个 65 岁以上的老人”。①

（二）中国人口年龄结构

中华人民共和国成立初期，国家贫弱、生产凋敝，中国的人口出生率、死亡率都较高，自然增长率低，人口增长十分有限。从 20 世纪 70 年代开始，出生率保持较高水平而死亡率大幅下降，自然增长率较高。而从 90 年代开始，出生率逐年下降，死亡率则维持较低水平，导致人口呈现出低出生率、低死亡率和低自然增长率的变化特点。近年来的人口变化特点表明，在预期寿命相对不变的情况下，随着中国人口出生率的下降，新生儿人口比重下降，老年人口比重相对上升，与此同时年轻人口的比重下降，导致人口老龄化问题。

由于社会经济的发展，医疗科技水平以及生活质量的提高，导致人口死亡率不断下降，社会总人口中的老年人比重上升，造成目前面临的老龄化问题。据统计，“2018 年中国男性人口 71351 万人，女性

① 国家统计局、恒大研究院：《泽平宏观：中国人口报告老龄化少子化加快》，http://finance.jrj.com.cn/2019/12/03063128480690.shtml，2019 年 12 月 3 日。

人口68187万人，总人口性别比为104.64（以女性为100）。从年龄构成看，16周岁至59周岁的劳动年龄人口89729万人，占总人口的比重为64.3%；60周岁及以上人口24949万人，占总人口的17.9%；其中65周岁及以上人口16658万人，占总人口的11.9%”。①

（三）中国人口老龄化速度

20世纪70年代实行的计划生育政策导致中国一大部分的家庭为独生子女，之后独生子女家庭的父母逐渐进入老年阶段。由于该政策的施行，我国的老龄化显示出阶段性、相对快速的特点。按照国际惯例，一国人口老龄化的发展速度，是以65岁及以上老年人口比重由7%升高到14%，或者60岁及以上老年人口比重由10%升高到20%所经历年数进行衡量。综观国际人口老龄化速度，“日本是一个老龄化速度和程度都比较高的国家，这个国家65岁以上人口比重从7%上升到14%用了26年，在亚洲国家中不算是速度最快的，只比朝鲜的32年快一点，中国和日本相当，大约是26年。最快的是新加坡，只需要17年。60岁以上人口比重从10%上升到20%所需要的时间，日本用了28年，中国用了25年，韩国仅用20年就已实现。由此可以看出，中国的老龄化速度不是最快的，只是比较快”。② 人口老龄化速度分为慢速、中速、快速和超快（见表1－2），中国老龄化跨级大约为26年，在中速与慢速之间。

表1－2　　老龄化速度分类

等级	老龄人口年均增长率（%）	进入老龄社会所需时间（年）
慢速	$V_{PA} \leq 3$	30
中速	$3 < V_{PA} \leq 4$	20
快速	$4 < V_{PA} \leq 5$	15
超快	$V_{PA} > 5$	10

① 国家统计局、华经产业研究院：《2018年中国人口总量及人口性别、年龄、城乡结构分析》，https：//www.sohu.com/a/302317786_120113054，2019年3月19日。

② 杜鹏、杨慧：《中国和亚洲各国人口老龄化比较》，《人口与发展》2009年第2期。

二　中国人口老龄化的横向维度

（一）中国老年人口的地区分布

由于地区间的人口数量以及经济、社会发展水平不同，中国的人口老龄化程度在地区分布上存在差异。总体来看，我国的老龄化程度呈现从西向东逐渐加深的特征。华北、华东地区老龄化起步早，发展速度快，西部地区老龄化程度较低。根据第六次人口普查结果显示，“截至2010年年底，我国各地区老年人口的数量差距较为显著。65岁及以上人口数量最多的是山东省，大约为943万人，其次是四川省880万人，而老年人口数量最少的地区是西藏自治区15万人。其中65岁及以上老年人口占比最高的是重庆，为11.72%，最低的是西藏，为5.09%，全国平均水平为8.92%”。[①]

（二）中国老年人口的城乡分布

中国城乡的老龄化不平衡，就全国平均水平来看，农村的老龄化水平高于城市，主要因为人口迁移的因素，“人口城市化首先直接加快农村人口的老龄化，城市化过程中省际人口迁移更加剧了中西部欠发达地区农村人口的老龄化”。[②] 根据2000年第五次全国人口普查数据显示，2000年前由于城乡人口流动规模较小，农村与城市的60岁及以上老龄人口占比与总人口占比基本一致，甚至城市和镇因为执行计划生育更严格，老龄化程度更高一些。但快速城市化的背后是年轻人的流动自然会抑制流入地的老龄化程度，而提高流出地的老龄化程度，即农村的年轻人流入了城市，老年人仍留守农村，抬高了农村的老龄化水平。根据国家统计局2015年全国人口1%抽样调查数据显示，“从总量上看，2015年的农村、镇和城市的60岁老年人占总人口的比重分别为18.47%、14.53%和14.2%，

---

① 王志宝、孙铁山、李国平：《近20年来中国人口老龄化的区域差异及其演化》，《人口研究》2013年第1期。

② 王桂新：《高度重视农村人口过快老龄化问题》，《探索与争鸣》2015年第12期。

城市和镇的老年人口同龄人的比重明显低于农村”。[①]

第四节　中国人口老龄化的基本特点

一　高龄和失能人口占比较大

我国是典型的人口大国，占世界总人口近1/5，这也决定了我国老年人口庞大的规模。高龄老年人口的年增长率超过老年人口的增长率渐成趋势，我国的人口高龄化将进一步加深。“高龄老人的病残率较其他老人更高，需要的关心照顾程度较其他老人也更多，高龄老人是老年人中最为脆弱的群体，是解决好养老问题的重难点。”[②] 据统计，“2019 年中国 80 岁及以上高龄老人超过 3200 万人，占比 2.3%。预计 2030 年高龄老人将达约 5300 万人，占比 3.8%；2050 年高龄老人将达 1.3 亿人，占比 10.3%；2073 年达 1.74 亿人的峰值，占比继续升至 17.1%；2100 年为 1.56 亿人，占比 20.8%”。[③]

我国人口老龄化伴随着人口高龄化，而高龄化也加剧了失能的风险，加之医疗条件的改善，失能老人生命周期被延长，上述都带来了失能老人数量的增加。根据国家卫健委数据显示，“我国老年人整体健康状况不容乐观：一是超过 1.8 亿老年人患有慢性病，患有一种及以上慢性病的比例高达75%，2015 年，我国老年人失能发生率为 18.3%，失能、部分失能老年人约 4000 万；二是我国 2018 年人均预期寿命是 77 岁，但是健康预期寿命仅为 68.7 岁，即居民

---

① 聂日明：《谁为中国人养老？老龄化的现状与问题》，https：//www. thepaper. cn/newsDetail_ forward_ 5138656，2019 年 12 月 10 日。

② 杜鹏、孙鹃娟、张文娟、王雪辉：《中国老年人的养老需求及家庭和社会养老资源现状——基于 2014 年中国老年社会追踪调查的分析》，《人口研究》2016 年第 6 期。

③ 国家统计局、恒大研究院：《泽平宏观：中国人口报告老龄化少子化加快》，http：//finance. jrj. com. cn/2019/12/03063128480690. shtml，2019 年 12 月 3 日。

大致有 8 年多时间带病生存”。[①] 上述说明当前我国高龄老年人身体健康和自理情况不容乐观，未来失能老人照护需求将增加，因而健康老龄化的推进实施尤为必要。

二　地区和城乡老龄化差异大

由于我国人口地域分布的特点，地区间的经济发展水平和社会生活水平存在差距，导致中国的老龄化程度区域差异大。从地区总体来看，东部地区的老龄化程度比西部地区严重，发达地区的老龄化程度比不发达地区严重。老年人口占总人口比重较高地集中在华东地区，其次是华北地区、西南地区，而西北地区比重则最低，其次是东北地区。以 2018 年省级 65 岁及以上人口统计数据为例，“辽宁的老年人口比例为 14.35%，山东的老年人口比例为 13.99%，江苏的老年人口比例为 13.37%，四川的老年人口比例为 13.33%，重庆的老年人口比例为 13.20%，上海的老年人口比例为 13.14%”，[②] 老年人口比例较低的包括内蒙古、宁夏、青海、西藏等地区。

一般而言，经济越发达，老龄化水平相应地呈现较高水平，该相关性在发达国家老龄化进程中比较适用，原因在于人口出生率越高，老龄化水平就越低。但根据我国 2010 年第六次全国人口普查以及 2016 年人口抽样调查的数据显示，我国农村的老年人口比重高于城市老年人口比重，出现城乡倒置的现象。农村人口老龄化程度高于城市可能会带来一定的问题和挑战，因为相较于城市，农村地区社会经济和人均收入水平较低，且医疗卫生、养老服务水平较低，农村老年人承担风险和负担的能力更加脆弱，受到人口老龄化的冲击和影响更大，这对我国城乡统筹发展养老服务提出更高要求。

三　家庭和社会养老负担较重

在理论上，一个国家的经济发展水平较高，人口随之开始出现

---

① 卫健委：《中国人均预期寿命 77 岁，健康预期寿命仅 68.7 岁》，https://www.yidianzixun.com/article/0MnHtvpN?appid=yidian&s=8，2019 年 7 月 31 日。

② 《全国各省份老龄化程度统计表》，http://www.chamiji.com/201804253428.html，2018 年 4 月 25 日。

老龄化，即发达国家的老龄化路径。而现状是我国已经进入老龄化，但经济实力仍较为薄弱，学者普遍将该情况称为“未富先老”，由于老龄化的进程与经济发展的形势不相适应，因而导致国内诸多养老难题。“已经进入老年型社会的国家，绝大多数是发达国家。这些国家一般都建立了比较完善的养老保险制度，医疗技术先进，公民的公共卫生保健知识健全，因而对老龄化的承受能力较强。我国是在物质还未充裕时进入老年型社会的，所以压力更大”。[①] 由于经济发展水平与老龄化问题不相适应，因此，我国的养老问题将需要更长周期应对和解决。

国家未富先老，人口老龄化又极大地增加了社会管理的开支，不仅对整体经济的增长产生不利影响，同时又给社会、家庭带来压力。受20世纪70年代计划生育政策的影响，现阶段人口老龄化具有大规模、阶段性的特征。当计划生育政策下出生的子女的父母进入老年阶段，子女此时面临着就业、住房压力、下一代的教育问题，同时又必须承担父母的养老责任，因此作为“夹心层”压力较大。此外由于大部分为独生子女，外出就业现象普遍，导致“空巢”家庭、留守老人的数量增加，其养老需求难以有效满足。

① 郅玉玲：《和谐社会语境下的老龄问题研究》，浙江大学出版社2011年版，第16页。

第二章

嵌入式养老的理论溯源

本章主题为嵌入式养老的理论溯源，主要包括养老和嵌入式养老的核心概念，嵌入式养老的国内外文献述评，嵌入式养老的理论基础。嵌入式居家养老是以福利多元主义、社区照顾理论、网络化治理理论和社会嵌入理论为理论依据，诠释居家养老新模式，整合家庭养老、社区养老和机构养老的功能优势，统筹微观（家庭、社区）—中观（企事业单位、社会组织）—宏观（地方政府、中央政府）社会网络的合作资源，融合国际发展趋势、国内政策导向和传统文化习俗，将普惠性、保障性、辐射性的养老服务嵌入老年人身边、床边和周边，提升原居养老、在地养老和居家养老的服务质效。

第一节　养老的基本概念

随着我国进入老龄化社会并且老龄化形势日趋严峻，养老问题已经成为当代社会重要的议题之一。目前国际上已经有相当多关于养老的理论研究，也将理论应用于实际，已经产生了多种养老形式。面对我国日益庞大的养老人口规模，老年人口对服务的需求与目前有限的供给能力之间容易产生供需失衡矛盾，因此借鉴西方理论成果，探索符合我国国情的养老形式，建立适应新时代要求的养老服务体系成为现阶段社会保障事业的当务之急。

一 养老模式概述

养老模式是老年人养老的方式。国内学者对养老模式有不同的划分，吕红平认为“养老模式分为家庭养老、社会养老、分散养老和集中养老等形式”。① 分散养老与家庭养老相关联，集中养老则与社会养老相关联。分散的家庭养老模式可再分为完全由子女供养、由子女补贴、与子女在一起居住并由子女照顾、配偶照顾等形式。集中的社会养老主要指社会福利机构、社会救济机构供养，既包括营利性质的，也包括半公益半营利性质的，还有私人慈善性质的。

杨宗传的观点与吕红平相似，认为养老模式主要分为分散养老和集中养老两种。杨宗传认为，“养老方式取决于老年人同谁吃住在一块，老年人的生活由谁照料。因此养老方式可分为社会集中养老和家庭分散养老两大类”。② 社会集中养老指老年人在敬老院、福利院、托老所等养老机构养老，在家庭养老形式中主要分为与子女一起生活、与老伴一起生活、与其他亲友一起生活三种形式。刘长茂等认为，“养老形式分为分散养老和集中养老两种”。③ 分散养老也称为家庭养老，分两种：一种是只有老年人的家庭；另一种是和晚辈生活在一起的老年人家庭。这类养老形式特点在于老年人分布在一个个不同的家庭中养老。集中养老可分为纯粹的生活养老如养老院等，以及一种具有医疗功能的养老如老年护理院等。这类养老形式的特点在于具有固定场所、专业设备、生活设施、医护人员等，能够集中为老年人提供生活照料和基础医疗等保障和服务。

二 家庭养老

家庭是社会群体最基本的单位，家庭是人们生活的单元，承担着生育、情感、经济等多种功能。中国传统的社会结构是父系家族，以老为尊、百行孝为先是中国社会的传统观念，自古以来，尊老敬老的文化也不断影响着整个社会的养老结构。以家庭和血缘为纽带的养老

---

① 吕红平：《家庭生命历程变化与消费需求》，《市场与人口分析》1997 年第 2 期。
② 杨宗传：《居家养老与中国养老模式》，《经济评论》2000 年第 3 期。
③ 刘长茂、叶明德：《中国人口老龄化前瞻》，《南方人口》1994 年第 4 期。

形式在我国有着长远、深厚的文化积淀和历史背景。社会学家费孝通认为："父母子女所形成的团体，我们称作家庭。"[①] 老年人选择养老场所的意愿受到传统道德文化、生活习惯、经济水平、家庭构成等因素影响，绝大部分老年人仍倾向在家庭养老。此处探讨的家庭养老概念是从老年人在何处居住以及由何人承担养老责任的角度出发，指以家庭为养老场所，主要由家庭成员承担养老责任的养老方式。

家庭养老包括以下几个方面：其一，家庭成员为老年人提供赡养费用。除了老年人所能获得的养老保险收入、其他补贴收入之外，老年人的生活费用主要由子女定期给予，包括生活开支费用、医疗费用等。其二，家庭成员为老年人提供照顾。日常照顾包括衣食住行等各方面，若家庭成员不能照料老年人，则雇用保姆或专业照护人员照护。其三，给予老年人精神支持。老年人由于身体机能下降、记忆力衰退等，常产生孤独感，老年人最希望能感受到家庭成员给予的关心与支持。老年人的精神生活也是老年人能够安度晚年必不可少的方面。

直到现在，我国的居家养老形式仍是以家庭养老为基础，家庭是老年人养老的主要场所。"对于大部分老年人来讲，家庭养老仍是最可靠、最稳定的居所，而家庭养老对保持代际和谐和代际互助，以及保持家庭稳定、健康发展都十分有必要。家庭在现代化的社会中，尤其是养老方面仍然扮演着重要的角色。"[②] 家庭结构和社会结构的变化、社会收入和经济水平的提高、社会性养老机构的涌现等会对原有家庭养老方式带来冲击，但就目前老年人养老需求来看，家庭养老依然是养老方式中的首选，其支撑作用和独特优势短期之内难以被其他养老方式替代。

三　社区居家养老

普遍观点认为社区居家养老与家庭养老是两个不同的概念。家

---

① 费孝通：《生育制度》，商务印书馆 1999 年版，第 112 页。

② 杜鹏：《回顾与展望：中国老人养老方式研究》，团结出版社 2016 年版，第 13 页。

庭养老是传统的养老方式，指以家庭为单位，老年人养老所需的所有资源都由家庭成员负担，如生活照料、赡养费用、医疗健康费用等。“居家养老服务是指在老年人自己的家中，通过对其卫生保健需求的有效评估，由正式照护者和非正式照护者为老年人（或失能老年人）提供基本照顾并满足其卫生保健需求，在医疗辅助、健康管理、个人照料、精神慰藉、疾病预防、经济等方面予以支持，目的在于控制老年人的失能水平，改善老年人的生活质量，提高老年人的独立自主能力和老年人及其家庭的日常生活能力，管理健康资源和社会资源的一种新的社会化养老模式。”① 穆光宗和姚远认为，“居家养老是一种与机构养老相对的养老方式。居家养老是建立在个人、家庭、社区和国家基础之上的，它是以居家养老为形式，以社区养老服务网络为基础，以国家制度政策法律管理为保证，家庭养老与社会养老相结合的养老体系”。② 社区居家养老结合了家庭养老和社会养老的各自优势，形成以家庭为主、社区及周边资源为辅的养老模式，是嵌入式养老模式的雏形和初步阶段。

四　机构养老

机构养老随着家庭养老功能的减弱而逐步兴起。“家庭规模的小型化，家庭结构的核心化，人口流动的加速等都对传统的家庭养老模式发起了挑战，使机构养老成为一种日趋重要的选择。”③ 机构养老指老年人居住在养老院、社会福利院、敬老院、老年公寓等机构，依靠政府补贴、子女出资、老年人自费等方式承担费用，由机构负责提供起居照料、清洁卫生、医疗护理、精神慰藉等服务的养老方式。

机构养老的载体则是养老机构。事实上养老机构并未形成一致的规范名称。“尽管我国各类社会养老服务机构发展迅速，但称谓却始终不统一。大部分文献包括一些政府文件习惯将为老年人提供

---

① 张岩松：《社会养老服务体系建设研究》，东北财经大学出版社 2016 年版，第 56 页。

② 穆光宗、姚远：《探索中国特色的综合解决老龄问题的未来之路》，《人口与经济》1999 年第 2 期。

③ 刘红：《中国机构养老需求与供给分析》，《人口与经济》2009 年第 2 期。

服务的机构简称为‘养老机构’，如新修订的《老年人权益保障法》第四章用的是‘养老机构’，有时又用‘福利机构’‘居家养老服务’‘社区养老服务’等概念。称谓不统一，容易造成适用法律和管理上的混乱。”① 养老机构与社会福利机构的概念不同，《社会福利机构管理暂行办法》规定社会福利机构是由国家、社会组织和个人举办的，为老年人、残疾人、孤儿和弃婴提供养护、康复、托管等服务的机构。相对于养老机构来说，显然社会福利机构的含义更为广泛。

一般根据出资方式与运营方式的不同，将养老机构分为营利性养老机构和非营利性养老机构，再细分可将养老机构分为四种类型，即公办公营、公办民营、民办公助、民办民营。“公办公营型是一种由政府出资建设、管理并营运的模式，各地的公有制养老机构大都属于这种模式。这些机构大都建于20世纪五六十年代，以往以收住‘三无’‘五保’老人为主，随着社会福利社会化的进程，这类养老机构也开始面向社会开放，但经费仍由政府财政全额拨款，工作人员为行政事业单位编制，本质上依然属于社会福利型机构。公办民营型是一种由政府出资兴建并提供主要运行费用、由民间组织承包运营的模式。这种模式与公办公营模式的区别在于将养老机构的所有权与营运权分离，国家和集体不再包揽一切，而是交由社会中介组织或社会服务组织去具体管理。这种模式的特点是所有权与营运权分离，政府只充当‘后台老板’，这就有利于在保留公有机构的公益性和福利性的同时提升养老机构的营运效率。民办公助型是指民间组织开办养老机构，为老年人提供非营利性的养老服务，即在民政部门注册登记为‘民办非企业单位’。这类养老机构的运行成本除主要来源于入住者的缴费外，政府的建设、营运补贴以及社会捐赠也是重要的组成部分。民办民营型是指私人部门投资兴办的养老机构，以营利为目的而提供的经营性养老服务，在工

① 汪沂：《社会养老服务机构的法律规制》，《南京人口管理干部学院》2013年第10期。

商部门注册登记为‘民办企业单位’，属于营利性的养老机构。由于养老服务具有社会公益性，政府对这类机构也会给予政策支持，但这类养老机构的运行不是靠政府资助而主要是靠收费来维持。”①

机构养老作为养老的主要方式之一，是发展养老服务业的重要着力点，由于养老产业的福利性质，不同运营模式的养老服务业发展情况不同。总体来看，养老服务业的发展不均衡，如民办养老服务机构数量较少，设施完备但费用较高、覆盖面有限，难以满足大多数老年人的养老需求。公办的养老福利机构数量较多，设施较为完善，价格低，因此床位数远低于需要入住的老年人数量，常常需要排位等待而供不应求。

第二节　嵌入式养老的概念界定

一　嵌入的概念

“嵌入式治理”是新经济社会学的核心理论，经过几代国内外学者的阐释和研究，应用范围从最初的经济领域拓展到社会领域、政治领域，其展现出强大的解释力和适用力。“嵌入”（embeddedness）概念由人类学家卡尔·波兰尼（Karl Polanyi）在 1944 年首次提出，他认为“人类经济嵌入并缠结于经济与非经济的制度之中”,②“经济行为总是嵌入于文化、习俗等非经济行为中，且嵌入性会随着社会发展的历史进程而变化”。③“嵌入性治理”的集大成者和有力推动者马克·格兰诺维特（Mark Granovetter）强调“我们研究的组织及其

---

① 王莉莉：《中国城市地区机构养老服务业发展浅析》，《人口学刊》2014 年第 8 期。

② Polanyi，K.，*The Great Transformation*：*The Political and Economic of Our Time*，Boston，MA：Beacon Press，1944，p. 126.

③ 杨玉波、李备友、李守伟：《嵌入性理论研究综述：基于普遍联系的视角》，《山东社会科学》2014 年第 3 期。

行为受到社会关系的制约",[1]"经济活动是在社会网络内的互动过程中作出决定的"。[2] 由此可见，任何事物的产生与发展都不是孤立存在的，都根植于一定的历史和现实，都依托于一定的条件和情境，嵌入一定的社会网络之中。格兰诺维特创造性地发展了波兰尼的嵌入性理论，他认为嵌入就是人们的行为和制度是处在社会关系网络之中并受其影响和限制，社会行动与社会现象都应置于关系、制度、文化场域中，而不能简单归因为原子化的理性选择的结果。他还批判了"低度社会化"与"过度社会化"模型的不足。[3]"嵌入性治理"的经典分析框架也是后续研究中应用较多的分析框架,[4] 是由马克·格兰诺维特提出的关系嵌入性（relational embeddedness）和结构嵌入性（structural embeddedness）分析框架。"关系性嵌入主要描述行动者之间的双向关系，结构性嵌入则研究网络的整体性以及行动者在网络中的功能。"[5] 祖京和迪马吉奥将嵌入式理论作了进一步拓展延伸，把嵌入区分为"认知嵌入、文化嵌入、结构嵌入和政治嵌入，其中文化嵌入是指共同的价值理念在形塑经济策略和目标上的作用"。[6] 本书在分析框架中借鉴并引入了文化嵌入维度。

"嵌入式治理"涉及国家与社会的关系博弈，彼得·埃文斯（Peter Evans）运用嵌入性分析国家与社会间的动态关系，提出"嵌入自主性"（embedded autonomy）概念，认为"在保障自主性的同时引入嵌入性，嵌入性具有一定的必要性和有限性"。[7] 这揭示了国

---

① Granovetter, M., "Economic Action and Social Structure: the Problem of Embeddedness", *American Journal of Sociology*, Vol. 91, No. 3, 1985, pp. 486 – 490.

② ［美］马克·格兰诺维特：《镶嵌：社会网与经济行动》，罗家德译，社会科学文献出版社 2007 年版，第 49—53 页。

③ 同上书，第 76—79 页。

④ 兰建平、苗文斌：《嵌入性理论研究综述》，《技术经济》2009 年第 1 期。

⑤ ［美］马克·格兰诺维特：《镶嵌：社会网与经济行动》，罗家德译，社会科学文献出版社 2007 年版，第 73 页。

⑥ Zukin, Sharon, DiMaggio, *Structures of Capital: The Social Organization of the Economy*, Cambridge: Cambridge University Press, 1990, p. 78.

⑦ Evans, Peter B., *Embedded Autonomy: States and Industrial Transformation*, New Jersey: Princeton University Press, 1995, p. 115.

家嵌入性与社会自主性之间的动态关系，即国家治理嵌入强度较强时，社会治理权力空间较小，自主性较弱；国家治理嵌入强度较弱时，社会治理权力空间较大，自主性较强。“社会治理是国家嵌入与社会自治的有机统一，需要保证国家嵌入与社会自治的有机平衡。既需要维护国家在社会治理中的地位和责任，也应当充分发挥社会自治的能动性和效率。”①

“嵌入式治理”与制度经济学关系密切。阿波拉法（Abolafia）在研究组织与制度环境关系时，提出“制度嵌入性”（institutional embeddedness）概念。② 彼得·埃文斯（Peter Evans）认为“国家可以通过一定的制度安排将国家嵌入社会或者让公众参与公共服务，实现国家与社会共治”。③“嵌入式治理”理论在与实证研究耦合过程中，还需要遵循适度原则和帕累托最优原则，并以制度嵌入形式加以确立。而政策制定者应当在制度嵌入设计中达到国家嵌入强度与社会治理绩效之间的最优解，或者无限趋近于最优解（见图 2－1）。

二　嵌入式养老的概念

杨燕绥教授认为嵌入式养老服务“是一种嵌入老年人身心、家庭、社区、机构和城市的家庭照护和专业护理服务，从而维持和提高老年人健康生活和参与社会机能的社会活动的总称”。④ 本书中嵌入式养老（Embedded Endowment）是以社会嵌入理论诠释居家养老新模式，整合家庭养老、社区养老和机构养老的功能优势，统筹微观（家庭、社区）—中观（企事业单位、社会组织）—宏观（地方政府、中央政府）社会网络的合作资源，融合国际发展趋势、国内政策导向和传统文化习俗，将普惠性、保障性、辐射性的养老服务嵌

① 汪锦军：《嵌入与自治：社会治理中的政社关系再平衡》，《中国行政管理》2016 年第 2 期。

② 杨玉波、李备友、李守伟：《嵌入性理论研究综述：基于普遍联系的视角》，《山东社会科学》2014 年第 3 期。

③ Evans，Peter B. ed.，*State－Society Synergy：Government and Social Capital in Development*，Berkeley：University of California Press，1997，p. 187.

④ 杨燕绥：《银色经济与嵌入式养老服务》，清华大学出版社 2017 年版，第 59 页。

入老年人身边、床边和周边，提升原居养老、在地养老、居家养老的服务质效。嵌入式养老整合了家庭养老（Home Endowment）、社区养老（Community Endowment）和机构养老（Institution Endowment）的功能优势，统筹了家庭养老、社区养老和机构养老的契合领域，寻求三种养老模式在社区载体的全新融合，将三种原本孤立的养老模式衍化为三者有机结合、“三位一体”的嵌入式养老模式（见图2－2）。

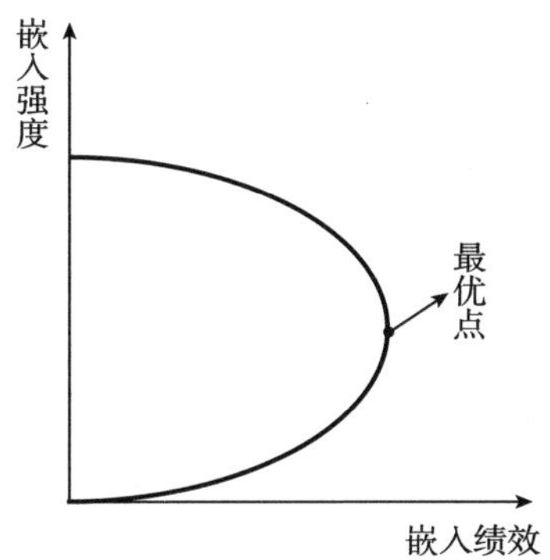

图2－1　最优嵌入效果模型

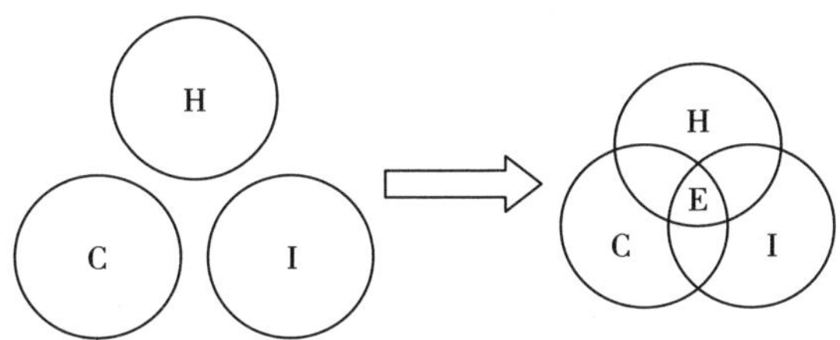

图2－2　嵌入式养老概念

注：H代指家庭养老、C代指社区养老、I代指机构养老、E代指嵌入式养老。

嵌入式养老模式相较于家庭养老，引入专业化管理，在服务内容上具有专业性和持久性优势；相较于社区养老引入市场化运营，在服务效果上具有效率化和质量化优势；相较于机构养老引入便捷化服务，在服务方式上具有可及性和可信性优势。横向对比来看，居家养老面临着个性化、专业化养老服务能力不足，家庭养老长期持久力不足；机构养老面临着老年人情感慰藉的缺失，存在过度社会化、市场化的问题，社会的传统孝道和消费观念限制了机构养老的进一步发展。社区嵌入式养老模式，将市场主体适度嵌入社会结构之中，为家庭照料提供一定的喘息空间和空闲时间，既克服了家庭养老社会化不足的弊端，又解决了机构养老过度社会化带来的问题，是一种适度社会化、市场化和公益性的养老模式，让老年人在家门口就可以享受到专业化、个性化的养老服务，还维系了老年人原有的社交圈和生活圈。

国外社区嵌入式养老模式起步早、发展快、较为成熟，英国、美国、日本、德国、新加坡等国的发展经验可以为我国嵌入式养老模式提供经验借鉴和发展参考。一是健全社区养老政策法规。国外社区嵌入式养老模式以较为完善的社区养老政策法规为基础，包括健全的法律法规和制度保障。二是构建社区养老服务体系。国外社区嵌入式养老模式涵盖较为完备的社区养老产品和服务体系，为社区老年人提供全方位、多层次养老服务。三是推行医养结合保险制度。国外社区嵌入式养老模式充分结合医疗护理保险和医养结合服务，满足社区老年人居家或就近医疗、护理、养老等养老服务需求。四是重视养老服务人才培养。国外社区嵌入式养老模式以专业化、规模化养老服务人才为支撑，涵盖养老服务人才的培养和准入机制以及评估和退出机制。五是强化社区养老服务监管。国外社区嵌入式养老模式强化了社区养老服务监管，涵盖养老服务质量监管和养老服务评级监管，形成规范严格的监督管理体系。

嵌入式养老相较于传统养老模式，具有小规模、灵活性、可复制性强、距离近、设施全、运营高效等优势，能够打造“养老不离家”的养老新模式，在一定程度上能够弥补其他养老模式的不足。目前嵌入式养老已在我国多地进行试点试行，取得了一定的进展和成效。江苏南京在全国率先建立小规模、品牌化、多功能的养老服务设施，嵌入社区为社区老人提供包括生活照料、医疗服务、健康管理等“一站式”养老服务，实现“养老不离家”的目标。上海在社区层面建立长者照护之家的试点，2017 年实现中心城区和郊区城市化地区街镇全覆盖，不同于以往的日间照料中心，提供升级版的“喘息式养老服务”。长者照护之家是为老年人就近提供集中照护服务的社区养老服务设施，一般采取小区嵌入式设置，辐射周边社区。这种养老机构建设于社区之中，可以让老年人在不离开自己社区环境下，享受到养老服务。湖南长沙试点将小微型养老机构嵌入社区，打造迷你养老院，推广“邻家照护”嵌入式小微型养老模式。重庆试点将小型养老机构嵌入老龄化社区，有助于实现“原居养老”。安徽合肥试点建设嵌入式养老服务中心，在社区层面打造居家、社区、机构、医养结合“四位一体”的养老模式。社区嵌入式养老服务中心的建设和运营费用由机构自营加政府补贴，嵌入式机构除享受养老机构的建设补贴外，根据入住老年人的护理等级，还享受床位补贴。河南许昌试点建设养老综合服务中心，整合周边专业化养老服务资源，打造“15 分钟居家养老服务圈”。北京主推嵌入式养老模式，立足社区层面，在城市社区建立养老服务驿站，在农村社区建立农村幸福晚年驿站，以精小而密集的服务驿站作为集聚多元化、多类型、多层次养老服务的平台，完善居家养老“三边四级”服务网。

三　嵌入式养老的机理

嵌入（Embeddedness）概念由卡尔·波兰尼首次提出，认为人类经济嵌入并缠结于经济与非经济的制度之中。社会嵌入理论的集大成者马克·格兰诺维特，强调我们研究的组织及其行为需嵌入社会关系和社会网络中，并提出关系性嵌入和结构性嵌入分析框架。作为新经济社会学的重要理论范式，社会嵌入理论认为，个人是嵌入一定的社会关系之中，依托其社会关系支持，获得必要的社会资源与服务。因此，个人往往也根据所嵌入的社会关系背景，作出符合自己主观目的的决策和行动。格兰诺维特还指出：在人与社会互动过程中，既要避免社会化不足，又要防止过度社会化，个体必须在与社会结构间融合互动中获得平衡。“社区居家养老是老年人口增加—养老服务需求增多—社区养老资源整合的过程，因此社会嵌入理论是解释嵌入式养老模式较有说服力的理论工具。”①

根据社会嵌入理论，家庭养老和居家养老社会化不够，难以获得足够的社会资源；机构养老过度社会化，难以满足老人的家庭情感需要，而“嵌入式养老符合老人适度社会化要求，它以社区为依托，充分嵌入社区各种养老资源，在不脱离老人熟悉的社会关系和生活环境背景下，为老人适度社会化养老提供了一个较理想的平台”。② 嵌入式居家养老作为一种新型养老服务模式，可以有效修正家庭养老和社区养老的社会性不足，以及机构养老的过度社会化问题（见图2－3）。嵌入式居家养老模式即以家庭和社区为载体，以资源嵌入、功能嵌入、多元运作方式嵌入和文化嵌入等为理念，通过竞争机制在社区内嵌入一个市场化运营的养老方式，整合周边养老服务资源，为老年人就近养老提供专业化、个性化、便利化的养老服务。

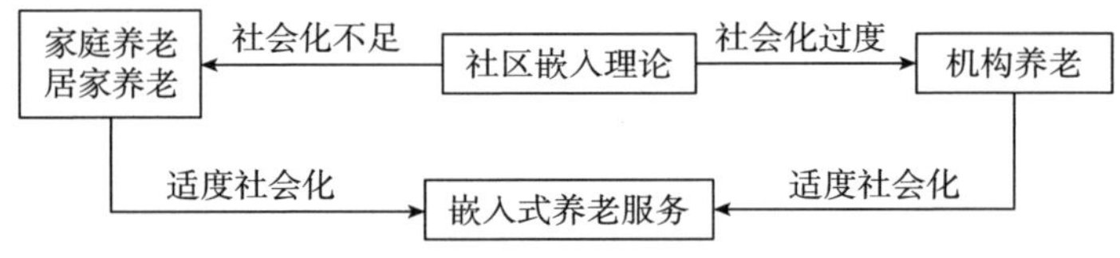

图2－3　嵌入式养老的机理

第三节　嵌入式养老的文献述评

一　国外文献综述

（一）嵌入式居家养老已成趋势共识

“居家养老”概念最早来源于西方发达国家，主要是针对老年

① 李翔：《社会嵌入理论视角下城市社区居家养老问题研究》，《广西社会科学》2014年第4期。

② 章萍：《嵌入式养老：上海养老服务模式创新研究》，《现代管理科学》2016年第6期。

人群的“社区照顾”。包含两方面含义，其一“社区内照顾”（care in the community）是从照顾范围的地域层次来描述的，其二“由社区照顾”（care by the community）则体现了共同体成员间的守望相助。“二战”后西方主要发达国家养老服务业中出现了居家社区养老服务替代机构养老服务的趋势，当前，就地养老已成为发达国家的普遍共识，大力发展去机构化养老、居家和社区养老成为首选。① 国外养老模式大致经历了“家庭照护—机构照护—去机构化—社区照护”的发展路径，② 即在最初阶段主要由家庭成员照护，当家庭难以承担部分照料职能时，选择由养老机构参与照护，随着机构养老的成本高、服务质量良莠不齐等问题凸显，养老又回归了社区居家本源，进而为嵌入式养老发展提供了基础。

（二）多元主体主导嵌入式居家养老

发达国家居家养老服务由多元主体参与和嵌入，福利多元主义和混合福利经济认为提供社会福利的主体分为四个门类：“一是政府部门，二是商业部门，三是所有的志愿性质的组织，四是一些非正式组织等”。③ 居家养老服务作为社会福利中的子系统，会受到哥斯塔·埃斯平－安德森福利类型差异的影响，主要发达国家居家养老服务主体见表2－1④。日本逐步形成了“自助、他助、公助、共助”⑤相结合的多主体参与养老服务模式，其中NPO组织为民间自发性团体组织，归属于“福利NPO”的范畴。瑞典养老服务体系“以国家为主导，近年来为减轻政府负担缩小了养老服务提供的范围，将政府完全财政负担的部分集中用于高龄、失能老人，其余养

① W. G. Bell, “Community Care for the Elderly”, *Journal of the Gerontologist*, Vol. 18, No. 3, 1973, pp. 349－354.

② 谷甜甜、张建坤、李灵芝等：《典型福利国家养老服务体系发展历程对比及启示》，《经济体制改革》2017年第3期。

③ Johnson, *The Welfare State in Transition: The Theory and Practice of Welfare Pluralism*, Amherst: the University of Massachusetts Press, 1987, p. 37.

④ 褚湜婧、王猛、杨胜慧：《典型福利类型下居家养老服务的国际比较及启示》，《人口与经济》2015年第4期。

⑤ 宫垣元：《福祉NPOの社会学的理解に向けて》，《福祉社会学研究》2005年第2期。

老服务引入市场化机制”。① 美国自然形成的退休社区是“由慈善组织纽约犹太社区联合会及其他一些政府和非政府组织，为社区老年居民提供住房、医疗以及其他社区服务”。② 德国是“老年社会保障制度”的摇篮，逐步形成了以“福利社团”为特色的公共与私营机构合作提供社会服务的社会化养老制度。③

表 2 －1　　典型发达国家居家养老服务主体比较

国家	服务地点	服务责任主体				服务内容
		政府	家庭	市场	社会组织	
美国	住房	次要	主要	主要	主要	辅助性、促进自我独立
德国	社区	次要	主要	主要	主要	注重家庭成员的需求满足
瑞典	住房	主要	次要	次要	次要	普遍化、全面化
英国	社区	主要	主要	相对次要	主要	个性化、类别化
日本	家庭	主要	主要	相对次要	主要	细致化、全面化

（三）嵌入式居家养老服务的项目内容

在嵌入式居家养老服务内容上，发达国家几乎能够涵盖老年人的所有需求，既包括对健康、半自理、失能等不同健康程度的老年人的服务，也包括对不同收入程度的老年人的服务，可划分为居家医疗护理、居家保健关怀和临时家政援助（见图 2 －4④）。美国养老社区利用社会网络提供四方面的核心服务，即个人社工服务、医疗健康服务、教育娱乐服务以及给老年人的志愿机会。⑤ 根据 2007

① JÖnsson I.，Daune – Richard，A. M.，Odena，S. et al.，“The Implementation of Elder – care in France and Sweden：A Macro and Micro Perspective”，*Journal of Ageing and Society*，Vol. 31，No. 4，2011，pp. 625 –644.

② 黄少宽：《国外城市社区居家养老服务的特点》，《城市问题》2013 年第 8 期。

③ 汪国华、张登国：《健全养老社会服务体系与机制——基于中外比较视角》，《现代经济探讨》2014 年第 9 期。

④ 潘凌飞：《西方国家的居家养老与自助养老服务模式》，《宏观经济管理》2015 年第 6 期。

⑤ Kirsten J. Colello，*CRS Report for the Congress：Supportive Serviices Programs to Naturally Occurring Retirement Communities*，Washington，D. C.：Congressional Research Service Press，2007，p. 121.

年澳大利亚政府工作报告，澳建立了全国统一的居家服务体系，为孱弱老人、残疾人等提供居家基础性支持服务，以增强他们独立生活能力并避免或推迟入住长期照料机构。荷兰的“友好护理区”与希腊的“开放护理中心”皆以邻里和社区为基础重塑长照递送模式架构，并将服务重点定位在家庭照料与初级护理之间。① 日本嵌入式社区养老服务主要依托政府部门的资金和政策支持，同时充分调集社会资源和人才力量，向老年人提供福利、保健、医疗等综合性服务，满足不同照护等级的老年人养老需求。嵌入式养老服务项目确保老年人在不脱离家庭和社区的情况下，能够享受到必要的社区养老服务，所提供服务项目主要包括上门服务、日托服务、短托服务、长期服务和老年保健咨询及指导服务。

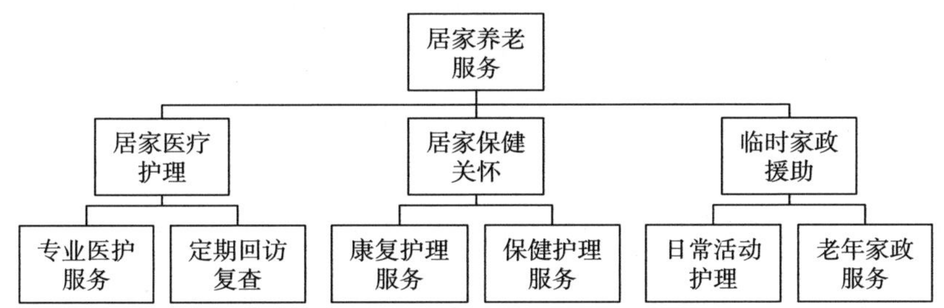

图 2－4　国外嵌入式居家养老服务项目

二　国内文献综述

（一）国内嵌入式养老的研究脉络

国内研究嵌入式居家养老多以社会嵌入治理理论和福利多元理论为基础，从两个维度展开研究，即一是引鉴国外模式进行经验式推广，以日本为主要研究对象，研究学者包括解芳芳等②、康越③、

① Daron Acemoglu, Pascual Restrepo, “Secular Stagnation—The Effect of Aging on Economic Growth in the Age of Automation”, NBER Working Papers, Vol. 107, No. 5, 2017, p. 3.

② 解芳芳、朱喜钢：《中日社区居家养老模式对比研究——基于社会嵌入理论视角》，《中国名城》2016 年第 11 期。

③ 康越：《日本社区嵌入式养老发展历程及其经验》，《北京联合大学学报》（人文社会科学版）2017 年第 4 期。

王杰秀等①；二是引介国内地方城市试点进行案例式剖析，如上海、北京、南京、成都、武汉、石家庄等，研究学者包括田钰燕等②、胡宏伟等③、章萍④、王振波等⑤。近年来，我国部分省市已经开始探索社区嵌入式居家养老服务，引起了学术领域的关注和共鸣，也迫切需要理论的支撑和指导。社区嵌入式居家养老相比其他养老模式，在地缘、情感、专业化、资源整合、运营效果、建筑理念和政策支持等方面均有一定优势，但也面临着社会资本参与度较低、规模效应不明显、运营收支平衡难、养老服务专业护理人才缺失严重等问题。因此需要充分借鉴国外嵌入式居家养老发展与改革经验，结合我国各地实际，探索出中国特色的嵌入式养老发展模式和治理道路。

（二）部分地区嵌入式养老的发展模式

近年来，我国部分省市也开始探索社区嵌入式养老服务，成效初显，也引起学术领域的关注，尤其社区嵌入式养老模式得到了积极的肯定。上海试点推进的“长者照护之家”从功能上使“9073”三个板块有机衔接，实现了养老服务体系内的分层与融合。嵌入式养老模式面临着一定发展性和战略性问题，但在实践中也在不断地改进、摸索和前进。在改进城市社区居家养老服务方面，武汉市一些社区探索出了一些典型代表性的服务模式，如以多元主体参与、功能集合为特色的聚合型养老服务模式；以网络技术为支撑、便利化为主要特征的网络型养老服务模式；以社会协同互助、资源整合为突出特点的公益型养老模式。

（三）嵌入式养老的多元供给主体

作为完善我国社会保障体系的一个重要方面，发展和完善城市社

---

① 王杰秀、徐富海、安超、柯洋华：《发达国家养老服务发展状况及借鉴》，《社会政策研究》2018年第2期。

② 田钰燕、奉海春：《服务嵌入：城市居家养老模式的完善》，《中国民政》2016年第12期。

③ 胡宏伟等：《“嵌入式”养老模式现状、评估与改进路径》，《社会保障研究》2015年第2期。

④ 章萍：《嵌入式养老：上海养老服务模式创新研究》，《现代管理科学》2016年第6期。

⑤ 王振波、吴湘玲：《城市社区居家养老服务模式研究——以武汉市为例》，《理论月刊》2017年第10期。

区居家养老服务刻不容缓，而政府则承担着义不容辞的责任。在具体的推进过程中，政府应该厘清职责，坚持有所为、有所不为的方针，科学谋划，统筹发展。要加强宣传，营造居家养老的良好氛围，通过相关法律法规的制定和完善，逐步实现居家养老的制度化和法律化。“不断加大财政支持力度，通过减税、补贴、公共财政预算等方式，形成稳定的财政供应机制。”① 作为一项系统工程，社区居家嵌入式养老服务工作要整合各种资源，建立政府引导、部门配合、社会参与、市场竞争的协同创新机制，实现社区居家养老服务管理社会化（见图2－5）。② 要鼓励企业、社会公益机构积极投身到居家养老服务当中，多方面、多渠道筹集资源，形成多元化的筹资机制，扩大城市居家养老服务的资金来源。借助市场机制，引导社会力量兴办老年服务机构，按照互惠互利的原则，采取公办民助、合同外包、委托经营等方式，鼓励和支持各类民间组织、企业和个人从事居家养老服务，使老年人服务设施建设和居家养老服务事业逐步向产业化、社会化方向发展。要积极培育发展社会组织，发挥其独立性、公益性、成本低、方式活等优点；同时，也要促进社区自治组织向自我管理、自我服务、自我教育、自我监督角色的塑造，最终形成政府引导、全民参与的社会养老体系。

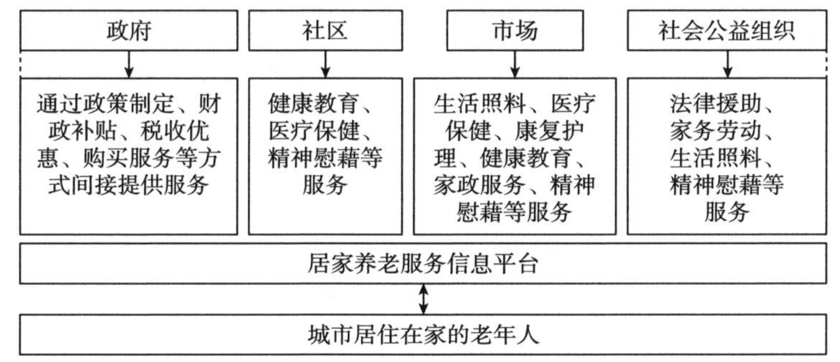

图2－5　社区嵌入式养老服务供给主体

① 李凤琴、陈泉辛：《城市社区居家养老服务模式探索——以南京市鼓楼区政府向“心贴心老年服务中心”购买服务为例》，《西北人口》2012年第1期。

② 李翔：《社会嵌入理论视角下城市社区居家养老问题研究》，《广西社会科学》2014年第4期。

三　国内外文献述评

发达国家目前对嵌入式养老探索出社区模式、老年城模式、就近机构模式等多种形式，社区模式以社工志愿者、自助互助养老、外部资助补贴为主要支撑，在社区和家庭附近形成养老服务圈；老年城模式以美国的太阳城为例，是面向老年群体的养老社区，集养老、医疗、生活、休闲、娱乐等于一体的某一区域的社区；就近机构模式是在老龄化严重社区附近修建养老服务机构，吸引周边老年人参与社区活动和选择养老服务，可以长、短期住宿，也可提供日常喘息式养老服务。发达国家社会组织参与居家养老服务的典型经验包括："政府为社会组织参与居家养老服务营造了平等参与、公平竞争的市场氛围；政府财政资助发挥了至关重要的引导和支持作用；完整的评估体系；健全的养老服务人才培养和输送机制"。[①] 澳大利亚、加拿大和英国的居家养老服务有着类似之处：三国都建立了与居家服务相关的法律法规以确保服务的顺利开展。此外，政府在居家服务项目中都承担了重要的作用。从政府级别层面而言，不论是澳大利亚、加拿大的联邦政府，还是英国的中央政府，都主要负责居家服务的总体工作；地方政府则负责安排服务的具体细节，如筛选合格的服务提供者、向服务使用者提供服务等。从居家服务资金来源而言，各级政府均投入了一定比例的经费，如"澳大利亚联邦政府及州、地区政府为这一服务提供了60%以上资金；英国的居家医疗服务资金全部来自中央政府拨款，居家社会服务资金的60%左右来自中央政府财政拨款，30%左右来自地方政府税收拨款；加拿大联邦政府通过'加拿大医疗和社会转移支付'和省、地区政府的财政拨款等渠道为居家照料融资"。[②] 各国的居家服务内容也大致相同，大都包括了支持有需要的人群能够在社区中独立生活

---

① 李长远：《国外社会组织参与居家养老服务的典型经验及借鉴》，《中国海洋大学学报》（社会科学版）2015年第6期。

② 王裔艳：《澳大利亚、加拿大和英国居家服务比较研究》，《人口与发展》2016年第5期。

的相关服务。这些居家服务主要分为医疗服务和照料服务两大类：医疗服务包括评估医疗需求和个案管理、专科医师支持服务和社区医疗服务等；照料服务包括日常生活照料、家务帮助、个人护理、社交支持、暂歇服务、为服务使用者及其照顾者提供咨询服务等。

从目前我国居家社区嵌入式养老服务的治理模式特征看，行政化的特征依然明显。行政化的治理模式并不仅仅是政府的过度干预，而是在服务供给中参与各方仍然以“行政化”的方式作为主要的行为方式和处理各方面之间关系的准则。在这种情况下，服务的供给方对需求方的需求变动不敏感，从而导致供给与需求之间的不匹配。从居家社区养老服务的供给特征看，“社会化的治理模式更加适合”。[①] 养老服务业或老年照护具有“成本病”的特征。诸如医疗服务、照护服务、现场演出等服务业，由于难以实现技术替代，因此劳动生产率低于社会平均的劳动生产率，人工成本的增长快于社会平均工资的增长，从而导致成本膨胀。因此，养老服务业的“成本病”特征需要公共筹资和公共干预。[②]

综上国内外研究，本书研究有助于拓展社会嵌入理论的研究视域，开辟嵌入式居家养老的研究视角，重构养老服务领域的治理思路。嵌入式居家养老以社会嵌入理论为理论依据，进一步拓展其研究视域和应用场域。已有研究多笼统概述，或 NPO 参与，或 PPP 合作视角，本书结合最新实践趋势从嵌入式居家养老视角进行创新性探索。已有研究多强调政府主导、市场介入或社会参与，本书以社会合作网络为嵌入机制，重构社区养老服务治理思路。此外本书研究有助于借鉴国外居家养老服务模式经验，提升国内嵌入式居家养老服务效能，推广普惠性养老服务体系。已有研究多从日本为主引介经验，本书选取五个及以上发达国家为主要研究对象，全面、客

① 王振振、雍岚、王乐：《居家养老社区服务可及性评价研究——基于苏州市的调研》，《人口与发展》2016 年第 3 期。

② 王震：《居家社区养老服务供给的政策分析及治理模式重构》，《探索》2018 年第 6 期。

观、科学地引介国际经验。国内嵌入式居家养老利用国际经验充分发挥后发优势和示范效应，减少政策试错成本和路径依赖，提升政策效能。嵌入式居家养老是当前及未来养老服务体系的政策导向——构建和推广普惠性养老服务体系的必由之路。

第四节 嵌入式养老的理论基础

一 福利多元主义理论

（一）福利多元主义的发展脉络

20 世纪中期，福利国家盛行，西方国家奉行凯恩斯主义国家干预社会的福利政策。而到了 20 世纪 70 年代初资本主义社会爆发的经济危机，福利国家理论面临质疑，福利国家理论也开始被福利社会理论所取代。新右派哈耶克、熊彼特等认为政府干预应置于最低层面，让市场能够充分发挥活力。“所谓福利社会（welfare society），亦称福利多元化（welfare pluralism）、混合福利经济（mixed economy of welfare）或福利组合（welfare mix），是指福利提供不应局限于政府一家，而应由多个部门（如志愿部门、私营部门和非正式部门）共同提供，以减少政府在福利提供中的作用，达到节省和控制福利开支的目的。”①

福利多元主义最早由罗斯（Rose）界定和分析。他提出“福利三角”的概念，即“社会福利的来源为三个方面：国家、市场和家庭”。② 反对国家为唯一的福利提供主体，主张市场、家庭都应参与福利的提供。国家、市场和家庭任何一个主体作为福利的唯一提供者都存在不足与缺陷，但三个主体联合起来则能够相互补充，取长

---

① 黄晨熹：《社会福利》，上海人民出版社 2009 年版，第 39 页。

② R. Rose, *Common Goals but Different Roles: The State's Contribution to the Welfare Mix*, in R. Rose & R. Shiratori, The Welfare State East and West, Oxford: Oxford University Press, 1987, pp. 13 – 39.

补短。其中，三者的地位又有所不同，国家是主要的福利提供者。德国学者伊瓦斯（Evers）将文化、经济和政治的情境引入了“福利三角”的范式，将三个主体对应为组织、价值和社会成员关系。随着“福利三角”研究的深入，许多学者逐渐意识到在三大主体之外还存在着另一重要的主体——民间组织力量。伊瓦斯进一步修正了“福利三角”范式，将“民间社会”纳入社会福利的来源主体。并提出四个部门“在行动协调原则、需方的角色、交换中介、中心价值、有效标准以及主要缺陷等方面特征的对比”。①

约翰逊（Johnson）将“志愿组织”加入到“福利三角”中，形成“福利四角”理论，他认为社会福利的提供者有四大部分：“公共部门（public sectors）、非正式部门（informal sector）、志愿部门（voluntary sector）以及营利部门（commercial sector），并阐述了福利提供的原则、内容、有效标准等。”② 将志愿组织引入社会福利提供者的行列适应了现代社会发展的趋势，福利供给将更加灵活，使福利供给结构更加合理。“吉尔伯特（Gilbert）认可约翰逊的‘四分法’，并强调这四个部门嵌入福利国家市场的公共和私人领域，既独立存在又彼此交织。”③

在福利国家面临困境之时，福利多元主义理论的出现纠正了以往国家提供福利形式的局限性。福利多元主义的核心观点是提供福利的来源应当多元化，它的出现使国家的社会保障制度有了可供选择的路径。随着福利多元主义研究的日益深入，其在实践中也得到了进一步的检验，并且在社会福利的各个领域得以体现。

（二）福利多元主义与养老的契合性

布坎南的公共选择理论将经济领域的理性“经济人”假设引入

---

① Evers, A., “Part of the Welfare Mix: The Third Sector as an Intermediate Area”, *Journal of Voluntas*, Vol. 6, No. 2, 1995, pp. 159 – 182.

② Johnson, *The Welfare State in Transition: The Theory and Practice of Welfare Pluralism*, Amherst: the University of Massachusetts Press, 1987, pp. 59 – 69.

③ 丁煜、杨雅珍：《福利多元主义视角的社区居家养老问题研究》，《公共管理与政策评论》2015 年第 3 期。

了政府公共服务领域，认为政府官员为了追求自身利益的最大化会导致政府预算扩大，行政机构膨胀，进而出现“权力寻租”，造成公共服务供给的低效及公共资源的浪费，出现“政府失灵”。公共选择理论的出现打破了政府对公共产品的垄断，开始实施供给的多元主义、引入竞争机制。

由于“政府失灵现象”的存在，学者们倡导将市场和竞争机制引入公共服务供给中。当然，在纯公共服务领域，政府占据绝对的支配地位。但在准公共服务领域，多元化的供给模式越来越得到肯定。“市场、社会组织以及传统的社会支持网络逐渐被引入准公共产品供给体系中，单一的政府供给结构开始向多元结构转变。”① 一方面，准公共产品的公共性与福利性决定了政府仍然被视为既定的责任主体，理应在规制与筹资层面承担主要责任，并以此作为政府合法性以及利益集团博弈的重要条件。另一方面，准公共产品的生产与提供、直接提供与间接提供等概念被清晰地区别开来。学者们普遍认为政府应该通过间接方式，如建立公私伙伴关系、外包、特许协议和私有化等形式进行准公共产品的供给，多元、灵活、回应性、成本与效率成为供给的关键词。

“作为公共产品的一种，养老服务也涵盖了纯公共养老服务和准公共养老服务两个层次。其中纯公共养老服务应由政府来提供，准公共养老服务可以由政府和社会、市场共同提供。此外，在养老服务领域还存在私人养老服务，主要由市场和社会来提供。”② 养老服务领域的多元供给模式变责任单一制为多方参与、风险共担的机制，既适应养老需求的多元化、差异化的要求，又推动政府在公共服务领域的转型，激发社会主体活力，具有重要的经济意义和社会意义。

---

① 陈静：《福利多元主义视域下的城市养老服务供给模式研究》，山东人民出版社2016年版，第67页。

② 王细芳、王振州：《城市社区养老服务体系构建研究》，《老龄科学研究》2014年第8期。

二　社区照顾理论

（一）社区照顾理论的发展脉络

社区照顾（community care）最早起源于英国，20 世纪 50 年代开始应用于老年人照顾领域，1961 年政府在官方发言中正式将其确立为英国的老年人照顾政策。在提倡社区照顾的英语国家，“社区照顾通常指通过非制度性的方式对老人进行照料和安置，就提供服务的场所应有室内、室外，提供的内容也应该从长者的实际需求出发，例如医疗卫生、休闲教育等”。① 具体来说，社区照顾是指“社区中的各方面成员——家人、亲戚、朋友、邻里、志愿者和社区领袖等组成的非正式网络，协同各种正式的社会服务机构，在社区内对需要照顾的人提供服务的过程”。② 还有学者认为，社区照顾“应该将正式网格与非正式网格有机结合，相互配合、相互协调，共同为老年人提供服务，并根据老年人的实际需求，将服务对象划分为正规照顾和非正规照顾”。③

20 世纪 70 年代，随着经济滞胀状态的出现，凯恩斯主义面临挑战，新自由主义理论在西方国家开始盛行，福利国家的养老服务模式也进行了一定的调整，英国开始将政府购买服务引进社区照顾领域。撒切尔政府时期，政府将综合管理流程概念引入英国国民卫生服务体系和长期照顾体系。要求政府部门应向民间服务组织购买部分公共服务，从而提高服务效率和减轻管理压力。1990 年《社区照顾法》规定了实行政府购买社区照顾服务。布莱尔政府积极推行强制性竞标来强化购买式社区照顾服务模式。“卡梅伦政府在新管理主义的影响下开始改革强制性竞标模式，提出社区照顾服务最佳购买模式。最佳购买模式强调社区照顾服务提供者的绩效评估和政

---

① 特斯特：《老年人社区照顾的跨国比较》，周向红、张小明译，中国社会出版社 2002 年版，第 8 页。

② 钱宁：《社区建设中的社会工作探索》，云南民族出版社 2002 年版，第 101 页。

③ 欧阳俭：《城市老年人社区照顾需求研究》，《青年与社会》（上）2015 年第 2 期。

策执行的持续性，并通过契约加以约束，使政府和社区为达到设定的目标共同努力”。①

（二）社区照顾模式的层次与特征

从社区照顾的类型或模式来看，主要有在社区照顾（care in the community）、由社区照顾（care by the community）和为社区照顾（care for the community）三种类型。“在社区照顾主要运用法定资源，使业主在以社区为基础的中心或者家庭接受照顾和服务，它以政府、非政府组织在社区内设立的小型、专业的服务机构为主要照顾场域，涵盖机构中的照顾和专业人士的上门护理。可见，在社区照顾中正式服务部门是老年人照顾的主要依靠力量，非正式网络作为辅助力量存在。由社区照顾是指动员、组织社区非正式网络给予老年人照顾服务。与在社区照顾相异，老年人照顾场域转变到了家庭，照顾的主要力量也相应地换成非正式部门，正式服务支持则退居为辅助力量。毫无疑问，有需求的老年人皆可成为照顾对象，换言之，社区照顾之对象既可为社区中的弱势群体，又可延伸及整个社区。仅就目前的情形而言，有需求的老人特别是残疾需长期照顾者是社区照顾的重点对象。”②

社区照顾与传统的家庭养老相比，它的养老供给不仅仅局限于家庭成员，而是纳入了更多的政府和社会资源，因而更具备成效性；与机构养老相比，它又更具有灵活性，适应老年人的主体差异。③ 具体而言，社区照顾的养老模式呈现出以下特点：

第一，社区化。社区化也叫“去机构化”，它是社区照顾设计和实际操作中的一个基本概念。它的基本思路是以社区为依托，立足社区，依靠社区，政府将各种服务设施建立在社区中，服务人员

① 龚韩湘：《英国购买式社区照顾服务模式的发展、改革及启示》，《中国卫生政策研究》2017 年第 3 期。

② 李伟峰、梁丽霞：《社区照顾理论及其在中国的实践问题》，《济南大学学报》（社会科学版）2008 年第 1 期。

③ 祁峰：《英国的社区照顾及启示》，《西北人口》2010 年第 6 期。

也在社区中工作，需要照顾的老人也住在社区的家中或机构设施内，从社区照顾发生的地点来看，只有两个地点，即家庭和社区。另外政府对于触犯法律的人的感化服务，在犯罪者表现较好的情况下，指定他去社区内从事公益劳动。同时大力发挥社区关系网络支持社区各种服务。实际上，社区照顾的兴起正是从对患精神病的人出院后的继续关照为起点的。社区化有利于为老人提供服务，避免老人产生孤独感，可减少管理和执行成本，使服务更贴近社区的实际情况，消除机构化照顾的人情淡化、模式化、科层化所带来的消极影响。

第二，多样化。从社区照顾所提供的服务内容来看，主要有四项基本服务项目。一是生活照顾。包括居家服务、家庭照顾、老年人寓所、托老所等。二是心理支持。包括治病、护理、传授养生之道等。三是整体关怀。包括改善生活环境、调动周围资源等。四是物质支援。包括提供食物、安装设施、减免税收等。其中每一项中又包括许多小项，可谓丰富多彩。这是针对需要照顾的老年人的需要而制定的，因为每个老年人由于生理、心理等方面的不同，其所需要的服务也不尽相同，必须根据实际情况为老人制订适合其自身的服务计划。依据此原则社区照顾还发展了个案管理系统和项目管理模式，从而使社区照顾更好地为需要照顾的老人服务。

第三，官办民助。社区照顾大多为典型的官办民助，政府在其中发挥主导作用，承担许多职能。一是制定政策与立法。规定社会福利方面的基本原则，发布社会福利方面的白皮书，制定有关的政策。二是制定具体措施，指导政策执行。为此在社区设置许多服务机构，发展社区组织去完成这一职能。三是财政支持。政府虽然将社会服务方面事务下放到社区、家庭，政府必须对这些服务给予财政支持，也就是把原来由政府承办的社会福利与服务改由政府出钱，交给社区、家庭去承担。四是监督、检查民间团体和私营机构。政府虽然把社会福利服务交给社区、民间团体等来组织，但他们的服务水平、质量，仍要受到政府监督和检查。五是宏观管理。

面对庞大的社会福利与服务体系，政府实施严格的宏观控制与管理，以保证社会福利事业健康有序运行。所有这一切，只有社区等民间组织而没有政府的参与是不可能办好的。

第四，以人为本。这是社区照顾的关键特点。虽然许多为老年人服务的设施面积较小，但都能就近服务，方便实用，功能齐全，周到细致，适用于所有的老年人，而且在为老年人提供服务时，都要充分征求老人自己的意见，不强迫老人接受既定的服务和安排。为此还要对需要照顾的老年人进行生理和心理检查，建立入住老人健康档案，针对不同情况的老人设计不同的服务康复计划。如对脑中风的病人，采取声、光、电复合刺激的方法帮助老人恢复记忆，对身体活动不方便的老人制订康复计划等。

第五，专业化。社区照顾多由专业机构提供，照料者大多经过一定的职业培训，能够满足老人各种各样的照顾需求。同时，由于社区照顾提供的责任者是机构而非个人，照顾者和被照顾者之间存在法律上的契约关系，所以，照顾过程不会因为照顾者个人的原因而被随意改变。还有，从专业的角度来看，社区照顾是在积累了多年的机构服务经验的基础上发展出来的一个新的服务概念和工作手法。在社区照顾系统中，个人服务如心理辅导、机构照料如医疗服务，也大多由相关的专业人员主导策划、管理和执行，每项照料工作都有明确分工。总之，专业化特征十分明显。

三 网络化治理理论

（一）网络化治理的发展脉络

随着现代科技的快速发展，新兴的技术工具也被应用于公共服务领域，现代的治理理论也有了新的突破和创新。美国学者斯蒂芬·戈德史密斯（Stephen Goldsmith）及威廉·D. 埃格斯（William D. Eggers）提出一种新的治理模式——网络化治理。“它是一种全新的合作治理模式，它的最大特点就是更广泛的主体参与，并且通过各种工具进行网络化联结。第三方政府、协同政府、数字化革命以及消费者需求都是主流的公共管理发展趋势，而网络化治理很好地将它们统一起来，它以公民的需求为导向，既有第三方政府高水平的公私合作特性又具备协同政府良好的管理网络能力，在数字化革命的基础上利用先进的技术将它们融合到一起，建立高效的网络机制以应对日益多样化的服务需求”。① 其具有时代性特点的治理方式，能够更好地提升公共服务的效率及效益。

斯蒂芬提出网络化治理的具体内涵是“‘网络化治理’模式的显著特征就是对合作伙伴产生深深的依赖关系，通过平衡各种非营利组织以提高公共价值的哲学理念，以及种类繁多的、创新的商业关系。在这种新的模式下，政府的工作不太依赖传统意义上的公共雇员，而是更多地依赖各种伙伴关系、协议和同盟所组成的网络来从事并实现公共事业。我们将这种发展称为‘网络化治理’”。②

网络化治理的主要内容是形成一个完整的运行机制，其包括四个方面：其一，网络设计。网络设计阶段在于从政府政策出发，设计符合政策目的的计划。这个阶段，设计者的任务是：确定所有可能的参与者；分析目前政府内部公共事务情况，明确所有网络参与者的要求；明晰及整合网络的碎片；设计网络维护计划；激活网络关系网。其二，连接的纽带。该步骤是网络的运行，将孤立的组织联结成一个网络并建立信任关系。分为四个方面，①建立平等的沟通渠道；②协调主体的活动；③培养组织之间的合作能力和信任；④处理矛盾和冲突。其三，治理型公共雇员。由于在网络化治理中，政府占据主导地位，因此对政府雇员即公务员的素质和责任有具体的要求。其具备管理能力，拥有风险分析、合同管理、人际沟通、管理合作关系、项目和商业管理、团队建设等能力。其四，网络的责任框架。建立一套网络化治理框架，包括设定目标、调整价值观、建立信任、构建激励机制、绩效的评估、共担风险、灵活化管理。这几个要素相互调试，从而建立一个有效的网络化治

① ［美］斯蒂芬·戈德史密斯、威廉·D. 埃格斯：《网络化治理：公共部门的新形态》，孙迎春译，北京大学出版社 2008 年版，第 15—18 页。

② 同上书，第 35—38 页。

理结构。

（二）网络化治理与养老的契合性

网络化治理下政府提供的公共服务可作为一个网络来分析，这一网络包括政府、企业、社会组织等多方参与者。网络化治理要求搭建一个参与者网络，通过政府购买服务、公私合营、民办公助等方式推动多元主体的参与和合作。一方面，适应了现代政府简政放权，职能转变的趋势，为私营企业、社会组织等进入养老服务领域提供了新的途径，并通过优惠政策等辅助手段协助社会部门更好地提供养老服务；另一方面，激发市场活力，充分发挥社会力量。以往通过政府大包大揽的方式提供公共服务，既给政府财政和资源造成很大的压力，又使养老服务的数量和质量难以得到保证。而社会力量的加入既能够弥补养老服务不足的缺陷，又能够通过市场的竞争机制推进养老服务的质量。

公共服务中引入网络化治理模式，已经在交通服务、应急保障、农业服务、弱势群体救助等领域得到实践应用和发展，运行效果和效率比较明显，而且得到了政府部门的认可和公众的肯定。构建养老服务网络治理模式，有助于利用网络治理中平等、信任、包容、开放的网络关系，吸纳更多主体和资源进入养老服务议程，真正实现养老服务自助、互助和共助的理想状态。王浦劬等通过研究南京市鼓楼区居家养老服务网络认为，南京鼓楼区政府通过向“心贴心老年服务中心”购买养老服务的方式实现了从生产者向管理者的转变，而政府主要承担资金供给与服务监督的责任。鼓楼区的老年服务享受者作为评价者参与到具体运行过程①。养老服务先由老年人向社区委员会提出申请，然后经过街道老龄办初步审核，最终由区老龄办审核，确定申请成功后可以享受由政府为其购买的居家养老服务。鼓楼区政府与“心贴心老年服务中心”在服务数量、内容和

---

① 王浦劬、萨拉蒙等：《政府向社会组织购买公共服务研究——中国与全球经验分析》，北京大学出版社 2010 年版，第 77 页。

要求、经费等方面进行充分协商，双方在居家养老服务上形成了委托代理关系。

四 社会嵌入理论

（一）社会嵌入理论的渊源与发展

社会嵌入理论是新经济社会学理论，最早提出“嵌入性”这一概念的是经济学家卡尔·波兰尼，他在“The Great Transformation”一文中提出“嵌入”的概念。1957 年他阐述了特定行为在社会中如何被社会化以及经济行为怎样被嵌入社会关系之中，强调嵌入性是新行为合理运行的保障。波兰尼敏锐地发现了特定行为与社会结构的内在联系，确信人类行为的不同状态无不散布于制度性的网络关系之中，人类行为要真正发挥出强大功能，就必须将分散的行为融合为具有连续性和稳定性的统一化机制。1985 年美国社会学家马克·格兰诺维特对嵌入性理论进一步做出阐释，把经济制度或者行为同时置于制度结构和社会结构中分析。“任何个人都不是孤立的，都是嵌入在特定社会结构和关系网络中的，借助于特定的社会关系网络获得包括信息、情感、服务等在内的种种资源，取得广泛的社会支持。”①

王思斌从社会学的角度对“嵌入性”概念进行了界定：某一事物进入另一个事物的过程和状态就是嵌入性。② 首先，嵌入性发生的前提是存在两个相互独立的事物；其次，两个相互独立的事物发生了融合，在结构上发生了变化，这是嵌入的过程；再次，一个事物在进入另一个事物之后，后者的结构发生了变化，但这个变化过程是遵循一定机制的；最后，在完成机构转变之后，双方事物建立了新的关系，代表了嵌入后的状态。侯仕军认为社会嵌入结构包括三个部分，“社会嵌入主体、社会嵌入客体和社会嵌入行为。社会嵌入主体是被嵌入社会结构中的部分；社会嵌入客体是指嵌入主体的对象，可以引

① 王建民：《嵌入性与中国社会的伦理场域》，《晋阳学刊》2006 年第 1 期。

② 王思斌：《社会工作导论》，高等教育出版社 2004 年版，第 39 页。

申为认知嵌入、政治嵌入、文化嵌入等；社会嵌入行为包括关系嵌入、结构嵌入”。① 关系嵌入系指单个行为主体的经济行为嵌入与他人互动所形成的关系网络（外部网络），刻画了所嵌入网络中人际社会二元关系的结构和特征（包括关系疏密程度、关系质量等），是对所嵌入网络的微观解析。结构嵌入系指行为主体所在网络与其他社会网络相联系构成并嵌入整个社会的网络结构（也是一种外部网络），描述了行为主体多维度嵌入关系构成的各种网络的总体结构、功能以及行为主体在网络中的位置，是对嵌入网络的中观解析。

（二）社会嵌入理论与养老服务

将社会嵌入理论应用于养老服务领域则产生社区嵌入式养老的形式。胡宏伟等认为嵌入式养老模式是机构养老和社区居家养老两种模式上的补充和整合，“即以社区为载体，以资源嵌入、功能嵌入和多元的运作方式嵌入为理念，通过竞争机制在社区内嵌入一个市场化运营的养老方式，整合周边养老资源，为老年人就近养老提供专业化、个性化、便利化的养老服务”。② 章萍通过上海养老服务模式的研究提出“嵌入式”养老的理论框架。“根据社会嵌入理论，家庭养老和居家养老社会化不够，难以获得足够的社会资源；机构养老过度社会化，难以满足老人的家庭情感需要，而嵌入式养老符合老人适度社会化的要求，它以社区为依托，充分嵌入社区各种养老资源，在不脱离老人熟悉的社会关系和生活背景下，为老人适度社会化养老提供了一个较理想的平台。”③

李翔认为“一个人的一生是一个不断社会化的过程，老年人亦不例外。他们将面临着由劳动者向供养者、决策者向平民、父母向祖父母、工具向情感等一系列角色的转换。而这种转换呈现出一种

---

① 侯仕军：《社会嵌入概念与结构的整合性解析》，《江苏社会科学》2011 年第 2 期。

② 胡宏伟等：《“嵌入式”养老模式现状、评估与改进路径》，《社会保障研究》2015 年第 2 期。

③ 章萍：《嵌入式养老：上海养老服务模式创新研究》，《现代管理科学》2016 年第 6 期。

衰退的态势，容易诱发老年人失落、焦虑、孤寂等心理问题。除此之外，老年人还将面临众多难以预料的‘突然失去’，如亲友的辞世、健康的丧失、子女情感支持的突然失去”。[①] 而社区居家养老方式为老年人适应角色转换以及应对“失去感”提供了平台。

解芳芳、朱喜钢将社会嵌入客体，即社会关系的三个层面作为分析的框架，“分别为制度秩序嵌入、组织间制度嵌入、人际嵌入”。[②] 制度秩序嵌入指的是经济行为融入社会制度秩序中；组织间制度嵌入指的是经济行为融入战略联盟和组织间网络的组织机制；人际嵌入指经济行为主体嵌入的多种网络，以及这些网络对行为主体的身份、利益、能力和实践的影响。将制度秩序嵌入、组织间制度嵌入、人际嵌入分别对应于养老秩序嵌入、养老组织嵌入、老年人交往嵌入，并用于中外的案例比较研究。构建“社区居家养老”的社会嵌入分析研究框架，由此探讨在社区居家养老模式的背景下，社会关系对于老年人再社会化的重要性。

第五节　嵌入式养老的研究价值

综观全球，人口老龄化已成定式，欧洲是老龄化最严重的区域，美洲、亚洲、大洋洲人口老龄化步伐正在加快。世界主要发达国家在社区居家养老方面历经了政策变迁和实践创新，其国际经验具有正向外溢效应和示范效应，有助于我国发挥后发优势，为应对我国日益严峻的人口老龄化问题提供了模式借鉴和政策参考。结合我国社会发展现状及对养老的现实需求，大力发展和推广“嵌入式”养老模式具有可行性和优越性，这也是社会发展的必然选择。主要发

① 李翔：《社会嵌入理论视角下城市社区居家养老问题研究》，《广西社会科学》2014 年第 4 期。

② 解芳芳、朱喜钢：《中日社区居家养老模式对比研究——基于社会嵌入理论视角》，《中国名城》2016 年第 11 期。

达国家居家养老已累积丰富的发展经验，但从嵌入式居家养老视角专项整理挖掘国外制度和政策价值的文献较少，仅以借鉴日本为主的国际经验并不全面，而国内嵌入式居家养老在各地试点如火如荼，亟待政策补给和发展指导，尤其缺乏从国际经验视角的制度转化和政策先导。因此，从经验供给侧和现实需求侧分析，嵌入式居家养老的相关研究意义重大。

一　学术研究价值

（一）丰富习近平新时代民生思想

习近平新时代中国特色社会主义思想作为治国理政的新理念新思想新战略，对经济、政治、法治、科技、文化、教育、民生等党和国家各项事业具有全面指导意义。党的十九大为养老事业进行顶层设计，提出构建养老、孝老、敬老政策体系和社会环境，推进医养结合，加快老龄事业和产业发展。增进民生福祉是发展的根本目的，必须多谋民生之利、多解民生之忧，在发展中补齐民生短板、促进社会公平正义。养老服务领域是民生福祉的重要组成部分，能够缓解和免除老百姓的后顾之忧。本书专注养老领域研究，其研究成果有助于丰富习近平新时代民生领域思想。

（二）拓展嵌入治理理论研究视域

嵌入性治理理论作为从管理向治理转变的重要理论基础，在学术研究和理论研究领域发挥重要作用。嵌入性治理是新经济社会学的核心理论，经过国内外学者的阐释和研究，应用范围从最初的经济管理领域拓展到社会治理领域，展现出强大的解释力和应用力。本书将嵌入性治理与养老模式相糅合，有利于拓展嵌入性治理在社会民生领域的适用范围和场域。嵌入式养老创造性地将制度模式与功能模式相结合，依托家庭社区辖域，将机构养老、社区养老、居家养老有效结合起来，推动正式照料与非正式照料力量的整合融合，提升完善我国社区嵌入式养老服务功能。

（三）构建嵌入养老模式分析框架

嵌入性治理理论的经典理论分析框架是关系性嵌入和结构性嵌

入。本书依托嵌入性治理的分析框架，构建嵌入式养老模式分析框架，分析养老服务机构在养老体系中的社会网络关系和社会网络功能，有助于系统、深入、科学分析养老服务机构的发展情境和发展效用，为后续嵌入式养老模式的理论研究和实证研究提供框架指导和分析纲领。本书结合嵌入式治理经典和延伸性分析框架，创新性提出嵌入式养老分析框架，包括养老理念创新的文化嵌入、多元主体协同的关系嵌入、养老体系基石的结构嵌入、养老资源整合的功能嵌入、养老能力提升的制度嵌入等。

二　现实应用价值

（一）应对人口老龄化的现实挑战

到2018年年末，中国60岁及以上人口为24949万人，比上年增加59万人，占全国总人口的17.9%，是老龄化程度较重的国家之一，整体上呈现基数大、增速快、高龄化和失能化的特点；人口老龄化对国家经济、社会和政治带来一定影响和挑战，对人们的生产生活带来一定改变。本书立足我国现实和实践，借鉴发达国家老龄化社会治理经验，有助于缓解我国日益加剧的人口老龄化问题，落实积极老龄化的发展战略，提高老年人的生活质量。

（二）完善社区居家养老服务体系

根据北京市提出的“9064”养老格局，即90%以上老年人通过家庭和社区照顾服务养老，社区居家养老是养老服务工作的核心重点和重要载体。本书研究的嵌入式养老模式是社区居家养老的新发展和新趋势，其克服了传统家庭养老、社区居家养老和机构养老的劣势，集中了三者优势。作为新兴养老模式，嵌入式养老模式是在建设与我国实际相适应的多层次养老保障体系大背景下提出的，有助于初步形成和完善以居家养老为基础、社区养老为依托、机构养老为补充、医养相结合的养老服务体系，满足老年人多样化养老需求，提升老年人福祉。

（三）实现均等性普惠性养老服务

2019年2月22日，国家发展改革委会同民政部、国家卫生健康委印发《城企联动普惠养老专项行动实施方案》，计划到2022年形成支持社会力量发展普惠养老的有效合作新模式。本书研究有助于建立完善城乡地区老年福利政策，包括老年保障和老年服务等方面。通过了解城市和农村地区老年人的养老需求，精准对接、有效托底，制定并完善普惠性老年福利政策。此外有助于统筹推进农村地区脱贫攻坚任务。农村地区因国家政策、人口迁移等青壮年劳动力比例降低，老龄化程度加剧，尤其是贫困家庭老年人养老问题日益突出。研究农村地区老年服务体系，有助于通过保障和提升老年人权益，助力贫困家庭早日脱贫，推进城乡养老服务均等化。

第三章

我国嵌入式养老的政策与实践盘点

本章主题为我国嵌入式养老的政策与实践盘点，主要包括我国嵌入式养老的政策回顾和实践梳理，基于全国样本数据的社区嵌入式养老实证测评和我国社区嵌入式养老的发展盘点。通过全国性样本数据分析得出发展社区嵌入式养老的关键点，即一是养老服务主体多元化，二是养老服务项目多样化，三是养老服务方式市场化，四是养老服务标准规范化，五是养老服务设施智能化，六是养老服务覆盖普惠化。

第一节　我国嵌入式养老的政策回顾

一　我国老龄事业的总体规划

（一）20 世纪老龄事业的总体规划

1982 年 7 月至 8 月中国出席了联合国在维也纳主持召开的老龄问题世界大会，签署了《维也纳老龄问题国际行动计划》（以下简称《国际老龄行动计划》），会议讨论了在老龄问题上各国政府应采取的政策和国际合作问题。1982 年经过国务院批准，“老龄问题世界大会中国委员会”成立，同年改名为“中国老龄问题全国委员会”，1995 年更名为“中国老龄协会”。1999 年 10 月，党中央、国务院决定成立全国老龄工作委员会。2005 年 8 月，经中央编委批准，全国老龄工作委员会办公室与中国老龄协会实行合署办公，由此我国成立专门负责老龄工作的机构，负责对我国老龄事业发展的方针、政策、规划等问题进行调查研究并提出建议。

1996 年 8 月 29 日第八届全国人大常委会通过《中华人民共和国老年人权益保障法》，将保障老年人的合法权益、发展老龄事业纳入法治化轨道。2000 年，中共中央、国务院发布《关于加强老龄工作的决定》，提出今后一个时期我国老龄化事业发展的目标："从我国社会主义初级阶段的基本国情出发，努力建立和完善有中国特色的老年社会保障制度和社会互助制度；建立家庭养老为基础、社区服务为依托、社会养老为补充的养老机制；逐步建立比较完善的以老年福利、生活照料、医疗保健、体育健身、文化教育和法律服务为主要内容的老年服务体系，切实提高老年人的物质和精神文化生活水平，基本实现老有所养、老有所医、老有所教、老有所学、老有所为、老有所乐。"①

（二）21 世纪老龄事业的总体规划

2001 年国务院印发《中国老龄事业发展"十五"计划纲要（2001—2005）》的通知，提出初步建立适应社会主义市场经济要求、体现城乡不同特点的城市和农村养老保障体系；建立以城市社区为基础的老年人管理与服务体系；进一步丰富老年人的精神文化生活，加强思想政治工作；切实维护老年人的合法权益；建立老龄事业正常投入机制；健全老龄工作体系。

2006 年全国老龄委发布《中国老龄事业发展"十一五"规划》，提出了在"十一五"期间要继续增加财政对社会保障的投入，多渠道筹措老年社会保障基金，合理确定保障标准和方式，逐步建立广泛覆盖、持续发展，与经济社会相适应，与其他保障制度相衔

① 《中共中央、国务院关于加强老龄工作的决定》，http：//www. nhfpc. gov. cn/jtfzs/s3581c/201307/e9f0bbfea6c742ec9b832e2021a02eac. shtml，2000 年 8 月 21 日。

接的老年社会保障体系，基本建立相对完善的老龄政策法规体系，健全与人口老龄化相适应、高效规范的老龄工作体制等目标。

2011 年国务院常务会议通过《中国老龄事业发展“十二五”规划》（以下简称《规划》），此时我国正显现出日渐严峻的老龄化形势，《规划》的制订对应对挑战、加快老龄事业的发展具有重要的作用。《规划》提出建立覆盖城乡居民的社会养老保障体系和城乡老年人基本医疗保障体系，建立以居家为基础、社区为依托、机构为支撑的养老服务体系，并且把发展目标具体化，提出一些具体的指标要求。提出解决老年医疗保健、老龄服务、老龄产业等重要现实问题的具体任务，推动开拓老龄事业的新局面。2011 年 12 月发布《社会养老服务体系建设规划（2011—2015 年）》，提出目前我国养老服务体系存在的问题，明确我国的社会养老服务体系主要由居家养老、社区养老和机构养老三个有机部分组成。制定了到 2015 年基本建成制度完善、组织健全、规模适度、运营良好、服务优良、监管到位、可持续发展的社会养老服务体系，每千名老年人拥有养老床位数达到 30 张，居家养老和社区养老网络基本健全。

（三）新时代老龄事业总体规划

2013 年《国务院关于加快发展养老服务业的若干意见》发布，提出统筹规划发展城市养老服务设施，大力发展居家养老服务网络，大力加强养老机构建设，切实加强农村养老服务，繁荣养老服务消费市场，积极推进医疗卫生与养老服务相结合的发展目标。通过完善投融资政策、土地供应政策、税费优惠政策、补贴支持政策与人才培养和就业政策，鼓励公益慈善组织支持养老服务等措施，进一步推动养老产业的发展。

2016 年国务院发布的《“健康中国”2030 规划纲要》重点阐释了“医养结合”的养老模式，未来医养结合的养老模式将会有更加广阔的发展空间。共有产权养老是指由业主和养老企业分别占有一定比例的产权，由老人享有全部的使用权，住宅及其他配套的公共服务设施由养老服务企业持有经营，实现“居家养老”嵌入进“机构养老”之中，同时政府参与老年人资质的审核工作以及对养老服务企业的监督，从而既能够实现老年人在家养老的愿望，又能够获得机构专业的养老服务，最大限度地满足老年人的养老需求。除了以上几种新发展的嵌入式养老模式，越来越多的创新型养老模式正在不断酝酿、探索和实践之中，这也正是社会化养老模式发展的必然趋势。

2017 年国务院印发《“十三五”国家老龄事业发展和养老体系建设规划》，将“十三五”时期作为我国老龄事业改革发展和养老体系建设的重要战略窗口期，并分析了目前养老事业面临的严峻形势、明显短板和有利条件。未来五年的发展目标为多支柱、全覆盖、更加公平、更可持续的社会保障体系更加完善；居家为基础、社区为依托、机构为补充、医养结合的养老服务体系更加健全；有利于政府和市场作用充分发挥的制度体系更加完备；支持老龄事业发展和养老体系建设的社会环境更加友好。

2019 年国家发改委会同民政部、卫生健康委共同制订了《城企联动普惠养老专项行动实施方案（试行）》。截至 2019 年 6 月，已有 31 个省（区、市）约 62 个城市正式参与。普惠养老服务是“在基本养老服务之外，面向广大老年人的、靠市场供给、有政策引导的一种养老服务。国家通过中央预算内投资，支持和引导城市政府系统规划建设养老服务体系。城市政府通过提供土地、规划、融资、财税、医养结合、人才等一揽子的政策支持包，企业按约定承担公益，提供普惠性养老服务包，向社会公开，接受监督。最终，能让普通群众、工薪阶层买得到、买得起、买得好、买得放心”。①

新时代党中央和国务院提出的养老政策是积极应对人口老龄化的有益成果。随着我国基本矛盾从人民日益增长的物质需要同落后的社会生产之间的矛盾转变为人民日益增长的美好生活需要和发展

① 央视网：国家发改委、民政部等部门联合印发《城企联动普惠养老专项行动实施方案》，http：//news. cctv. com/2019/02/22/ARTIHlc2bL9bMiS0x86D69vP190222. shtml，2019 年 2 月 22 日。

不平衡、不充分之间的矛盾，相应地，养老服务事业的任务也从保障老年人基本生活需要转化为更加关注为老年人提供高品质的服务，为老年人构建更加美好的生活。养老服务产业则在老龄政策的背景下，应创新养老服务形式，增加社会化养老因素。

二　我国养老服务的支持政策

鼓励和支持养老服务社会化是当前我国养老服务的重点和要点。2000 年政府出台的《关于加快实现社会福利社会化意见的通知》指出，我国的养老供给方式为：在供养方式上坚持以居家为基础、以社区为依托、以社会福利机构养老为补充的发展方向。2006 年，《关于加快发展养老服务业意见的通知》正式确定了以居家养老为基础、社区服务为依托、机构养老为补充的服务体系。2010 年，全国社会养老服务体系推进会提出，立足基本国情，着力构建与经济社会发展水平相符合、与人口老龄化进程相适应，以居家养老为基础、社区服务为依托、机构养老为补充，资金保障与服务提供相匹配，无偿、低偿、有偿服务相结合，政府主导、部门协同、社会参与、公众互助相结合的社会养老服务体系。

2011 年 12 月发布的《社会养老服务体系建设规划（2011—2015 年）》规定：社会养老服务体系是与经济社会发展水平相适应，以满足老年人养老服务需求、提升老年人生活质量为目标，面向所有老年人，提供生活照料、康复护理、精神慰藉、紧急救援和社会参与等设施、组织、人才和技术要素形成的网络，以及配套的服务标准、运行机制和监管制度。社会养老服务体系建设应以居家为基础、社区为依托、机构为支撑，着眼于老年人的实际需求，优先保障孤老优抚对象及低收入的高龄、独居、失能等困难老年人的服务需求，兼顾全体老年人改善和提高养老服务条件的要求。2017 年，《“十三五”国家老龄事业发展和养老体系建设规划》对养老服务体系作出的解释：以居家为基础、社区为依托、机构为补充、医养相结合的养老服务体系；养老服务体系目标是全方位、多层次的养老服务覆盖，以满足老年人日益增长需要；其内容涉及养老服务的对象、服务的内容、服务的形式以及服务责任归属。

（一）用地方面支持政策

根据《养老服务设施用地指导意见》（国土资厅发〔2014〕11号）、《关于加快推进健康与养老服务工程建设的通知》（发改投资〔2014〕2091号）等文件，经养老主管部门认定的非营利性养老服务机构，其养老服务设施用地按照《划拨用地目录》实行划拨。（整体）整合改造闲置资源兴办养老服务机构，经规划批准临时改变建筑使用功能从事非营利性养老服务且连续经营一年以上的，五年内可不增收土地年租金或土地收益差价，土地使用性质也可暂不作变更。农村集体经济组织可依法使用本集体所有土地，为本集体经济组织内部成员兴办非营利性养老服务设施。民间资本举办的非营利性养老机构与政府举办的养老机构可以依法使用农民集体所有的土地。已建成的住宅小区内增加非营利性养老服务设施建筑面积的，可不增收土地价款。营利性养老服务设施用地以租赁、出让等有偿方式供应，原则上以租赁方式为主。同一宗养老服务设施用地有两个或者两个以上意向用地者的，以招标、拍卖或者挂牌方式供地。鼓励租赁供应养老服务设施用地，各地可制定养老服务设施用地以出租或先租后让供应的鼓励政策和租金标准。利用存量建设用地从事养老设施建设，涉及划拨建设用地使用权出让（租赁）或转让的，在原土地用途符合规划的前提下，可不改变土地用途，允许补缴土地出让金（租金），办理协议出让或租赁手续。已建成的住宅小区的非营利性养老服务设施调整为营利性养老服务设施的，民办非营利性养老服务机构变更为营利性养老服务机构的，补缴土地出让金（租金）。

（二）税收方面支持政策

根据《关于对老年服务机构有关税收政策问题的通知》（财税〔2000〕97号）、《中华人民共和国耕地占用税暂行条例》（国务院令第511号）、《国家税务总局关于纳税人资产重组有关增值税问题的公告》（2011年第13号）、《关于减免养老和医疗机构行政事业性收费有关问题的通知》（财税〔2014〕77号）、《关于规范养老机构服务收费管理促进养老服务业健康发展的指导意见》（发改价格〔2015〕29号）、《关于全面推开营业税改征增值税试点的通知》（财税〔2016〕36号）、《中华人民共和国企业所得税法》、《关于公益性捐赠支出企业所得税税前结转扣除有关政策的通知》（财税〔2018〕15号）、《关于非营利组织免税资格认定管理有关问题的通知》（财税〔2018〕13号）等文件，养老机构免征耕地占用税，以及其提供的养老服务免征增值税。一是所有养老机构用电、用水、用气、用热按居民生活类价格执行。二是鼓励企事业单位、社会团体和个人等社会力量通过公益性社会团体、基金会，向非营利性养老服务机构和为老服务组织捐赠，在计算所得税应纳税所得额时按规定标准予以税前扣除。三是非营利养老机构和组织可以申请免税资格认定。非营利养老机构免征企业所得税、自用房产税、土地、车船的房产税、城镇土地使用税、车船使用税，捐赠在缴纳企业所得税和个人所得税前准予全额扣除，全额免征行政事业性收费，包括国土资源部门收取的土地复垦费、土地闲置费、耕地开垦费、土地登记费，住房城乡建设部门收取的房屋登记费、白蚁防治费，人防部门收取的防空地下室易地建设费，及其他行政事业性收费。四是营利性养老机构减半收取以上行政事业性收费。支持符合条件的老年用品研发及生产企业申报高新技术企业，认定后按15%税率享受所得税优惠。五是在养老服务领域落实对小微企业实行的税收优惠政策，依法减免增值税、企业所得税、印花税。养老机构或组织在资产重组过程中涉及的不动产、土地使用权转让，不征收增值税。境内外资本举办养老机构享有同等的税收等优惠政策。

（三）投融资方面支持政策

根据《关于开发性金融支持社会养老服务体系建设的实施意见》（民发〔2015〕78号）、《关于金融支持养老服务业加快发展的指导意见》（银发〔2016〕65号）等文件，各级政府要加大投入，安排财政性资金支持养老服务体系建设。金融机构要加快金融产品和服务方式创新，拓宽信贷抵押担保物范围。积极利用贷款贴息、小额贷款、创业担保贷款等方式，加大对养老服务业的有效信贷投入。对建设周期长、现金流稳定的养老服务项目，鼓励银行业金融机构适当延长贷款期限或通过开发性金融支持养老服务体系建设，灵活采取循环贷款、年审制、分期分段式等多种还款方式。鼓励银行业金融机构积极开展应收账款、动产、知识产权、股权等抵质押贷款创新，满足养老服务企业多样化融资需求。推动符合条件的养老服务企业上市融资。支持处于成熟期的优质养老服务企业通过发行企业债、公司债、非金融企业债务融资工具等方式融资。支持各地采取政府和社会资本合作（PPP）模式建设或发展养老机构，鼓励银行、证券等金融机构创新适合 PPP 项目的融资机制，为社会资本投资参与养老服务业提供融资支持，积极探索与政府购买基本健康养老服务相配套的金融支持模式。

（四）补贴方面支持政策

根据《关于做好政府购买养老服务工作的通知》（财社〔2014〕105 号）、《关于推进养老机构责任保险工作的指导意见》（民发〔2014〕47 号）、《关于鼓励民间资本参与养老服务业发展的实施意见》（民发〔2015〕33 号）等文件，总体要求民政部本级彩票公益金和地方各级政府用于社会福利事业的彩票公益金，要将 50% 以上的资金用于支持发展养老服务业，并随老年人口的增加逐步提高投入比例。一是在各地建立健全经济困难的高龄、失能等老年人补贴制度的基础上，积极推进养老机构公办民营，通过补助投资、运营补贴、购买服务等方式，支持社会力量举办养老服务机构，开展养老服务。二是鼓励养老机构积极投保养老机构责任保险，财政资金可视情况给予保费补贴。养老机构运营补贴中，应当确定一定比例专项用于支付保险费用。三是根据《国务院办公厅关于全面放开养老服务市场提升养老服务质量的若干意见》（国办发〔2016〕91 号）、《关于加快推进养老服务业放管服改革的通知》（民发〔2017〕25 号）等文件，要转变运营补贴发放方式，各地养老服务机构运营补贴发放方式应逐步由“补砖头”“补床头”向“补人头”转变，依据实际服务老年人数量和接收失能老年人等情况发放补贴。四是对服务失能老年人的补贴标准应予以适当倾斜，对提供相同服务的经营性养老机构应享受与公益性养老机构同等补贴政策。

（五）人才方面支持政策

根据《关于加快推进养老服务业人才培养的意见》（教职发〔2014〕5号）、《关于鼓励民间资本参与养老服务业发展的实施意见》（民发〔2015〕33号）、《国务院办公厅关于全面放开养老服务市场提升养老服务质量的若干意见》（国办发〔2016〕91号）等文件，完善人才培养和就业政策。一是增设养老服务相关专业和课程，扩大人才培养规模，制定优惠政策，鼓励大专院校对口专业毕业生从事养老服务工作。二是加强老年护理人员专业培训，对参加养老服务技能培训或创业培训且培训合格的劳动者，按规定给予培训补贴；对符合条件的参加养老护理职业技能鉴定的从业人员按规定给予相关补贴。三是在养老机构和社区开发公益性岗位，吸纳农村转移劳动力、城镇就业困难人员等从事养老服务。四是养老机构应依法缴纳养老保险费等社会保险费，对吸纳就业困难人员就业的养老机构或居家养老服务组织，按规定给予社会保险补贴或灵活就业社会保险补贴。五是将养老护理员纳入企业新型学徒制试点和城市积分入户政策范围。养老机构应当科学设置专业技术岗位，重点培养和引进医生、护士、康复医师、康复治疗师、社会工作者等具有执业或职业资格的专业技术人员。六是允许符合条件的医师到民办养老机构开展多点执业。对在养老机构就业的专业技术人员，执行与医疗机构、福利机构相同的执业资格、注册考核政策；倡导养老服务志愿活动，推行“互助养老”模式，为老年人的家庭成员提供养老服务培训。

（六）医养方面支持政策

《关于推进医疗卫生与养老服务相结合指导意见的通知》（国办

发〔2015〕84号)、《关于印发医养结合重点任务分工方案的通知》(国卫办家庭发〔2016〕340号)、《关于做好医养结合服务机构许可工作的通知》(民发〔2016〕52号)、《关于养老机构内部设置医疗机构取消行政审批实行备案管理的通知》(国卫办医发〔2017〕38号)等文件,推动医养融合发展,支持养老机构设立医疗机构,医疗机构设立养老机构,开展医养结合服务机构筹建指导工作。养老机构内设医疗机构实行备案管理,支持有条件的养老机构内设医疗机构或与医疗卫生机构签订协议,为老年人提供优质便捷的医疗卫生服务。对于养老机构内设的医疗机构,符合城乡居民基本医疗保险定点条件的,可申请纳入定点范围,入住的参保老年人按规定享受相应待遇。在定点医疗机构发生的符合规定的医疗康复项目费用,可按规定纳入基本医疗保险支付范围。扶持和发展护理型养老机构建设。对民间资本投资举办的护理型养老机构,在财政补贴等政策上要予以倾斜。通过特许经营、公办民营、民办公助等模式,支持社会力量举办非营利性医养结合机构。

三　嵌入式养老相关政策解析

2016年,北京市出台《关于开展社区养老服务驿站建设的意见》,提出整合社区原有托老所和老年活动站等资源,将养老服务驿站作为养老服务体系的基础,打造"一刻钟服务圈",解决养老服务"最后一公里"的问题。养老服务驿站是将养老嵌入城乡社区层面,通过整合养老设施、养老资金、养老人才等养老资源,协调公共部门、养老企业、社会组织等养老力量,为社区居家老年人提供日常照料、护理医疗、心理慰藉、社会交往等方面服务,由法人或具有法人资质的专业团队运营的为老服务机构。继2016年、2017年、2018年超额完成城市社区养老服务驿站和农村社区幸福晚年驿站的年度规划建设任务后,2019年再次超额完成任务。《北京市"十三五"时期老龄事业发展规划》和《北京市社区养老服务驿站建设规划(2016—2020年)》提出,"十三五"期间共建设养老服务驿站1000家以上,因此,未来几年养老服务驿站将会有更大发展。

（一）北京市养老助餐服务政策汇总

北京市嵌入式养老政策的初始阶段是围绕养老助残券、社区养老餐桌、社区医院等基本养老服务展开，满足基本的餐饮、医疗等养老服务需求，在政策实施过程中以普惠制、均等化为核心原则，注重政策效能和公众满意度（见表3－1）。

表3－1　　北京市养老助餐服务政策汇总

政策时间	政策名称	政策编号
2015年5月	《北京市居家养老服务条例》	北京市人民代表大会公告第4号
2009年11月	《北京市市民居家养老（助残）服务（“九养”）办法》	京政办发〔2009〕104号
2014年12月	《北京市养老助残卡管理办法（试行）》	京民老龄发〔2014〕459号
2011年3月	《关于开展养老（助残）餐桌、托老（残）所规范化建设试点工作的通知》	京民老龄发〔2011〕121号
2016年5月	《北京市老龄工作委员会关于印发北京市支持居家养老服务发展十条政策的通知》	京老龄委发〔2016〕7号
2016年9月	《关于2016年开展养老助餐服务体系试点建设工作的通知》	京民老龄发〔2016〕391号

（二）北京市嵌入式养老体系政策汇总

北京市构建市、区（县）、街道（乡镇）和社区（村）四级嵌入式养老服务体系，在市一级由老龄部门统筹管理，作为四级养老服务体系的服务中心和指挥中心；在区（县）一级由养老服务指导中心调度协调，作为四级养老服务体系的运行枢纽和衔接平台；在街道（乡镇）一级由养老照料中心覆盖服务，作为四级养老服务体系的辐射机构和聚合工程；在社区（村）一级由养老服务驿站为基础保障，作为四级养老服务体系的基础架构和基本单元。北京市针对四级嵌入式养老服务体系，重点针对社区养老服务驿站出台了一系列政策方针，涉及建设标准、服务标准和考核标准等（见表3－2）。

表3－2　　　　　　北京市嵌入式养老体系政策汇总

政策时间	政策名称	政策编号
2014年1月	《北京市2014年街（乡、镇）养老照料中心建设工作方案》	京民福发〔2014〕36号
2015年4月	《关于依托养老照料中心开展社区居家养老服务的指导意见》	京民老龄发〔2015〕111号
2016年5月	《关于开展养老服务驿站建设的意见》	京老龄委发〔2016〕8号
2016年10月	《社区养老服务驿站设施设计和服务标准》	京民福发〔2016〕392号
2017年5月	《北京市街道（乡镇）养老照料中心建设资助和运营管理办法》	京民福发〔2017〕162号
2017年10月	《关于做好农村幸福晚年驿站建设工作的通知》	京民老龄发
2017年12月	《京津冀区域养老工作协同发展实施方案》	京津冀蒙民发
2018年2月	《关于做好2018年养老服务改革试点工作的通知》	京民财发
2018年3月	《石景山区长期护理保险制度试点方案（试行）》	石政府办公室
2018年5月	《北京市社区养老服务驿站运营扶持办法》	京民等发
2019年5月	《关于加快推进养老服务发展的实施意见》	京民等发
2020年4月	《居家养老服务规范第8部分：呼叫服务》《养老机构心理咨询服务规范》	京市场监督管理局

第二节　我国嵌入式养老的实践梳理

一　古代养老模式

（一）古代敬老孝老政策

中国是一个注重孝文化的社会，以长为尊，封建伦理提倡“君君，臣臣，父父，子子”的秩序观，儿子应对父母竭尽孝道。子女不仅要尊敬服从父母，还要对父母做到“有礼有节”，古代制定政策法律对家长教令权进行维护和推崇，从社会文化和习俗上形成家长权威。

在古代夏商周时期就已经出现了养老制度。“《礼记·王制》中记载，‘凡养老，有虞氏以燕礼，夏后氏以飨礼，殷人以食礼，周人修而兼用之’。即自夏、商、周以来，就有燕礼、飨礼、食礼等诸种养老礼仪制度。到了先秦时期，国家把养老作为‘孝道’‘仁信’的根本而大力提倡，《礼记》中记载，‘孝有三，大孝尊亲，其次费辱，其下能养’。秦时父母拥有对不孝子女的生杀权，后代逐步收归国家，但是对于父母对子女的教令权是肯定的并赋予其送惩权。儒家文化中的‘大同社会’思想体现了社会养老保障的理想境界。《礼记·礼运篇》里记载，孔子提出了‘大同社会’的理想；‘大道其行也，天下为公……人不独亲其亲，不独子其子；使老有所终，壮有所用，幼有所长，鳏寡孤独废疾者皆有所养’。”①

汉朝养老制度规定“养衰老，授几杖，行糜粥饮食”，即 80 岁以上的老年人免除徭役，并且发放酒食补贴，到秋天的时候对符合年龄规定的老年人进行授杖仪式。《后汉书·礼仪志》记载“仲秋之月，县、道皆案户比民，年始七十者，授之以玉杖，哺之糜粥。八十、九十，礼有加赐。玉杖长尺，端以鸠饰。鸠者，不噎之鸟也，欲老人不噎”。汉代的诏令书规定，不论城乡，不分宦民，凡年满 70 岁以上的老者，由朝廷赐予顶端雕有斑鸠的“王杖”。赐杖是当时尊敬年高老人的一种礼节与褒奖。不仅如此，“王权杖”也象征着一定的特权，这些持“王权杖”的老人社会地位相当于俸禄六百石的官吏，出入官府不受礼节限制等，同时规定了对违犯王权令行为的严厉惩罚。②《养老令》中，区分不同的年龄阶段给予老年

① 康国瑞：《社会保险》，台湾李明文化实业公司 1983 年版，第 45 页。

② 徐蒙、陈功：《宗法制度对中国古代尊老、恤老制度的影响》，《西北人口》2009 年第 2 期。

人以物质，民年八十，赐米月一石，肉二斤，酒五斗；年九十以上，又赐帛赐絮。[①] 西晋时期，《九朝律考·晋律考》中规定：子女违犯父母教令，敬养有亏，父母如果想以此请求对子女处以死刑也可被允许。北齐律中将“不孝”作为重罪十条，其中不孝主要指“诅骂祖父母、父母，不奉养父母、祖父母，以及违反服制的行为”。

唐仍沿用教令权强制子女服从家长意志。《唐律疏议·户婚律》中规定对违犯教令的子女处两年徒刑，同时还规定了父母对子女的自行责罚权，但是父母没有剥夺子女生命的权利。唐代把礼作为法律的灵魂，唐律是礼的表现形式。因而唐代更加注重礼法结合，一切行为都要遵于“孝”。其不孝的含义更加宽泛，对老年人的保护包含了生养死葬的各个方面。《唐律疏议·户婚律》中规定，对父祖的生活必需品有能力供给而故意不供给，子孙要徒两年，但告诉乃坐。《唐律疏议·名例》中强调：“孝子之养亲也，乐在其心，不违其志，以其饮食供养之。其有堪供而阙者，祖父母，父母告乃坐。”若子女有能力按礼为父母提供供养而有所阙失的处两年的徒刑。宋徽宗认为人的德性有八善，其中善事父母为孝。

元代将孝行与赡养结合得更加紧密，对遗弃父母，不事赡养加以惩罚。《元史》中规定，“诸尊长误殴卑幼致死者，杖七十七”。明、清时期的律例规定：如果祖父母、父母在世，子孙分割家产另立门户或者不供养老人的，按十恶、不孝罪论处；还规定：凡鳏寡、孤独及残废之人，贫穷无亲属依倚，不能自存，所在官司，应收养而不收养者，杖六十。[②] 明代，子孙违犯教令，家长即可将其交官府惩治，也可在情理范围之内扑责惩戒，家长对子女的惩戒权只要非理殴杀，就为法律许可。清代，家长因子孙违犯教令而依法处罚，邂逅致死者，不作为犯罪处罚，父母控子，则按照其所控诉

① 刘敏：《论汉代“敬老”道德的法律化》，《天津社会科学》2005 年第 3 期。

② 曹煜玲：《中国城市养老服务体系研究》，硕士学位论文，东北财经大学，2011 年。

的办理，不必审讯。此外，清时父母也有呈送发遣权，即子孙不服调教且具有触犯情节，父母可请求官府将其由内地流放至云贵、两广等边远地区。[①] 明太祖时期也以诏令对贫孤老人实行国家终身养老的方式。清代对于70岁以上的人，按照以前的赏赐分别加以责赏。除一些制度上的措施外，统治者还举行养老的典礼，礼遇老人。太平天国时期主张，有田同耕，有衣同穿，有钱同使，无处不均匀，无处不饱暖。因此，对老幼、残疾或因其他原因不能劳动者，"皆颁国库以养"。而且，太平天国时期设有牌尾馆，用以收留15岁以下的儿童、50岁以上的老人及残疾人，由社会公养。[②] 政府虽未形成制度化、体系化养老政策，但已给予老年人明显的优待。

（二）古代家庭养老模式

古代的老年人养老模式是以家庭为中心，依靠"孝文化"伦理规范约束行为，通过制定老年人福利政策来实现。从各个主体的角色来看，这一种模式是建立在血缘关系之上，主要依靠的是家庭这个生活单位供给老年人的晚年生活，政府则是通过法律或者政策进行消极的强制和约束，而未形成体系化的养老服务体系。《孝经·五章》是学者们公认的我国最早把"孝"法律化的一部典籍。其《孝经·五刑章》云："五刑之属三千，而罪莫大于不孝，要君者无上，非圣人无法，非孝者无亲，此大乱之道也。""孝"被看作是子女对父母的善行和美德。以"亲亲""尊尊"发展而来的孝，不仅指在物质上赡养父母，更是一种对父权的权威的尊重和维护。[③]

养老最早是由原始社会时期所形成的自然习俗，而到了先秦时期，养老逐渐演变成为广泛存在于社会生活和国家政治中的一系列礼仪制度，此种礼仪制度在西周中期逐渐发展到了巅峰，而汉朝以

① 张莎莎：《我国古代涉老法令的现代法律意义》，硕士学位论文，西南政法大学，2013年。

② 曹煜玲：《中国城市养老服务体系研究》，硕士学位论文，东北财经大学，2011年。

③ 徐蒙、陈功：《宗法制度对中国古代尊老、恤老制度的影响》，《西北人口》2009年第2期。

后又逐步演化为纯粹的道德观念。[①] 周代的养老制度不仅继承了夏商时期的部分尊老养老的习俗，而且还结合了本族所特有的一些传统。另外，周人非常重视血缘血族关系，因而，周人秉持“贵亲而尚齿”的指导思想，这不仅是周代的养老制度的重要特点，而且还体现了周代养老制度的浓厚的原始性。[②] 在先秦时期，国家君主在解决养老问题方面主要起到的是倡导和示范的作用，而家庭则是承担具体的养老责任的基本单位，于是家庭也随之成为我国古代养老的主体。而这一切的产生，一方面是因为我国古代以家代国的国家产生方式，另一方面也是因为古代的家庭有能力承担具体的养老职责。[③] 秦汉时期的政府是以尊老、养老和敬老意识为指导思想，并在此基础之上产生了一系列的养老行为，其目的便是延续家庭、保障养老和维护礼制。这一系列的养老行为主要包括礼制、诏令和律法的制定，并可根据其性质分为福利性养老、救助性养老及优抚性养老多种方式。而秦汉时期的养老制度，不仅维护了家庭的良好秩序，同时也促进了宗族的互助团结。对老年人基本生活的保障和阶级之间矛盾的缓和具有重要的作用，从而巩固了当时的封建统治基础，并有利于尊老、养老、敬老等良好社会风尚的形成。[④]

唐代的养老制度不仅继承了前代的各项养老制度，并在继承的基础之上得到了进一步的发展与完善。由此，形成了以皇帝为中心，以孝治为目的；以礼制为导向，以制度为保障；以家庭养老为主体，以社会救助为补充的比较完善的古代养老制度。[⑤] 宋代孝道养老文化逐渐丧失原有约束能力，宋代通过更为细致的政策和更为有效的手段，将敬老养老纳入了规范化的管理之中。同时宋代为了照顾贫民阶层，大力推动社会养老机构的建立。[⑥] 元代政府继承了

---

① 苏勇：《周代养老制度研究》，硕士学位论文，吉林大学，2005 年。

② 同上。

③ 李霞：《先秦养老问题研究》，硕士学位论文，陕西师范大学，2005 年。

④ 高宁：《秦汉养老制度研究》，硕士学位论文，西北大学，2012 年。

⑤ 同上。

⑥ 马雪：《宋代优老养老政策述论》，硕士学位论文，湘潭大学，2008 年。

前代“以孝治国”的方略，而相关的养老制度也逐渐建立并逐步完善。由此，形成了以制度为保障，孝治与教化并重，家庭养老与社会养老互为补充的元代养老制度，它是中国古代养老制度发展史上不可或缺的重要一环。①

明代从始至终对社会中的老年人都给予了特别的关注，同时也在继承前代各项养老制度基础之上，发展并完善了明代的养老政策。明代的养老政策主要分为敬老和养老两个方面，其不仅重视老年人物质上的供给，比如，优待庶老、养济孤老、存恤灾荒中的老年人等；同时也重视对老年人精神上的尊重，比如，存问高年、召见誉老、族表高年等，从而保障了各阶层老年人的各项权益，使明代社会上敬老、养老之风盛行，形成了良好的风气。② 清朝时期的养老措施与前代相比较，最为周详。清朝时期的养老事业与中国历代一样，都是以家庭养老为主体，社会养老则作为相应的补充。并且清朝时期在养老方面有着众多的优惠政策，其主要包括四个方面：首先是免除老人及其家庭成员差役负担；其次是对老人予以物质补助；再次是存问、族表高寿者；最后是法律及其他方面的种种优待。③

（三）古代机构养老模式

历代统治者还为老年人设立了专门的养老机构。汉代以后历代建有官方养老慈善机构，包括“六疾馆”“孤独园”“悲田养病坊”等。魏晋南北朝时期是中国古代社会养老的开始阶段，在魏晋南北朝时期，我国古代出现了最早的官方救助机构——孤独园。《梁书·武帝纪下》记载：“普通二年正月，梁武帝下诏于京师置孤独园，孤幼有归，华发不匮。若终年命，厚加料理。”而这个孤独园，不仅收养无人照料的贫苦孤儿，同时也收养无人赡养的孤寡老人。此外，它还负责料理孤寡老人的后事。唐宋时期的“悲田养病坊”

---

① 王晓玉：《元代养老研究》，硕士学位论文，暨南大学，2013 年。

② 宋秋颖：《明代的养老政策》，硕士学位论文，吉林大学，2007 年。

③ 康丽跃：《清代社会保障政策研究》，硕士学位论文，苏州大学，2005 年。

“福田院”以及“居养院”等官方养老机构都是对孤独园的继承和发展。①

唐肃宗年间在长安、洛阳设置“普救病坊”，收容赡养孤独不能自存的老人，唐朝还设立“悲田园”作为国家对贫苦无依的老人的救济机构。到了宋朝，国家将老人救济收养机构进一步扩大，发展得更为完善。国家设置了中央和地方相呼应的收养机构，在京师设有“居养院”，以收容鳏寡孤独者，各州县设“安济坊”，收养贫病者，还设置“福田院”和“漏泽园”，收赡50岁以上无人照料的老年人。② 这些机构的经费是由国家支付和利用没有后人的死者财产。元朝初期，忽必烈采纳刘秉忠的建议，逐步建立和完善收养救助制度，各路均设立“养济院”一所，对失去生存能力的老人给予救助和收养。明英宗时，在大兴、宛平二县设立“养济院”一所，收养贫困老人。

明清两代也延续了元代的“养济院”称谓，继续发展官办养老机构。此外，我国古代就已经产生了除家庭赡养和政府收养以外的养老措施，例如官府鼓励民众收养孤苦老人，在甘肃武威出土的汉简中就有对孤独老人“有旁人养谨者常养扶持，矛复除态”的记载。明代还存在着遗赠扶养协议以解决老年人晚年的养老问题，但是其仅限定在宗亲范围内。③

二　中华人民共和国成立以来养老事业发展

新中国的社会保障制度发轫于中国共产党早期对于民生保障事务的实践探索。以《劳动法案大纲》（1922年）、《中国共产党党章草案》（1923年）、《红军抚恤条例》（1931年）和《和平建国纲领草案》（1946年）为代表的一系列政策，从劳动保障、社会保险、军人优抚、灾害救助等领域，对各项民生事务作出了明确安排，并在中央

① 甄尽忠：《魏晋南北朝时期尊老养老制度述论》，《渭南师范学院学报》2011年第9期。

② 王国奇：《中国古代社会保障思想与实践初探》，《攀登》2008年第2期。

③ 戴溥之：《中国古代社会保障思想及实践的研究》，《兰台世界》2011年第19期。

苏区、陕甘宁边区、晋察冀边区和东北解放区得到了初步践行。[①] 这些政策不但体现出中国共产党的阶级本性和民生取向，也为中华人民共和国成立之后建立完整的社会保障体系奠定了坚实的基础。

（一）孕育发展阶段（1949—1977 年）

中华人民共和国成立，老龄事业开始起步，显著特点是家庭保障与集体保障相结合。在中华人民共和国成立初期，尽管国家财力微薄、百废待兴，但党和政府始终高度重视城乡孤寡老人的赡养问题，并于 1950 年开始探索建立社会福利制度。经过一系列整顿和调整，内务部接管改造了大批救济性福利机构，专门收养残疾人和“三无”老年人，并更名为社会福利院或养老院。截至 1953 年，全国有 923 个城市生产教养院转为养老院、敬老院，收养孤老对象 10 万人。1956 年，我国第一个农村敬老院在黑龙江省拜泉县兴华乡创办，到 1958 年年底全国共建成 15 万所敬老院，收养五保对象 300 万人。截至 1964 年，全国共建成城镇福利机构 733 个，收养城镇“三无”老人近 7.9 万人。[②] 为收养无亲属照顾的烈属老人，1958 年创建烈属养老院（后更名为光荣院），接收对象包括孤老伤残军人、孤老复员军人等。[③]

中华人民共和国成立初期，在全国推广建立了养老保障制度。1950 年 3 月 15 日，政务院财政经济委员会印发了《关于退休人员处理办法的通知》，这是中华人民共和国成立后最早的退休办法。1955 年 12 月 29 日，国务院发布了《国家机关工作人员退休处理暂行办法》《国家机关工作人员退职处理暂行办法》《国家机关工作人员病假期间生活待遇试行办法》《关于处理国家机关工作人员退职、退休时计算工作年限的暂行规定》。结合东北解放区的经验，我国

---

① 万国威：《“以人民为中心”70 年来中国社会保障的变革与经验》，《人民论坛》2019 年第 29 期。

② 刘鹏程：《让所有老年人都有幸福美满的晚年——新中国成立 70 年来养老事业改革发展巡礼》，《中国社会工作》2019 年第 26 期。

③ 杨根来：《新中国养老服务 70 年发展历史脉络》，《中国社会工作》2019 年第 26 期。

以《国家机关工作人员退休处理暂行办法》(1955 年)和《关于工人职员退职处理的暂行规定》(1958 年)为基础广泛建立起了城镇职工的养老保障体系。[①] 受传统思想影响，当时人们普遍依赖养儿防老，加之家庭平均规模维持在 4.3—4.6 人，家庭赡养功能相对完善。这一时期，60 岁以上老年人口占比不高，家庭养老几乎是百姓的唯一选项，形成了我国由城镇孤寡救济、农村五保供养构成的政府包办、城乡分割的救济型老年人福利制度。

(二) 探索发展阶段 (1978—1999 年)

随着改革开放，老龄事业进入探索发展时期，显著特点是开始探索建立制度。党的十一届三中全会以来，我国开始从计划经济向市场经济转型，社会保障制度也开始进行渐进式改革。市场经济勃兴，国力日益强盛，城乡社会巨变，"单位人"向"社区人"转变，社会养老需求与日俱增，养老服务社会化一时间成为积极应对老龄化的主基调，一系列开创性的政策举措在养老服务领域如雨后春笋般涌现。[②] 国家在对特困老年群体兜底保障基础上，逐步由单位养老、家庭养老向社会化养老拓展。基于市场经济的背景，在完善政府为主的福利性服务的同时，探索解决社会养老问题，与养老服务相关联的老龄工作机构、老年法规、养老机构和管理规章首次出现。老年人福利服务和养老机构提供的服务开始了新发展。

1979 年，随着孤老职工自费收养工作的开展，城市老年人社会福利服务对象突破了"三无"的局限。1982 年成立全国老龄工作委员会，初步形成了从中央到地方的老龄工作网络。1984 年 11 月，民政部"漳州会议"首次提出"社会福利社会办"的指导思想，提倡社会福利事业由国家包办向国家、集体、个人一起办转变，支持城市社会福利院和农村敬老院向社会老年人开放。1993 年，民政部等 14 部门联合印发《关于加快发展社区服务业的意见》，首次提出

---

① 李慧:《十年·社保大事记》,《光明日报》2012 年 9 月 21 日第 10 版。

② 万国威:《"以人民为中心"70 年来中国社会保障的变革与经验》,《人民论坛》2019 年第 29 期。

“养老服务”概念，将养老服务项目纳入社区服务业范畴，确立了“85%以上街道兴办一所社区服务中心、一所老年公寓（托老所）”的发展目标。[①] 1996 年，我国制定了历史上第一部《中华人民共和国老年人权益保障法》，该法明确规定“老年人养老主要依靠家庭”。1998 年，国务院办公厅转发《关于加快实现社会福利社会化的意见》，民政部等制定了《社会福利机构管理暂行办法》《老年人社会福利机构基本规范》《老年人建筑设计规范》《农村敬老院管理暂行办法》等一系列有利于养老服务机构发展和规范管理的制度，[②] 促进了养老服务项目由单一的生活保障向集居住、医疗、护理、康复、娱乐等一体化转变，养老服务质量逐步提升。1999 年，我国正式迈入老龄化社会，未富先老、未备先老、未康先老的国情对社会化养老提出了迫切要求，积极应对老龄化的各项改革进一步提速。

（三）体系发展阶段（2000—2011 年）

随着进入老龄化，老龄事业发展进入新阶段，显著特点是进入体系发展阶段。2000 年，国务院办公厅转发民政部等部门《关于加快实现社会福利社会化的意见》，部署建立适应社会主义市场经济体制的养老服务体系，明确了“在供养方式上坚持以居家为基础”，提出“国家资助社会各方面力量积极兴办社会福利事业，建立投资主体多元化、服务对象公众化、运营方式市场化、服务内容多样化、服务队伍专业化的新型社会福利体系”。同年 4 月召开了全国社会福利社会化工作会议，启动了全国养老服务社会化示范活动，促进社会福利由补缺型向适度普惠型转变，积极倡导和推进养老服务社会化。2005 年，国务院文件第一次将“养老服务”视为一个业态来部署安排。2006 年，“养老服务”第一次纳入“十一五”国家发展纲要；《国务院办公厅转发全国老龄委办公室和发展改革委等部门关于加快发展养老服务业意见的通知》第一次界定“养老服务业”的内涵外

---

① 李璐：《我国 70 年养老模式的变迁》，《中国经贸导刊》2019 年第 18 期。

② 杨根来：《新中国养老服务 70 年发展历史脉络》，《中国社会工作》2019 年第 26 期。

延；第二次全国老龄工作会议提出，建立“以居家养老为基础、社区服务为依托、机构养老为补充”的中国特色养老服务体系。①

2008 年，全国民政工作会议第一次形成“以居家为基础、社区为依托、机构为补充”的社会养老服务体系的完整表述。同年，全国老龄办等 10 部门联合印发《关于全面推进居家养老服务工作的意见》，第一次就居家养老服务工作作出专门部署。2009 年开始，国家发展改革委和民政部开始设立养老服务体系专项投资，重点支持各地公办养老服务机构、乡镇敬老院以及社区日间照料中心建设。2011 年国务院办公厅印发《社会养老服务体系建设规划（2011—2015 年）》，以此为起点，通过中央预算内投资支持养老服务设施建设的政策一直延续至今。2012 年年底，《老年人权益保障法》修订版印发，在法律层面明确了社会养老服务体系的主要内容，至此社会养老服务的法律基础形成。②

（四）快速发展阶段（2012 年至今）

2012 年以来，养老事业受到党和国家的高度重视，随着老龄化形势的严峻，其重要性日益凸显，养老事业在政策法规、资源投入、社会支持、全民参与等方面取得了重大突破和飞速发展，老龄事业发展进入新时代。党的十七届五中全会提出“优先发展社会养老服务”，党的十八届三中全会提出“积极应对人口老龄化，加快建立社会养老服务体系和发展老年服务产业”，党的十九大提出“积极应对人口老龄化，构建养老、孝老、敬老政策体系和社会环境，推进医养结合，加快老龄事业和产业发展”。2016 年，习近平总书记四次就老龄和养老服务工作进行批示、专题会议研究，逐步形成了习近平新时代中国特色社会主义思想重要组成部分的人民思想、民生观和老龄观。③ 习近平总书记在 2019 年春节团拜会上殷切嘱托，“我们要在全社会大力

① 贾丽萍：《中国养老保障 70 年：在整合中走向高质量》，《社会科学战线》2019 年第 10 期。

② 李璐：《我国 70 年养老模式的变迁》，《中国经贸导刊》2019 年第 18 期。

③ 杨根来：《新中国养老服务 70 年发展历史脉络》，《中国社会工作》2019 年第 26 期。

提倡尊敬老人、关爱老人、赡养老人，大力发展老龄事业，让所有老年人都能有一个幸福美满的晚年”。2019 年 10 月 1 日在庆祝中华人民共和国成立 70 周年大会的讲话中，习近平总书记再次强调，在前进的征程上要“不断满足人民对美好生活的向往”。这是对我国老年人晚年幸福的高度重视和殷切期待，为我国养老事业的发展指明了前进方向。

2013 年 9 月，国务院出台了《关于加快发展养老服务业的若干意见》，提出“要充分发挥市场在资源配置中的基础性作用，逐步使社会力量成为发展养老服务业主体”的基本原则。由此城市养老服务市场逐渐建立起来，各类社会力量可以通过公办（建）民营、民办公助、民办民营等多种形式参与到社会养老服务体系的建设之中。养老服务的供给也由原来的政府的一元供给变成政府、社会组织、企业等多元主体提供。① 2019 年出台了《关于推进养老服务发展的意见》，规定要从深化“放管服”改革、拓宽养老服务投融资渠道、扩大养老服务就业创业和消费、促进养老服务高质量发展和基础设施建设等方面，完善养老服务机制。② 中国老龄事业在“十二五”（2011—2015 年）呈现创新发展期，形成了适度普惠型的社会福利制度，公办养老机构为主干，社会力量逐步参与，提升到了对病残以及家庭困难老人的服务；到“十三五”，进入蓬勃发展期，中国面向所有老人提供优质的服务，并构建了完整的社会福利、社会保障和养老服务的政策体系。③

三　我国嵌入式养老已有模式

（一）上海嵌入式养老：区域协同模式

上海嵌入式养老以长者照护之家为载体，起步早、发展快，整体水平较高。2018 年，以“长三角民政论坛”为契机，上海、江

---

① 梁誉、李静、韩振燕：《我国城市养老服务发展 70 年回顾与前瞻——基于分配—供给—输送—财务四维框架的分析》，《河海大学学报》（哲学社会科学版）2019 年第 5 期。

② 郭林：《中国养老服务 70 年（1949—2019）：演变脉络、政策评估、未来思路》，《社会保障评论》2019 年第 3 期。

③ 冯晓丽：《创新开展试点工作使标准化建设落到实处》，《中国社会工作》2017 年第 5 期。

苏、浙江、安徽四地民政部门本着“资源互补、市场共享、务实合作、协同发展”的原则，建立“长三角养老联盟”，形成全国首个区域协同嵌入式养老模式。基于整体性治理理论构建的“长三角养老联盟”，有助于减少政策空心化和资源碎片化，在嵌入式养老服务领域实现三个层次的区域协同。如图 3 – 1 所示，O – Y 代表长三角地区养老服务政策协商机制，涵盖统一调度和领导的区域养老工作协商机制和区域养老服务行业联动平台，增强区域内养老服务的引导、扶持和监督政策的一体化、联动性，建立养老诚信系统和失信登记制度，尤其是做好长期护理保险、个人税延型养老保险、长者照护之家的统筹管理。O – X 代表长三角地区养老服务资源协同机制，包括信息数据、人力资源和社会资本的共享流动、互通有无，加强四省市退休金的标准统筹和异地申领，建立嵌入式养老服务载体在设施、管理和服务上的统一认证标准，建立养老护理员的培养、认证和考评机制。O – Z 代表长三角地区养老服务产业协作机制，包括养老产品、养老企业和养老市场的协同创新、合作共赢，逐步放开养老市场，大力吸引社会资本，并吸纳社会组织入驻区域。

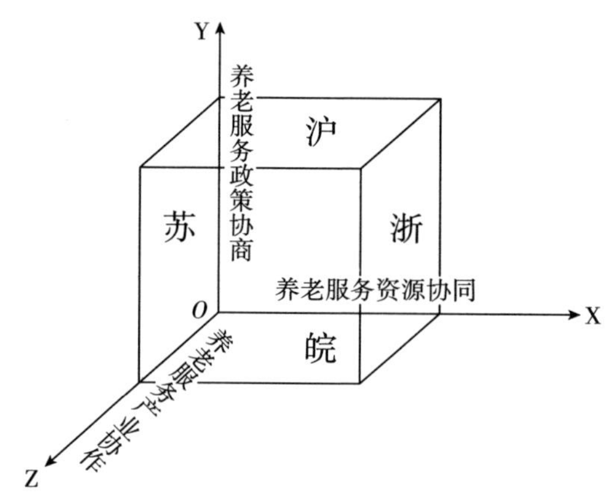

图 3 – 1　长三角区域协同养老模式

（二）北京嵌入式养老：网格统筹模式

北京市嵌入式养老结合网格化管理，已基本建立“三边四级”嵌入式养老服务体系。“三边”即社区老年人周边服务、身边服务、床边服务，嵌入式养老服务载体在服务社区老年人的可及性、便利性和持续性方面有较强优势。社区老年人周边服务打造3公里辐射圈，统筹养老照料中心和养老服务驿站等居家养老资源，整合机构养老服务，对接社区中经济状况和身体状况较差的老年弱势群体。社区老年人身边服务打造1公里服务圈，对接社区中自理或半自理老年群体，满足社区老年人就地养老的需求。社区老年人床边服务即上门养老服务，发挥养老服务驿站的入户延伸功能，对接上门养老服务需求。“四级”即市、区（县）、街道（乡镇）和社区（村）四级养老服务体系，在市一级由老龄部门统筹管理，作为四级养老服务体系的服务中心和指挥中心；在区（县）一级由养老服务指导中心调度协调，作为四级养老服务体系的运行枢纽和衔接平台；在街道（乡镇）一级由养老照料中心覆盖服务，作为四级养老服务体系的辐射机构和聚合工程；在社区（村）一级由养老服务驿站为基础保障，作为四级养老服务体系的基础架构和基本单元（见图3－2）。北京市网络统筹模式将养老嵌入城乡社区层面，通过整合养老设施、养老资金、养老人才等养老资源，协调公共部门、养老企业、社会组织等养老力量，为社区居家老年人提供日常照料、护理医疗、心理慰藉、社会交往等方面服务，由法人或具有法人资质的专业团队运营为老服务机构。

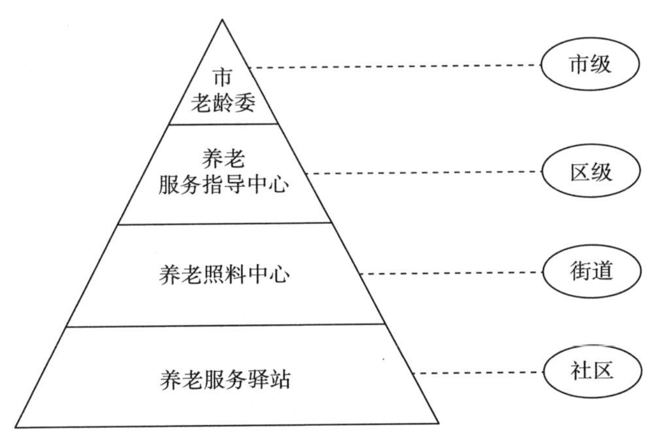

图3－2　北京市嵌入式养老服务体系

（三）长沙嵌入式养老：社会合作模式

长沙嵌入式养老推行“邻家照护”“迷你养老院”和“家门口的养老院”等嵌入式小微型养老模式，以居家养老服务中心为载体，突出特色是大力推行养老服务社会化，构建养老服务社会合作模式。长沙社会合作养老模式表现在以下三个方面，一是推行社会化养老服务，由街道办事处、社区委员会以及社会力量建设、运营，采取公建民营和PPP合作模式，政府部门从用地政策、税收政策、补贴政策、人员培训、运营指导等方面推动养老社会化发展。二是通过网络资源和信息手段建立社区养老服务合作管理平台，整合多方资源，协调多方关系，加强多方沟通，实现社区养老资源在社区层面的整合与聚集。居家养老服务中心与志愿者协会、慈善组织或公益组织建立长期定向合作关系，在心理咨询、养生保健、日常照护、娱乐休闲等方面引入志愿者，并推行互助养老模式，鼓励低龄老年人参与志愿服务，并进行“时间储蓄”，最大限度开发利用社会资源和老年人力资本，为养老服务队伍注入新鲜血液。三是长沙市政府对辖区内居家养老服务中心定期进行第三方独立评估的评级管理，依据《长沙市社区居家养老服务中心等级评定暂行办法》（长民发〔2017〕29号），从居家养老服务中心的服务资质、场地面积、设备和设施、服务项目、服务绩效、制度建设、人员配备等方面进行综合评分，居家养老服务中心等级评定由低到高，分为A、AA、AAA、AAAA、AAAAA五个等级，定期开展的等级评估会向全社会进行公示，便于公众熟悉并自主选择周边养老资源。

（四）成都嵌入式养老：城企联动模式

成都嵌入式养老以微型养老机构为载体，2019年2月，成都市被确定为全国六个首批城企联动普惠养老专项行动试点城市之一，在中央试点政策顶层设计下，成都正研究部署城企联动普惠养老的具体实施方案和发展规划，先后制定了支持政策清单、企业责任清单、战略合作协议。成都城企联动普惠养老模式的经验有三点，一是推行多元化服务供给模式，全面准确摸底社区老年人需求特征和消费能力，重点发展满足基本养老服务需求的养老机构和养老设施，服务失能失智老年人，并不断设计开发质优价廉、经济实惠、便捷可靠的社区居家养老产品和服务。多元化的服务供给能够稳固已有养老市场和开辟新的养老市场，拓宽企业经营渠道和盈利模式，促进微型养老机构持续运营。二是落实“一站式”行政审批制度，深化行政体制改革，尤其是推进“放管服”改革，对于微型养老院经营方反映的办证难、办证慢问题，进一步理顺民政、工商、消防、卫生等部门的职能体系和责任分工，简化办证流程，推行网上审批和“最多跑一次”先进模式。三是细化城企联动模式，提高政府购买和支持力度。2019 年，成都市首批普惠养老项目与两家养老公司万瑞健康养老中心、天佑怡苑居正式签约，包括养老服务骨干网、养老床位建设。在鼓励支持政策中推行“优惠政策包”，涵盖普惠养老服务设施用地保障政策、税费优惠政策、财政支持政策、人才激励政策、养老服务设施（机构）奖励激励政策等 33 项支持政策。

第三节　我国社区嵌入式养老的实证测评

一　测评样本与测评标准

本书的数据来源于各地上报的《中央财政支持居家和社区养老服务试点地方申报表》（2016 年 9 月）的数据汇总，数据包括全国 31 个省（自治区、直辖市）社区居家养老信息，从经济社会发展基本情况、资金投入状况、居家和社区养老服务发展情况三个维度以及 12 个指标，对省级行政区的社区居家养老发展状况进行评估和监测（见表 3－3）。

表 3－3　　社区居家养老发展评估维度与指标

维度	指标
经济社会发展基本情况	1. 老龄化程度
	2. 人均 GDP

续表

维度	指标
资金投入状况	1. 政府养老支出比重
	2. 政府社区居家养老支出比重
	3. 政府购买社区居家养老服务支出比重
	4. 社会力量对社区居家养老的贡献
居家和社区养老服务发展情况	1. 社区和居家养老机构数
	2. 社区养老服务机构床位数
	3. 社区居家养老机构实际服务老年人口数
	4. 居家和社区养老服务从业人数
	5. 社区居家养老机构床位数覆盖率
	6. 社区居家养老服务从业人员覆盖率

二　总体发展概况

（一）社区养老机构数量总体涨幅明显

2015 年，全国 25 个省市居家和社区养老服务机构数共 145824 个，平均每个地区 5608.6 个，2017 年预计机构总数将达到 176009 个，各省平均居家和社区养老服务机构数 6769.6 个，预计全国平均涨幅为 20.7%。分省市来看，预计到 2017 年，全国 25 个地区中有 24 个社区居家养老服务机构数会有所增加，占总体的 96%。13 个地区涨幅高于全国平均水平（20.7%），占总体的 52%，其中内蒙古和海南等地区的涨幅达到 100%。其中浙江省自 2015 年起对社区居家养老服务机构（站、中心）进行整合优化，虽然减少了机构的总数量，但提高了单个机构的服务覆盖率和服务能力，实现资源的优化配置。

（二）社区养老服务机构床位稳定增长

2015 年全国 24 个省市的社区养老服务机构床位数总数为 168.2279 万张，各地区平均床位为 6.7291 万张；2017 年预计床位总数为 194.0633 万张，各地区预计平均床位为 7.7625 万张，全国平均涨幅为 15.36%。分省市来看，22 个地区的床位数有所增长，占总体的91.67%，其中16个地区超过全国平均水平（15.36%），占总体的66.67%，四川省至2017年，床位数涨幅将达到102.04%；内蒙古、安徽等地区的床位数在2017年预计出现下降的情况，占总体的8.33%。

（三）社区养老服务人数逐渐攀升

2015年全国24个省（自治区、直辖市）的居家和社区养老服务机构实际服务老年人口数为3515.696万人，2017年预计总人数将达到4789.3376万人，全国平均涨幅38.02%。分省市来看，25个省市服务的老年人数至2017年都会有所增长，其中11个省市超过全国平均水平（15.36%），占总体的45.83%；四川省和海南省的涨幅均超过100%，分别为250%和152.33%。

（四）社区养老服务人才涨幅明显

2015年全国24个省（自治区、直辖市）的居家和社区养老服务从业人数为57.2338万人，2017年预计总人数将达到78.6877万人，全国平均涨幅为37.48%。分省市来看，24个地区的从业人数至2017年都会有所增长，9个省市超过全国平均水平（37.27%），占总体的37.5%，山西、内蒙古和海南省的涨幅均超过100%，分别为180.5%、100%和230.58%。

三　社区养老服务质量

（一）人均床位数量

“十三五”期间，养老事业的发展指标中涉及人均养老床位的指标为：每千名老年人口拥有养老床位数35—40张，其中护理型床位比例不低于30%，而实际上部分省份人均床位数量低于此标准。从已有的24个省（自治区、直辖市）的数据来看，全国平均每千位老人能够使用的社区居家养老机构床位数为9.22张。分省市来看，各省市平均每千位60周岁及以上老人能够使用的社区居家养老服务机构床位数差异较大，其中9个地区高于全国平均水平（9.22张/千人），占总体的37.5%；河北、内蒙古、浙江、云南、甘肃5个地区平均每千位老人能够使用的床位数均在20张以上，吉林、四川、江西、安徽等10个省每千位老人使用床位在5张以下，占总体的41.67%。

（二）人均服务人员数量

据民政部、国家卫健委等部门统计，我国养老护理从业人员约为30万名，这与当前的老年人口数量和失能老年人数量形成较大反差，养老护理从业人员的缺口较大。养老服务从业人员供给较少的原因较多，直观来看与社会对养老护理员的职业偏见、高强度的劳动与薪酬福利不对等、道德和责任等职业素养要求高、职业发展前景堪忧等因素相关。从已有的24个省（自治区、直辖市）的数据来看，全国平均每千名老人能够寻求服务的从业人员为3.23人。分省市来看，各省市平均每千名老人能够寻求服务的从业人员数差异较大，其中8个地区高于全国平均水平，占总体的33.33%；内蒙古、青海等地区平均每千名老人对应的从业人员在10人以上，辽宁、吉林、广东、广西、海南、云南、新疆等地区每千名老人对应的从业人员不足1人。

（三）政府政策支持力度

1. 省级财政养老支出比例

养老服务事业的发展目前主要依赖财政支撑，即中央和地方政府财政拨款用于养老服务体系建设的各项支出，如养老床位建设补贴、日间照料中心支出、养老助残券发放等，总体来看，省级财政养老支出规模较小、比例较低。剔除8个数据缺失的地区后，其余23个省（自治区、直辖市）2015年财政总支出为125376.6亿元，其中养老支出为217.373亿元，占财政总支出的0.17%。养老服务事业在政府的财政支出中所占比例较小，不足以支撑我国日益增长的养老服务需求。分省份来看，11个省级地区的养老支出比例高于全国平均水平（0.17%），占总体的47.83%。各地政府养老支持力度差异较大，其中宁夏回族自治区的养老事业支出占比最高，为0.59%，上海、重庆、江苏、青海、北京等省市的养老支出占比均在0.35%以上，而山西、湖南、广东等地区的养老支出占比不足0.05%。

2. 政府购买支出比例

由于养老服务行业的市场特点即投资大、见效慢、盈利低、回报周期长等，养老服务行业一般由政府的财政性资金或国有企业分支机构参与，民营资本参与较少。近年来，政府购买服务逐渐成为政府提供公共服务的主要方式之一，政府购买社区居家养老服务除服务低保困难老年群体外，各地方逐步将范围扩大到高龄、贫困、空巢、独居等特殊老年人，未来普惠性养老将有更多老年人能够得到质优价廉的养老服务。2015年19个省市在政府购买社区居家服务方面共投入资金13.43亿元，占政府社区居家养老服务支出的22.09%，占政府养老事业总支出的6.63%。其中7个省市政府购买服务的支出占比高于全国平均水平（22.09%），占总体的36.84%；安徽、湖南、青海等地政府购买社区居家服务占比较高。

（四）社会力量参与程度

1. 资金投入基本持平

社会力量和社会资本正逐渐成为我国养老服务产业的重要力量，各地纷纷推出多项新政和举措，鼓励和推动社会力量积极参与养老服务事业。如对于社会化运营的养老服务中心和养老服务驿站定期验收合格后，给予每年一定数量的资金补贴；对于社会力量筹建的养老服务机构在用水、用电、用气（燃气）价格上享受与居民用户同等的优惠政策；部分地区还对场地费、租金等进行减免。2015年18个省（自治区、直辖市）的社会力量在居家养老服务中共投入资金59.83亿元（平均各省市投入3.32亿元），政府和社会力量的社区居家养老服务总投入为111.37亿元（平均各省市投入6.2亿元），其中社会力量占比53.72%（全国平均水平），总体来看，政府与社会力量在居家养老服务事业中的投入基本持平。

2. 地区投入差异明显

分省市来看，18个省（自治区、直辖市）中，仅6个地区高于全国平均水平（53.72%），社会力量的居家养老服务投入占比极差

（比例最高的地区－比例最低的地区）较大，为77.72%，全国平均水平（53.72%）受极端值影响较大，说明各地区的社会力量投入占比存在较大的差异。一般来看，特大城市和经济比较发达的地区社会组织发展越好，社会力量投入越大。18个地区中，北京市社会力量对社区居家养老服务的贡献最大，占该地区社区居家养老总支出的80.58%，山东、河南、广东等省市的社会力量占比也均在60%以上。除此之外，江苏、贵州、甘肃、青海、宁夏等地的社会力量投入占比不足10%，社会力量的潜力有待挖掘。

第四节　我国社区嵌入式养老的发展盘点

嵌入式养老并非全新的养老形式，而是在现有的养老形式基础上的创新。就嵌入式养老的含义而言，是“机构养老和社区居家养老两种模式上的补充和整合，即以社区为载体，以资源嵌入、功能嵌入、多元化运作方式嵌入、文化嵌入为理念，通过竞争机制在社区内嵌入一个市场化运营的养老方式，整合周边养老服务资源，为老年人就近养老提供专业化、个性化、便利化的养老服务”。[①] 从一定程度上可以说，嵌入式养老是社区居家养老结合机构养老的部分功能所形成的一种养老形式的总称。嵌入性居家养老在理论溯源上糅合社会嵌入理论、社会网络理论和福利多元主义，为社会养老领域增加新的理论依据和治理工具。

一　养老服务主体多元化

近年来养老服务的供给主体更加多元化，养老服务的供给主体经历了历史变迁，从政府包干—家庭主导—多元共治进行转变，服务主体更加多元化，服务方式更加多样化，能够满足老年群体多样

① 章晓懿、刘帮成：《社区居家养老服务质量模型研究——以上海市为例》，《社会保障研究》2015年第10期。

化、多层次需求，多元参与助力解决当前日益严峻的人口老龄化问题。目前社会力量参与社区居家养老服务还不够充分，如何解决社会力量参与社区居家养老面临的各种障碍，发挥其自身优势缓解社区居家养老压力是当前科学应对人口老龄化的重要抓手。目前社区居家养老市场供需两缺，政府应以社区为依托，以建立示范性居家养老服务中心为重点，加大资源整合力度，健全奖补和激励机制，吸引鼓励社会资源和资本进入，培育和壮大社区进入居家养老供需市场。建立完善社会力量参与社区居家养老服务的介入机制，充分发挥社会力量在居家社区养老服务中的重要角色，实现政府、市场、社会组织以及市民在内的多元主体合作供给的目标。[①] 家庭承担基本的养老功能之外，社区的参与度提高，社区居家养老已经成为现今养老的主要方式。除此之外，第三部门也成为养老服务业发展的一支力量，通过与政府或者相关部门合作，利用社区这一平台，创新养老服务模式，开展志愿服务等，充实和提升社会养老服务体系。目前创新性的养老方式包括 PPP 模式、医养结合的养老方式、共有产权养老社区等。在新时期，多种养老形式的出现为目前的养老难题提供了解决的方案，各种养老方式也在实践中不断探索与创新，不仅给予了老年人更大的选择空间，也促进了我国养老事业的整体进步。我国未来着力构建全覆盖、多层次、多支撑、多主体的养老服务格局，不断提升老年人的获得感、幸福感、安全感。

二　养老服务项目多样化

2019 年《政府工作报告》对养老服务工作进行了重要部署，确保到 2022 年在保障人人享受基本养老服务的基础上，有效满足老年人多样化、多层次养老服务需求。2019 年，国务院办公厅印发《关于推进养老服务发展的意见》，提出了六个方面共 28 条具体政策措

① 董建军：《中国养老模式的社会化转型与社工介入》，硕士学位论文，山东大学，2010 年。

施。其中在提供基本养老服务方面，明确我国将建立健全长期照护服务体系，重点为经济困难失能老年人、计划生育特殊家庭老年人提供无偿或低收费托养服务。同时，全面建立经济困难的高龄、失能老年人补贴制度，鼓励发展商业性长期护理保险产品。针对养老服务举办主体将进一步放开行业准入，拓宽投融资渠道。随着人民生活水平的提高，老年群体对于养老服务内容的要求不断提高，包括生活照料、医疗护理、康复保健、精神慰藉、紧急救援、法律维权等基本养老服务。未来推进居家和社区养老的医养结合是重点推进的工作，医养结合的模式大致分为三种类型，即在养老机构内开设医疗机构、在医疗机构内开设养老机构、养老机构与医疗机构合作。医养结合模式将医疗资源融入养老服务之中，能够便利老年人就近就医，享受价廉物美的优质医疗资源，大大节省了照料成本和医疗开支；医养结合也进一步缓解日益加剧的失能、半失能老年人养老问题，能够实现原居养老、就近养老和医疗护理。

三　养老服务方式市场化

新时代养老服务的发展趋势和亮点之一是不断提高养老服务等公共服务的市场化和社会化参与程度，提高公共服务的效率和效能，提升老年群体的满意度。加大政府购买基本养老服务力度。根据养老服务对象、特点和实际情况，政府购买养老服务将着眼于满足老年人基本养老服务需求，合理配置养老服务资源，政府面向企业和社会组织公开招标，按照公开、公平、公正原则，吸引有一定经营资质和经营条件的组织参与，通过竞争择优的方式选择承接政府购买养老服务的优秀社会力量。针对目前养老服务市场主体小而分散的问题，鼓励在养老服务项目建设、运营、管理等方面具有专业资质的社会资本方整合重组，通过提供标准化、规范化的优质服务，形成一批面向居家社区、跨区域和行业的综合性养老服务集团，支持服务机构向着规模化、专业化、连锁化、品牌化的方向发展，成为居家和社区养老服务的主力。充分培育和开发养老服务市场，有助于建立高效、优质、微利的养老市场服务机制，既通过市场化效率和竞争为老年人提供更好、更多的养老服务，又可以承担一部分政府部门原来承担的社会职能，缓解政府资金压力和职能缺位，提供低营利、低收费的养老服务，避免过度市场化给老年人带来的养老压力。

四　养老服务标准规范化

党的十八大以来，我国更加重视养老服务标准化和养老人才专业化等质量建设工作，有助于不断提升社区养老和机构养老服务能力，适应日益增长的居家和社区照护的市场需求和群众需要。2014年，民政部、国家标委会等5部门发布《关于加强养老服务标准化工作的指导意见》，将养老服务标准化建设工作提到议事日程。2016年，民政部、工商总局印发《养老机构服务合同》（示范文本）。除了养老设施建设、养老机构基本规范、社区老年人日间照料中心、老年人能力评估、养老机构老年人健康档案技术规范、老年机构社会工作服务指南等国家、行业标准之外，还发布《养老机构服务质量基本规范》《养老机构等级划分与评定》，有效助推了2017年开始的如火如荼的养老院服务质量建设专项行动。[①]《养老护理员国家职业技能标准》于2002年颁布实施，2011年首次修订。2019年10月16日，人力资源和社会保障部、民政部联合颁布了《养老护理员国家职业技能标准（2019年版）》，明确将养老护理员分为五级/初级工、四级/中级工、三级/高级工、二级/技师、一级/高级技师5个等级。

五　养老服务设施智能化

“智慧养老”运用现代科学技术和适老化智能设备，可以解决护理人员不足及护理费用过高的问题，提高了服务工作的水平，降低了人力和时间成本，实现服务的优质和高效。同时，依托社会公共信息平台或单独建设的智慧养老系统，将老人的养老服务需求和

① 杨根来：《新中国养老服务70年发展历史脉络》，《中国社会工作》2019年第26期。

企业、社会组织进行对接，为老人提供精准便捷的服务，实现服务的供需平衡。[①]“智慧养老”有助于整合原有家庭养老、社区养老、机构养老的多重方式，有助于统筹政府、市场、社会资源，利用信息化、智能化、大数据等平台和技术，将养老资源进行统筹管理，将养老需求信息进行分类管理，有利于全面摸底周边区域性养老资源和供给主体，精准对接城乡社区老年人养老服务需求。“智慧养老”在设施和工具上也趋于自动化、智能化，有助于缓解我国养老照护人才短缺、养老服务工作量大、养老服务标准化低的现实问题，提高养老服务质量和效率。“智慧养老”与打造“智慧社区、智慧街道、智慧城市”的整体性规划和方案紧密结合，属于高效公共服务有机组成部分，能够大力提升社区层面的公共服务水平和能力，能够为周边居民带来更大的便利、宜居服务，提高满意度和幸福感。

六　养老服务覆盖普惠化

新时代养老服务从兜底补缺到全面普惠，从面向困难老年人逐步拓展到全体老年人，形成了以居家为基础、社区为依托、机构为补充、医养相结合的中国特色养老服务体系。普惠化养老突出养老服务的基础性和覆盖面，提供城市和农村老年人可及性、可得性、可负担的基础养老服务，并满足个性化的多层次养老服务需求。截至 2019 年，我国养老保险体系日益完善，基本养老保险覆盖 9.5 亿人，基本医疗保险覆盖超过 13.5 亿人，城乡居民大病保险制度覆盖 10.5 亿人。企业退休职工基本养老金实现“十五连涨”。400 万特困老年人纳入政府供养。[②] 经济困难老年人高龄津贴制度和服务补贴制度、失能老年人护理三项补贴制度实现省级全覆盖。中国已经建立起世界上规模最大的社会保障安全网，养老服务体系加快推

---

① 睢党臣、彭庆超：《“互联网 + 居家养老”：智慧居家养老服务模式》，《新疆师范大学学报》（哲学社会科学版）2016 年第 5 期。

② 吴玉韶：《树立积极老龄观推动新时代养老服务业健康可持续发展》，《中国养老金融 50 人论坛论文》（第三辑），北京，2019 年 6 月。

进。政府对于养老服务的构建和发展起到基础性、引领性和决定性作用，提供多层次、全方位、可持续的人财物、政策法规和资源支持，在财政补贴和转移支付中注重公平和效率的平衡，在质量评估和绩效考核中注重事前、事中、事后监管，为养老服务均等化、普惠化发展保驾护航。政府作为社区居家养老服务的组织者及主要责任者，应科学地研究制订本地区社区居家养老服务发展规划，推动社区居家养老服务快速健康发展。发挥主导作用，在资金支持、政策制定方面给予充分保障。完善地方资金投入机制，建立居家养老专项资金，增加政府服务设施和老年人服务补贴财政投入，制定完善科学合理、可操作性强的法规政策，加强对养老服务业的规范和监督，整合养老服务资源，培训发展社会组织，实现社区居家养老服务规模化、网络化和规范化。

第四章

我国嵌入式养老模式的试点与监管

本章主题为我国嵌入式养老模式的试点与监管，主要包括北京市、上海市、浙江省、湖南省、四川省、云南省嵌入式养老的任务进程和监管经验，并重点阐释了我国嵌入式养老试点监管的困境与对策。北京市、上海市、四川省在试点自评和互评评估中比较突出，其经验可在全省（市）乃至全国推广。

2016 年，第一批居家和社区养老服务改革试点地区正式落地，时隔三年于 2019 年迎来试点地区自评与他评的监管时期，也是试点地区任务推进的验收期。根据民政部、财政部《关于中央财政支持开展居家和社区养老服务改革试点工作的通知》（民函〔2016〕200 号）、《关于开展 2016 年居家和社区养老服务改革试点申报工作的通知》（民函〔2016〕201 号），在各地申报的基础上，经专家评审，民政部和财政部共同确定北京市丰台区等 26 个市（区）作为 2016 年中央财政支持开展居家和社区养老服务改革试点地区。所有试点地区嵌入式养老模式的任务推进与质效监管按照自评和互评流程展开，比对以下指标体系进而形成自评和互评的评估报告（见表 4－1）。

本书列举北京市、上海市两大嵌入式养老模式的典型示范地区，选取北京市东城区和石景山区试点区域、上海市虹口区和松江区试点区域，并从东部、中部和西部地区分别选取浙江省、湖南省、四川省和云南省的试点区域进行横向比较。

表 4-1　第一批居家和社区养老服务改革试点地区监管体系

评估指标	自评结果	互评结果
基本指标		
省级政府领导、部门协同的试点工作领导小组		
省级经费保障机制（使用和管理机制）		
省级工作督促指导机制		
特色指标		
省市级地方配套政策和实施细则		
特殊和困难老年人筛查摸底工作		
居家和社区基本养老服务清单制度		
居家和社区基本养老服务政府购买		
以社会力量为主体的养老多元供给体系		
农村社区养老服务体系		
社会养老服务设施		
医养结合与家庭医生制度		
养老护理人才认证与培养工作		
智慧养老和互联网+养老工作		
长期照护保险制度试点		

第一节　北京市嵌入式养老模式的任务与监管

一　东城区嵌入式养老的任务进程

（一）政策体系方面

东城区以《关于加强居家养老服务工作的实施意见》（京东发〔2016〕9号）为总纲，依据“三级五方联动，分类精准供给”的居家养老服务工作要求，围绕托底老年人服务保障、服务市场监管、社会力量参与等方面，结合工作推进，陆续出台了《关于规范老年人能力评估工作的意见》《东城区街道社区养老服务驿站租金补助管理暂行办法》及《东城区关于多元主体参与居家养老服务工作的实施意见》等7份文件，形成了“1+12”的区级居家养老政策体系，即1份《东城区关于加强居家养老服务工作的实施意见》和12份配套文件。

（二）服务供给体系方面

一是专业运营力量。东城区以公开招投标的方式在全市率先建立了运营商目录库，8家社区驿站率先实现了连锁化运营。同时，鼓励运营商特色化发展。诚和敬创新“互联网+安全访视”服务，为托底、扶助老年人配置移动呼叫设备，“居家安否平台”可实时监测老年人在家的安全状态。慈爱嘉为自理、半自理老年人提供在驿站集中或一对一康复训练，为有需求的老年人提供上门居家康复服务。

二是专业服务力量。东城区通过驿站资源链接、区照护服务体系建设等途径，共引入专业服务商350家，一改以往服务商小、散、乱的局面。为高龄、独居、失能老年人提供助餐、助浴、助行、助医“四助”服务；开展了以“老年人意定监护”“以房养老”等主题的法律宣传。“老年人意定监护”即具备完全民事行为能力的老年人，可以在近亲属或其他与自己关系密切、愿意承担监护责任的个人、组织中协商确定自己的监护人。“意定监护”服务项目属于全国首创，受到了全国老龄办的肯定。

三是社会组织力量。以“老洽会”为平台，发挥公益资源联合体作用，组织开展了“社区助老志愿服务好项目大赛”，营造全区低龄老人帮扶高龄老人的居家养老志愿服务氛围。支持培育了57个项目，服务内容涵盖互助服务、法律咨询、心理慰藉、益智课堂等，直接服务近3000位老年人。

四是公益服务力量。东城区探索建立为老志愿服务激励回馈机制，依托“易拾光”志愿服务平台，建立了“项目发布、登记注册、项目认领、服务管理、服务记录、时间储蓄、回馈激励”一套相对成熟和完善的“互联网+志愿服务”全流程闭环体系，建立健全“兑换服务为主、物质奖励为辅”的志愿服务积分激励回馈机制，实现为老服务项目发布、志愿者响应、活动分享、志愿服务时长累计、服务质量评价、志愿服务回馈的全流程服务，真正让为老志愿服务“活”起来。

（三）服务保障体系方面

一是三级服务管理体系建设。第一级是区级养老服务指导中心，由“五平台一中心”组成，即养老信息、培训实操、展示体验、资源整合、志愿服务平台和老年综合评估中心。“五平台一中心”是养老服务体系的运行中枢及大脑，承担区域养老资源整合、养老行业监管指导、养老服务示范引导等方面的重要职能，发挥统筹、协调、组织、指导作用。第二级是街道养老服务管理中心。作为街道养老服务资源统筹调度平台，主要负责落实各项惠老优待政策、指导及考评运营商开展服务、对服务投诉进行处理，履行对运营商的监管责任。第三级是社区养老服务驿站。根据各街道老年人口密度及现有养老设施分布，制订印发了《东城区社区养老服务驿站建设三年规划》（2016—2018）；委托第三方编制《社区养老服务驿站设计导则》，推进规范建设。目前，全区共建设养老服务驿站 34 家，其中 20 家已运营，14 家正在建设中。

二是养老服务信息平台。在区级养老指导中心搭建养老信息平台，聚焦老年人基础信息、医疗健康信息、照护服务补贴、老年人服务记录、服务监管等核心数据。划分政府监管、服务派单、大数据汇集与分析、信息展示、老年人评估五大模块，实现数据可统计、可查看、可分析、可展示，为开展居家社区养老精准服务提供依据。

三是托底老年人服务保障闭环。按照需求导向和分类服务的原则，依据老年人自理能力、老年人经济状况、特殊困难情况，通过专业评估将全区老年人分为托底保障群体、扶助保障群体和普惠保障群体，根据老年人及其家庭实际需求，提供精准服务。建立老年人动态评估机制，通过社区分片包户、与专业社会组织合作，初步实现社区准专业发现并初筛、推送评估申请、评估机构上门、评估结果反馈、社区居委会公示、评估结果确认的动态评估工作流程。创建居家照护服务体系，按照探索建立针对经济困难高龄、失能老年人补贴制度的工作要求，优先保障重点老年人基本安全和基本生活，东城区出台了特殊困难老年人居家照护服务补贴政策，为托底、扶助保障群体提供养、康、健等 7 大类 167 项服务，以“北京通——养老助残卡”为载体，实时刷卡结算。

四是养老助餐服务。在南、北片各建设了 1 家“中央厨房”，并分别与区属老字号鸿运楼、市属国企诚和敬合作。区级“中央厨房”建成后将补齐养老助餐体系顶端空白，与现有老餐桌站点连片成网，实现老年人就近、营养、安全的就餐目标。同时推动“互联网＋助餐”服务，在有条件的社区驿站内设立智能售饭机，为老年人提供在线订餐服务。

五是老年人能力评估。东城区规范评估流程，实施评估电话、评估结果“两公开”制，实现统一内容、统一标准、统一流程，为老年人进行多学科、全方位的综合评估，制订个体化诊疗方案，提供套餐式医疗服务；为失能老年人制订协调的、综合的短期或长期照护计划，有效提升失能老年人的生活质量。

六是养老服务专业人才队伍。面对街道、社区老龄工作人员，围绕市级老年人优待、养老服务等对相关政策文件进行解读，组织召开东城区居家照护服务补贴专项工作培训部署会。面对各类服务商，在服务项目设计、服务流程规范方面进行专项指导。同时围绕服务项目价格进行座谈，探讨制定各类养老服务项目指导价。

二　石景山区嵌入式养老的任务进程

（一）养老服务体制机制方面

石景山区不断建立健全养老服务体制机制：一是在领导体系上，为推进养老服务体系建设，由石景山区委副书记和主管副区长分别担任区居家养老服务体制改革领导小组正副组长；二是在工作机制上，实行由区委副书记和政府主管副区长任主任的老龄委双主任制，建立并落实成员单位联席会议制度；三是在机构设置上，将设置在区民政局内部的科级老龄办机构调整为副处级，并调整增加编制；四是在职能职责上，明确街道党工委全面负责辖区养老服务的组织领导，调整街道老龄工作科室及工作人员。通过加强组织领导，统筹协调，做到分工明确，保障各项工作任务跟进和落实；各部门密切配合，共同推进石景山区居家和社区养老服务发展。

（二）养老服务体系构建方面

石景山区确立了“三级、五维、双网”的工作格局，按照区级指导、街道统筹、社区实施的建设规划要求，积极构建机构、社区、居家融合式养老服务体系。在区级层面，将社区服务中心1500平方米现有用房改造为区级养老服务指导中心，与区域内其他养老服务设施场所形成“一站多点”的网络格局。打造“老街坊”“9110”品牌模式，构建全方位、零遗漏的一刻钟社区居家养老服务圈。辐射全区老年人口，基本实现全区居家养老设施和服务全覆盖目标。

（三）养老服务人才队伍建设方面

石景山区将养老护理职业队伍建设纳入区八个高端体系中的人才建设体系中，实施养老护理职业队伍培养的“十百千万”工程。建立10个养老护理职业培训基地，培训500名左右具有初级以上职业资格水平的养老护理专业人员，并针对1000名左右的养老服务志愿者开展各类养老服务专业知识的培训、报告、论坛，针对10000户左右的家庭成员开展失能失智居家养老护理知识的培训和宣传。

（四）整合资源方面

按照民政部、北京市相关政策文件，石景山区积极落实居家和社区养老服务设施与住宅“四同步”的监督检查要求，以治乱疏解建高端为契机，完成对现有闲置资产的调查、整理和信息收集工作，同时鼓励引导区属国有企业服务网点、街道社区所属设施、疏解腾退的闲置资源等优先用于居家和社区养老服务，解决社区居家养老服务设施不足的问题。

（五）医养结合推进方面

石景山区研究制定了《石景山区医养结合实施意见》，突出中医健康养老特色。成立了京西首家医康养融合养老机构，即为此次调研的英智康复京西医院，其引进先进的康复设备和康复疗法（如音乐疗法等），在为老年人提供生活照料的同时，可以不出院门就为入住老年人提供医疗康复服务。在全区 31 个社区开展中医健康社区试点，9 个卫生服务中心实施中医健康养老示范工程。此外，石景山区注重拓展社区养老助医功能，由社区卫生服务中心及社区卫生独立站为65 岁以上老年人进行健康管理，组建家庭医生式服务团队，已累计签约 10.6 万余户，服务 28.5 万余人次。

（六）智慧养老发展方面

石景山区引入“互联网 + 健康养老 + 居家养老”模式，打造“没有围墙的社区智能健康养老院”。以八角街道古城南里“老街坊”居家养老服务驿站社区智能健康服务平台为基础，划定了电子围栏，老年人家属可通过为老年人配发的智能健康腕表，对老年群体进行个人的远程健康监测、应急安全监护、专业健康指导、便民家政等，推进辖区内养老服务体系社会化、信息化、均等化、便利化，为老年人提供网上、网下互动互补的智慧养老。目前，已经普及推广辐射 3 个街道 8 个社区，有 600 多名老年人享受这种线上、线下的“双网”联动服务。

（七）养老助餐服务体系方面

石景山区组织试点先行先试，以首钢实业有限公司等有配送餐资质的中央厨房为主要渠道，以街道养老照料中心和社区养老服务驿站为依托，打造“中央厨房 + 社区养老服务驿站 + 社区配餐、送餐、助餐”模式，建立老年用餐分层补贴机制和送餐志愿服务补贴机制，来满足社区老年人多元就餐需求。现有 3 家街道养老照料中心、14 家社区服务养老驿站均已开展配送餐服务，日订餐量达 600 份。

三 北京市嵌入式养老模式的监管经验

（一）制定完善养老服务标准体系

制定养老服务机构服务标准和服务流程，确立全方位即自上而下和自下而上相结合的质量评估监管责任机制。鼓励有条件的企业和社会组织开展送餐、家政、理疗保健、精神关怀、法律服务等多种为老服务。设定行业标准，壮大行业协会，使社区居家养老服务在营业资格、从业人员素质、服务内容和质量、服务收费等方面逐步规范。加强监管评估，严肃查处为老服务领域违法行为。引入第三方专业机构进行市场监管的系统性研发工作。制定出由政府监管抽查、社区自治组织监督巡查、第三方专业组织暗访、服务对象满意度调查及驿站运营商自评五个维度组成的 1.0 版评估指标体系，科学设定评估指标主要内容及权重。形成了《居家养老服务监管评估指标（暂行）》，并印发了《居家养老服务市场监管考核评估操作手册》，为进一步推进市场监管提供了科学依据及有效的评价工具。

（二）建立落实养老服务监管机制

在完善养老服务监管评估体系的基础上，为了更清晰地界定各方职责，使实施方案能够精准落地，经过多方协商讨论，确定参与市场监管的五大主体及监管职责：区级监管、街道及社区级监管、第三方评估机构监管、服务对象监管和服务商自评。在明确各方职责基础上，主要采取了分层次、分时段、分任务的综合监管实施策略。其中区民政、老龄部门，每季度考评一次；街道、社区居委会，每月考评一次，次月 5 日前将由主管主任签字、盖章后的考评表上报区社区服务中心；第三方评估机构，每两月考评一次；运营商自评，每月考评一次；被服务对象满意度调查，伴随以上四个主体考评随时进行，考评分数权重列在四个主体考评分数之中。政府工作人员采取实地督察、入户抽查、暗访等形式，了解社区驿站的服务开展情况；社区居委会及第三方组织履行服务监督职能，开展“背靠背”服务满意度调查，并将调查结果汇总成册，掌握服务开展情况。

（三）高效利用智慧养老监管平台

运用智慧养老监管平台，对服务商的服务过程进行动态监管，实行优胜劣汰，以提升服务质量和水平，提高老年人满意度。创立养老信息平台，可实时查看服务状态、服务基本信息、记录服务时长，实现全过程的动态管理。此外，还分别为老年人、服务商监管主体研发了手机 APP 移动终端，老年人、服务商、各方主体根据自己权限可查询老年卡内余额、交易明细、服务记录等信息，对服务过程进行监管。通过整合分析服务数据，实现“大数据”管理，做到服务“留痕迹、有记录、可追溯”。从监管角度来说，政府层面侧重于服务质量的调查统计及老年人信息采集，提前筹备信息化融合共享工作，对各企业信息实现有效跟踪管理，这些已成为目前的重要工作内容之一。

第二节　上海市嵌入式养老模式的任务与监管

一　松江区嵌入式养老的任务进程

（一）明确组织架构和组织责任

松江区养老服务工作得到各级领导的高度重视和社会各界的广泛关注，区委、区政府每年专题讨论养老服务工作，养老服务体系建设始终纳入政府议事日程和目标责任考核范围。2014 年成立松江区社会养老服务体系建设领导小组，由分管副区长担任组长，由 14 家相关单位分管领导任小组成员，每年定期召开会议，研究解决松江区在推进社会养老服务体系发展过程中遇到的各类重点难点问题。2016 年经区委同意，区老龄委成员单位从原来的 28 个扩增至 38 个，区老龄工作架构更加完善，老龄委各成员单位职责更加明晰。

（二）完善资金使用和资金管理

一是资金使用方面。根据民政部有关要求，由区财政局牵头制定了《松江区居家和社区养老服务改革试点中央财政补助资金使用管理办法》，确保居家和社区养老服务改革试点中央专项彩票公益金合理合规使用。召开会议布置居家和社区养老服务改革试点项目申报工作，确定第一批项目资金1249万元，占民政部下拨资金2650万元的47%，下拨至相关街镇414.5万元。2017年区财政安排20747.4万元用于居家和社区养老服务领域，其中涉及老年综合津贴19500万元，"幸福久久"为老服务热线、社区为老服务设施项目建设、政府购买服务项目等项目资金共1247.1万元，居家养老服务补贴2440万元，老年活动室、日间照料机构等运作补贴588.6万元。二是资金管理方面。根据试点工作任务和资金管理办法，下发了《松江区2017年居家和社区养老服务试点中央财政补助资金使用计划》。

（三）加快养老信息化建设与发展

一是搭建一条为老服务热线。2014年松江区通过公开招标的方式委托第三方开设"幸福久久"为老服务热线，为全区17个街镇16731名老年人提供包括"牵线搭桥""主动关爱""紧急救助"等服务。利用松江民政、"幸福久久"为老服务热线等平台，公布松江区居家和社区养老服务机构信息，方便老年人及时查询。二是开发一套居家养老管理服务信息化软件。2016年开始在居家养老服务中探索实施信息化管理，通过信息化手段全程对居家养老服务进行跟踪评价，对服务人员和服务机构进行监督管理，进一步提高居家养老服务管理水平、服务质量和服务对象的满意度。三是推进区级为老服务综合信息平台建设。平台将有效对接市级为老服务要求，统筹民政、卫生、医保以及社会化养老服务数据，构建涵盖服务设施、队伍、项目、需求和机制内容的"五个清单"基础数据库，全面提升养老服务信息化能力和智能管理水平。

（四）推动医养结合的步伐与进程

推进居家和社区医养结合发展。区卫计委结合基本公共卫生服务的开展，为老年人建立健康档案，并为65岁以上老年人提供健康管理服务。同时鼓励为社区高龄、重病、失能、部分失能以及计划生育特殊家庭等行动不便或确有困难的老年人提供定期体检、家庭病床、社区护理、健康管理等服务。根据《上海市社区卫生服务中心与养老服务机构签约服务管理规范（试行）》，区卫计委加强各社区卫生服务中心与辖区内养老服务机构签约工作。制订《松江区医疗机构“1+1+1”组合签约工作方案》，开展转诊预约、延伸处方、长处方等服务。推进实施高龄老人医疗护理计划，由区人社局、区卫计委、区民政局、区财政局联合印发《松江区关于扩大高龄老人医疗计划试点的实施方案》，充分利用和整合现有老年医疗护理服务资源，依托基本医疗保险制度，为年满70周岁及以上的、参加本市职工基本医疗保险的、经老年医疗护理需求评估达到轻度及以上的老人，提供居家医疗护理服务。

二　虹口区嵌入式养老的任务进程

（一）明确领导责任和重点任务

成立领导工作小组，明确职责分工。根据上级工作精神，虹口区建立了由区政府分管副区长担任组长，区发改委、财政局、残联、总工会、卫计委、人社局、民政局、教育局、体育局、市场监管局、税务分局和各街道分管领导等相关部门和街道参与的试点工作领导小组，明确分工职责。领导小组办公室设在民政局，协调推进居家和社区养老服务改革试点工作。各街道也建立了相应的试点工作小组，加强组织领导，统筹街道资源，确保改革试点工作正常有效推进。领导小组自成立以来多次召开专题会议，积极关注虹口区居家和社区养老服务改革试点工作的进程，加强相关部门协调。同时，在充分听取市民政老龄工作有关专家、区老龄委相关成员单位和各街道意见、建议的基础上，制订出台了《上海市虹口区参加国家民政部、财政部开展的“居家和社区养老服务改革试点”实施方案》，明确本区改革试点的七项重点任务。

（二）完善资金使用和资金管理

制定资金使用办法，建立经费保障。根据《中央财政支持居家和社区养老服务改革试点补助资金管理办法》有关规定，制定了《虹口区居家和社区养老改革试点补助资金管理办法》和《虹口区居家和社区养老服务试点中央财政专项资金使用计划》，从专项资金的支持对象、使用范围、项目申报、资金拨付和监管以及使用项目、资金安排等方面予以明确。上半年，中央、上海市和虹口区用于居家和社区养老服务的各类配套资金近1500万元，其中中央财政资金使用100余万元。

（三）摸底和筛查重点老年人群

开展重点人群筛查工作，摸底基础数据和服务需求。为全面掌握区域内重点老年人群［区域内高龄、失能（伤残）、贫困、计划生育特殊困难家庭、空巢（独居）等特殊和困难老年人］的基本情况，虹口区在全面筛查摸底的基础上，与专业机构合作，通过问卷调查、深度访谈等方式，对全区4500余名“三无”和失智失能老人进行了居家和社区养老服务的需求调研，对其中2100余名进行入户调研，并形成了《虹口区居家和社区养老服务改革试点重点人群筛查调研报告》，为制定完善的居家和社区养老服务发展规划和相关政策提供基础数据。

（四）提高社会化参与养老比重

虹口区积极引进品牌化、专业化的居家和社区养老服务机构，加强社会力量参与居家和社区养老服务。虹口区积极探索社会力量参与居家和社区养老服务项目，先后引进了“福寿康”“爱照护”“申养”“安康通”“复星”等上海地区知名品牌化、专业化居家养老服务机构。其中“福寿康”承接了曲阳、凉城新村等街道日间照料中心的托管服务；“申养”与四川北、曲阳和广中街道签订“长照”委托管理合同（合作意向）；“爱照护”在欧阳、嘉兴和江湾镇等街道开展了“长照”服务。社会力量的参与覆盖了虹口区八个街道的“日托”和“长照”的运营管理和服务。通过品牌化、专业化的运作管理，使失智失能和高龄老人得到了专业化的照料服务。对于建设完成的社区养老服务设施（“日间照料中心”“长者照护之家”），交由社会力量托管运营的比例达到100%。

（五）健全养老服务基础设施

合理布局，优化配置，加强养老服务设施建设。在试点工作领导小组的督办指导下，围绕虹口实际，以构建居家养老为基础、社区为依托、机构为支撑的养老服务格局为目标，建成规模适度、布局合理、因地制宜、满足多元需求的养老设施空间布局。根据常住人口确定设施规模，兼顾社区千人指标与服务半径，着力打造“82915”社区养老模式（即8个中心、29个站点、15分钟服务圈），年内实现长者照护之家、综合为老服务中心全覆盖。同时，在完成区内各类居家和社区养老服务设施的建设、运营及设备需求等摸底的基础上，即将开展社区养老服务设备的统一采购工作。开展养老机构向社区养老的延伸服务，指导各公办养老机构增设居家和社区养老服务职责功能，为社区提供送餐、人员输送、健康讲座等各类为老服务。全区共有8家公办养老机构开展了延伸服务，占公办养老机构的80%。

三　上海市嵌入式养老模式的监管经验

（一）出台行政法规，注重部门联动，加强行政监管

按照民政部《养老机构设立许可办法》要求，上海对设立许可的实施进行了细化，制定并下发了《上海市民政局关于印发〈养老机构设立许可法律文书（式样）〉的通知》和《关于规范本市养老机构名称的通知》等规范性文件。2015年1月，下发了《关于对本市非营利性养老机构实施“以奖代补”扶持政策的通知》；7月，下发了《上海市民政局关于开展养老机构等级划分与评定工作试点的通知》。

加强各部门联动检查及审计跟踪。民政部门依法负责养老机构的准入监管（设立许可）；卫生计生部门依法负责养老服务内设医

疗机构的准入监管（设立许可）；消防部门依法对申请设立养老机构，出具建设工程消防设计审核、消防验收合格意见或消防备案凭证；环保部门依法对申请设立养老机构，出具环境保护验收（评价）报告或者审查意见。

民政部门依法负责日常监督检查、组织开展评估、公布评估结果等；卫生计生部门依法负责对提供医养结合服务的养老机构开展日常监督检查、对违法行为进行行政制裁等；消防部门依法对养老机构消防安全状况开展日常监督检查；食药监部门依法对养老机构食堂、餐饮服务等开展日常监督检查；物价部门依法规范养老服务机构的收费项目和标准；环保部门依法对养老机构的环保违法行为进行监督查处；人社部门依法对纳入医保定点的养老机构内设医疗机构医保经费的使用进行监测、日常监督；审计部门按照国家有关规定，对政府投资举办或者接受政府补贴的养老机构的财务状况进行审计监督。

（二）建立信息平台，创新监管方式，以扶持促监管

建立民政系统信息共享平台。上海市着力整合低保、婚姻、医保、机构、人口等九大系统，构建上海“民政海”大数据库，建立跨部门数据共享机制，实现监管部门养老机构设立许可、监管处罚、等级评定与补贴信息共享、养老机构困难老年人补贴和医保信息共享，利用互联网、大数据技术，积极推进养老服务信息化监管模式，实现实时、全过程、动态化综合监管。

养老机构综合责任险资金补贴。上海市民政局委托上海市政府采购中心按照“统一条款、统一投保、统一费率、统一管理”的原则，对养老机构综合责任保险进行公开招标。年度标准保险费由市民政局、区（县）民政局按各机构核定床位数内实际投保床位数，分别资助保险费的1/3，剩下的1/3由养老机构承担，参保率达100%，大大缓解了养老机构日常运营的风险。

非营利性养老机构实施“以奖代补”政策扶持。一是设置内设医疗机构奖。各区（县）提供相应资金保障，扶持养老机构内设医

疗机构的正常运营。二是设置招用持证人员奖。包括员工制招用持证养老护理人员奖和员工制招用专技人员奖。三是设置品牌连锁经营奖。凡连锁经营机构数达2家以上，且单个机构床位规模50张以上，经过综合评估，服务对象满意、服务质量良好以上的品牌连锁经营养老机构，给予一次性奖励15万元。同时，每新增加一家机构，奖励15万元。

（三）发挥社会力量，鼓励市民参与，强化行业自律

设立督导员制度。从从事养老服务业的退休人员中选出优秀的人员或养老机构优秀管理者等组成督导队伍，对机构服务质量和运营情况定期开展监督检查。积极推进养老机构运行管理、护理安全和消防安全管理，发挥“眼睛、桥梁”的作用。督导员把发现的问题直接反馈到市局，由市局统分到各个区县民政部门，最后由区（县）民政部门发出整改通知。

公开养老机构年度运营报告。上海市要求每家养老机构将年度运营情况公布到机构网站和各区（县）民政部门网站上，引导全社会力量积极参与，有效推进养老机构管理规范化。为贯彻落实《上海市养老机构条例》，推进上海市养老机构行业监管体系建设，上海市民政局依托“962200”上海市社区服务热线，设立统一的上海市养老机构投诉举报热线，从4月20日起，市民可拨打962200热线，投诉有关养老机构的问题。

上海市积极发挥养老服务行业管理组织的作用，通过行业组织进一步加强养老机构的专业化监管。行业管理组织的职责为：开展对养老护理人员的培训、等级鉴定；对养老机构设施设备、养老服务及养老管理等进行全面考察和等级评定，并对达标机构进行授牌，对未达标机构组织培训并指导整改。

（四）完善工作制度，整合内部资源，注重自治管理

构建5S管理体系。在上海市民政部门的推动下，长宁区养老机构引入5S管理体系（整理—SEIRI、整顿—SEITON、清扫—SEISO、清洁—SETKETSU、素养—SHITSUKE），倡导机构的精细化管理，

全区已有7家养老机构试点运行，并取得了理想的效果。

建设内部信息管理平台。上海市基础条件较好的养老机构还自主开发了信息管理平台，推动专业化、智能化的服务和管理，积极为住养老人提供安全、舒适、贴心的养老服务。如浦东特护院使用易关爱养老机构服务云平台，整合养老相关行业优势资源，改善养老产业的服务模式、管理模式及盈利模式，给予老年人最贴心的关爱。

建立自律性监管体系。虹口等部分区（县）的行业管理组织积极引导养老机构建立自律性监管体系，如建立养老机构互查和信息共享互通反馈机制，在相互监督资源信息共享的同时，加强机构自治，提高管理服务水平。

第三节　浙江省嵌入式养老模式的任务评测

一　杭州市嵌入式养老的任务评测

（一）建立部门协同分工明确的领导小组

杭州市将居家和社区养老改革纳入养老服务业综合改革范围，成立由市委主要领导任组长的养老服务业综合改革试点工作推进领导小组及社区居家养老、智慧养老、医养结合、长期照护保障、养老产业发展5个专项攻坚小组，在各区、县建立同规格的领导小组及攻坚小组，扎实开展创新，积极破解工作难点。同时，将社区居家养老服务工作纳入市政府对相关市直部门和区、县年度目标考核，以市养改办名义建立了一月一专报、两月联络员会议、季度阶段工作总结及半年度领导小组工作会议机制，推动工作有序有效开展。

（二）建立居家和社区养老服务信息平台

杭州早在2013年就探索推出了“关爱手机”项目，受惠老人近15万人，实施有效紧急救助1500余次。2016年，专门成立智慧养老项目组，谋划设计智慧养老平台建设工作。按照“四统一”的原则（统一服务对象、服务内容、服务标准、服务监管），打造智慧养老服务杭州样板。一是加快“智慧养老”服务申请审核和终端发放。截至2016年6月底，全市累计发放智慧养老服务终端100870台，市级6家服务商整合了全市604家线下服务实体加盟，执行紧急救助336次，对孤寡、独居老人的主动关怀服务约1.01万次。二是创新采购模式，通过公开招标选定6家服务商进入市级服务商资格库，各区从中选择2家以上实施。三是开展全过程监督评估。开通全市统一的“96345100”智慧养老服务热线，受理各类咨询电话3475次。依托市级“智慧养老”监管平台，会同第三方绩效评价机构，对“智慧养老”服务全过程绩效目标运行跟踪监控评价。

（三）推动医疗服务和社区居家养老相结合

一是明确工作思路。会同市卫计委成功申报全国首批医养结合试点单位，出台了《杭州市医养结合试点工作实施方案》，确定了上城区健康颐养园等8个全国医养结合试点示范项目。二是实施居家老年人全科医生签约。出台《关于推进医养护一体化智慧医疗服务的实施意见》，积极开展居家医疗服务支持居家养老工作，支持社区卫生服务机构为签约的失能、半失能老年人开设家庭病床。三是创新探索护理型养老机构建设。会同市卫计委等部门出台《关于做好杭州市医养结合及护理型养老机构建设的实施意见》，创新提出建设民政、卫计共同管理的护理型机构，重点解决失能、半失能老人的机构护理难题。四是扎实推进基层医养资源融合发展。通过“1+1+X”医养结合联合体模式，由1家市级医院、1家社区卫生服务中心（乡镇卫生院）分别对接区域内X家养老机构和乡镇（街道）级综合性居家养老服务照料中心，提供医疗、护理、康复技术服务。五是启动长期照护保障制度建设。联合市人社、卫计等部门先后赴北京、上海等地学习考察，出台《杭州市长期护理保险制度建设方案》，并在桐庐县开展试点，目前具体制度正在制定之中。

二　宁波市嵌入式养老的任务评测

（一）党政领导高度重视

党政重视，加强领导。市委、市政府高度重视居家和社区养老服务改革试点工作，改革试点列入2017年市委全面深化改革领导小组26个重点改革项目之一和社会体制改革项目，居家养老服务设施建设列入市政府民生实事项目，改革试点主要任务指标列入对区县（市）政府的年度目标考核。分管副市长多次听取汇报，召集相关部门研究改革试点工作。市人大也高度关注和支持，将《宁波市居家养老服务条例》列入2017年人大常委会审议项目，于2018年提交市人代会审议通过。市委全面深化改革领导小组第11次会议听取专题汇报，审议通过了《宁波市居家和社区养老服务改革试点实施意见》，明确成立由市政府常委副市长任组长、分管副市长任副组长、15个部门参加的改革试点领导小组。

（二）建立居家养老应急服务网络

2005年起，宁波市依托81890求助服务中心建立了覆盖全市范围的老年人应急求助服务网络，通过老年人“一键通”电话机，为老年人提供紧急求助和生活信息服务。2011年和2012年，市政府连续两年将“为80周岁以上高龄老人和60周岁以上患有安全隐患性疾病老人免费安装‘一键通’电话机”列为民生实事项目，现已作为长效性制度。全市已累计为4万多户老年家庭安装了“一键通”电话机，共提供紧急救助和生活咨询等各类信息服务40万余人次。同时，分级建设智慧养老服务信息平台，整合政府、社会和市场等各方资源，对接养老服务需求与供给，打造没有围墙的“虚拟养老院”。目前全市已有5个区县建成养老服务平台，市级平台正在加快开发中，基本框架初步形成，计划于年底投入试运行。

（三）支持社会力量参与养老产品研发

鼓励社会力量开发居家和社区养老服务信息产品与工具。海曙区委托广安怡养院搭建区级智慧养老服务中心，整合辖区各类养老服务机构或组织尤其是公益性组织等第三方资源，对接养老服务需求；江北区与杭州思锐信息技术股份有限公司合作，全面启用“星箭e护”智慧养老服务中心，为全区老人提供线上线下服务；鄞州区嘉和阳光照护服务中心依托“爱照护”平台，运用家庭照护宝、智能腕表等信息产品为老年人提供个性化定制服务；万科“随园之家”建立了养老服务信息平台、随园养老APP，开发了有睡眠检测系统的穿戴设备、随园老年智能手表等智能产品。

（四）率先推动契约式家庭医生服务

深入推进契约式家庭医生制服务。2014年起，制定下发了《宁波市政府关于推进契约式家庭医生制服务的实施意见》（甬政发〔2014〕101号），在全国率先推行契约式家庭医生制服务，把老年人作为重点签约人群，加大医疗保障和医疗服务的优惠扶持力度，如免收门诊一般诊疗费、提高报销比例、放宽配药量等，深化老年人社区基本公共卫生服务内涵，提升老年人社区医疗卫生服务水平。截至2017年6月底，全市100%的社区卫生服务中心实施签约服务，以老年人和慢性病人为主的重点人群签约率48%，签约人数近70万人。

第四节　湖南省嵌入式养老模式的任务评测

一　长沙市嵌入式养老的任务评测

（一）建立联点协同工作机制

长沙市委、市政府高度重视养老服务业的发展，成立了由市长任组长，常务副市长、分管副市长任副组长，各相关部门为成员单位的养老服务业工作领导小组。为推进试点工作的有序开展，专门组织市民政、财政、卫计、人社等部门负责人，各区县政府负责人及民政局局长等领导小组相关成员单位，召开了试点工作会议，对试点工作的主要内容和具体要求作了精心部署和调度。市民政局加强工作调度，建立了联点工作机制，确保有专人与区县试点工作负责人对接，有问题及时反馈、即时解决。

（二）鼓励企业创新养老服务

长沙市积极引入市场力量参与社区居家嵌入式养老服务，创新养老服务供给新模式。湖南发展侨亚养老产业有限公司探索“五位一体”养老创新业务模式，满足社区老年人多样化需求：即以社区日间照料为基础形态的社区公益养老服务，以互联网及智能技术为支撑的智慧养老家庭服务，以社区嵌入式小微机构为主体的康复照护养老服务，以休闲养生和异地度假为特色的旅居养生养老服务，以互联网服务及产品商城为载体的线上线下综合服务。

（三）养老服务推进的难点

在评测过程中长沙市社区居家嵌入式养老存在一些困难与问题：一是试点工作进度比预期慢。2017 年 7 月，湖南地区洪涝灾害较为严重，民政部门有近一个半月的时间都在全力组织勘灾、救灾，对试点工作进度影响很大。其中部分居家养老服务设施建设进度也因此受到严重影响。另外，很多试点项目通过政府采购实现，如智慧养老、信息平台建设等，程序较为烦琐，也影响了已定的工作进度。二是扶持政策的可持续问题。改革试点工作暂定三年，但是居家和社区养老相关扶持政策的见效是一个长期的过程，有可能会超过三年，因此，希望上级在一个相对较长的时期内持续有资金投入，带动、促进居家和社区养老服务的发展。

二　湘潭市嵌入式养老的任务评测

（一）明确发展目标和战略规划

一方面组织坚强有力。湘潭市委、市政府高度重视居家和社区养老服务改革试点工作，成立了以分管民政副市长为组长的试点工作领导小组，多次召开领导小组会议，专题研究居家和社区养老服务改革试点工作，形成了部门各司其职、共同推动改革的合力。另一方面，为了全面推进居家和社区养老服务工作，湘潭市提出了“一合四进六化”的工作目标。“一合”即以医养结合为重点；“四进”即医养结合进社区、进家庭、进农村、进休闲，初步形成覆盖城乡、布局合理、功能完善的医养结合服务网络；“六化”即公共政策公益化、资源配置集约化、行业管理标准化、供给模式超市化、服务主体跨界化、产业经营集团化。以此建立健全以居家为基础、社区为依托、机构为补充、医养相结合的，高、中、低档配套，功能完善、规模适度、覆盖城乡的，与湘潭人口老龄化进程相适应的，与经济社会发展水平相协调的，多元化、多层次、多形式的养老服务体系。

（二）筛查和确认特殊和困难老人

2017 年 3 月 14 日，湘潭市民政局下发了《关于开展特殊困难老年人、养老设施筛查摸底等有关工作的通知》（潭民发〔2017〕11 号），3 月 21 日，召开了全市特殊和困难老年人、居家和社区养老服务设施摸底筛查部署动员会，在全市铺开了特殊和困难老年人、居家和社区养老设施等基础数据筛查，形成了摸底筛查报告；同时，就购买第三方机构服务开展了养老服务需求调研，调研对象样本 1100 份，形成了养老服务需求调研报告，进一步掌握了老年人养老服务需求状况；另外，在城市区 110 个社区全面铺开老年人能力评估工作。经过严格的初评、复评等评估程序，开展复核评估 6957 人，筛选出 2625 名失能、半失能老人，为推进试点工作提供了数据基础。按时按质向民政部、财政部上报了相关数据筛查摸底表格与调研报告。

（三）建立居家和社区养老（应急）服务网络平台

采取政企合作的模式，依托网络信息技术，先后建成了岳塘区、雨湖区、韶山市居家养老服务信息平台。通过呼叫中心的统一调度，将医疗急救、健康管理、陪同就医、生活照料、康复护理延伸到家庭，让广大老年人享受到了便捷的上门服务，打造了城乡 30 分钟服务圈，成为一所“没有围墙的养老院”。老人在家足不出户，只要拨打服务热线，便可及时获得上门的居家养老服务，通过“一键通”获得医疗救助服务。目前由荆鹏以及金梦园养老服务中心运营的信息平台已拥有老年会员 5. 3 万人，开展居家养老服务 2. 5 万人次。

第五节 西部省、市嵌入式养老模式的任务评测

一 成都市嵌入式养老的任务评测

(一) 订立居家养老服务标准和政策

近几年，成都市颁布实施了《成都市养老服务促进条例》，出台了《成都市人民政府办公厅关于全面推进居家养老服务工作的意见》(成办发〔2009〕15号)、《成都市人民政府关于加快养老服务业创新发展的实施意见》(成府发〔2015〕6号)、《成都市民政局关于印发建立成都市养老服务评估制度的实施意见的通知》(成民发〔2015〕48号)、《成都市财政局成都市民政局关于印发成都市社区日间照料中心专项资金管理办法的通知》(成财社〔2015〕173号)、《成都市社区日间照料中心管理办法》(成民发〔2016〕63号) 等50余项政策文件。同时制定发布了《社区养老服务管理规范》《居家养老服务管理规范》等9个地方标准。既建立了扶持社会力量参与居家和社区养老服务的优惠政策，又完善了居家和社区养老服务设施的管理制度。

(二) 大力推动医养结合和家庭医生制

成都市制定出台了《成都市卫生和计划生育委员会关于进一步推进医养结合工作的实施意见》(成卫计发〔2017〕5号)。每年免费为60岁以上的老年人提供健康体检服务。以老年人、慢性病人、残疾人及贫困居民等人群为重点，以家庭医生团队服务为推手，有序有效开展基本医疗、健康教育、预防接种、健康咨询、康复理疗等医疗卫生服务。到2017年年底，65岁以上居家养老人群“家庭医生”签约覆盖率达50%，健康管理率达65%，为老年人提供挂号、就医绿色通道的医疗机构达65%，开设老年病专业（门诊及住院）的二级以上综合医院达65%，老年人健康养老服务可及性明显

提升。2016年年底，全市管理高血压患者155.87万人，糖尿病患者69.14万人；免费为老年人接种肺炎疫苗累计97万余人次，为65岁以上老人年实施中医药健康管理服务达89.45万人次。

（三）创新性构建社区微型养老机构

成都市实现城市社区居家和社区养老服务模式创新，并在全省推广。2012年，在城市社区充分利用社区综合服务设施或闲置资产，按照“就近就便、因地制宜、小型多样、功能配套”的要求，在全市推行床位设置10—30张，兼具24小时全托服务、日间照料服务、节假日临托服务、居家上门服务等功能的社区微型养老机构建设。依托这种嵌入式社区微型养老机构，为老人提供24小时全托服务，满足老年人既能享受较为专业的照料服务，又不离亲情、不离熟悉环境的养老需求，深受老人及亲属的欢迎。目前，全市建有社区微型养老机构219个，覆盖了中心城区所有街道和郊区县的政府驻地镇、重点镇及优先发展重点镇。

（四）加快农村地区嵌入式养老发展

成都市实现了农村居家和社区养老服务模式创新，并在全国推广。在农村社区开展农村居家养老服务中心建设，三年共建设了150个点位。农村居家养老服务中心建设遵循面向老人、立足实用、不拘形式、注重实效的原则，坚持政府主导与社会参与相结合，购买服务与市场化运作相结合，专业化服务与志愿者服务相结合，无偿、低偿与有偿相结合，为农村60岁以上老人提供生活照料、家政维修、文化娱乐、卫生保健等个性化居家养老服务。在此基础上，以农村居家养老服务中心为平台，按照服务覆盖半径，每个中心下设不少于5个养老服务站点，探索出了“一中心、多站点、重巡访”的农村居家和社区养老服务模式，填补了全国空白，该模式创新地解决了农村丘陵地区养老难题。

（五）成都市嵌入式养老发展的评测建议

一是进一步深化社区居家养老服务改革创新，推动社区居家养老服务供给侧改革。对此，要因地制宜、因势利导，拓展居家和社区养老服务内涵，既要满足老年人多元化的服务需求，又要突出对高龄、失能、独居老年人的关爱照料。

二是进一步加强政策创制，结合成都市实际出台、完善居家养老服务政策法规。针对养老服务新的形势要求和老年人的实际需求，对各项保障制度进行整合衔接，为可持续发展居家和社区养老服务提供政策保障。

三是进一步深化"互联网+养老"的工作理念，加快建设市本级政府单位信息服务平台。精准对接老年人各项需求，实现网上全流程受理、监管，充分发挥信息化手段在居家和社区养老服务工作的提速增效作用。

二　昆明市嵌入式养老的任务评测

（一）颁布养老基础设施建设标准

昆明市制定下发了《昆明市城乡社区居家养老服务设施建设及运营管理实施意见》（昆老办〔2016〕29号），明确了居家养老服务中心建设规模：城市800平方米、农村400平方米；明确运营补助标准，城乡公办运营居家养老中心、民办居家养老中心，每年每个点给予2.4万元运营补助，每个居家养老中心城市按照老年人口数量设5—7名服务人员、农村按照老年人口数量设3—5名服务人员。开展新建居家和社区养老服务设施与住宅配套建设，住宅建筑面积5万平方米以上的，按照不低于住宅建筑面积0.3%的比例配建养老服务设施（每处建筑面积不低于150平方米），配建的养老服务设施纳入公建配套范畴，按照《昆明市居住区公益性服务设施配建标准》与住宅建设项目同步规划、同步建设、同步验收、同步移交县级民政部门统一调配使用。

（二）促进农村地区嵌入式养老发展

建立了农村空巢（独居、留守）老年人的定期巡访制度。在农村建立居家养老服务中心，由中心服务人员进行巡访，送饭送水。没有建立居家养老中心的由村委会工作人员包户巡访。

2个及以上农村敬老院等农村养老服务设施发展成为区域性养

老服务中心。昆明市整合养老服务资源，对规模较小、条件相对较差的农村敬老院，进行合并，建立县级中心敬老院。安排了专项资金用于农村居家和社区养老服务。按照昆老办〔2016〕29号、昆老委〔2017〕1号文件要求，到2020年养老服务设施农村覆盖率达60%以上，每年建设农村居家养老中心20个左右，每年安排近800万元用于农村居家养老中心建设。

（三）推进智慧养老社区建设

官渡区柏寿老年公寓智慧养老服务平台是昆明市智慧养老社区的重要试点工程。对养老服务机构提供规范管理、运营，机构、家庭、老年人三方互动，大大提升了服务满意度。2016年、2017年作为云南省智慧养老服务带头人，作为云南省的样板，官渡区被云南省树为："机构养老、社区照料、义工援助、邻里互助、亲情慰藉、协会维权"六位一体的养老服务"官渡模式"。官渡区建立35个居家养老中心、民办养老机构12家。中心配套休息室、康体室、谈心室、阅览室、棋牌室、健身室、餐饮室等功能，为老年人提供生活照料、医疗保健、康体健身、文化娱乐、法律维权、心理咨询等多项服务，直接受益人群3万余人，间接受益人群12万余人，促进社会和谐稳定。

第六节　我国嵌入式养老试点监管的困境与对策

一　我国嵌入式养老试点监管的困境

（一）监管主体缺乏数据共享导致协同治理"困境"

养老服务监管涉及民政、财政、卫健、公安消防、工商等多部门，缺乏数据资源共享，制约了这些部门的监督作用的有效发挥。一是在事前监管方面，《养老机构设立许可办法》第十二条规定，申请设立养老机构，应当向许可机关提交"建设单位竣工验收合格证明，卫生防疫、环境保护部门的验收报告或者审查意见，以及公安消防部门出具的建设工程消防设计审核、消防验收合格意见，或者消防备案凭证”等材料，涉及住建、卫生防疫、环保、公安消防等多个部门。在一些地方具体执行时，由于缺少对上报申请材料的数据共享和对许可事项的认识不同，会出现审查意见时互为前置，出现养老机构在“跑证盖章”时常遇“多次往返”等现象，导致了交易成本高的问题，影响了社会力量参与养老服务业发展的积极性。二是在事中监管方面，目前各部门对养老服务监管存在职能定位模糊、责任分工不明、职能交叉等问题。对于养老服务组织的服务专业度、整合资源和可持续运营能力等影响养老服务质量的因素，缺乏数据支持，难以进行科学的量化评估。对出现老年人的侵权事件，如某些养老机构对老年人所收的会员费金额巨大，一旦养老机构经营不善，或经营者恶意转移资金、抽逃资金等导致资金链断裂，就会出现入院老年人遭受巨大损失，由于缺乏数据和资源共享，监管部门对养老机构的收费、会费的使用情况及流向，不能依法、及时、有效监管，保障老年人的合法权益和打击养老领域违法违规的难度加大。三是在事后监管方面，退出机制缺失，监管闭环尚未形成。对不具备相关条件且多次整改不到位的养老机构，缺乏执行细则、数据共享和向社会公示机制等，难以对其设施设备、人员情况、经营状况、服务水平等情况进行及时信息披露，导致对违法、违规的养老机构，实施停业、撤销、取缔等监管处罚时，没有起到失信惩戒的足够震慑。

（二）监管手段缺乏数据支撑导致实时检查“困境”

目前，监管手段还比较传统，以实地检查、查阅资料和听取汇报为主，方式较为单一，时效性差。一是养老服务信息共享不健全。养老服务综合信息平台、老年人居家呼叫服务系统和养老服务管理系统尚未形成统一共享机制，限制了政府监管部门、养老服务提供商、社区与居民之间养老信息和资源的互通共享，没有形成对养老服务质量的实时监测和数据反馈，尚未达到动态监管的目的。

二是养老服务供求信息不匹配。目前，受传统观念、文化水平、生活习惯、身体状况等多种因素影响，老年人在养老消费理念和消费能力上也存在不足；一些从事养老服务的企业欠缺深入分析和了解老年人多元化、多层次、多类型的需求，对老年人的服务需求和供给等信息缺乏整合与对接，缺少及时跟踪和评价服务效率、效果情况，没有实现服务需求、供给、监督、反馈闭环管理，既影响了服务的效率，限制了服务规模的扩大，也不利于实时监管服务提供情况。三是养老服务信息管理不衔接。由于养老服务管理大数据平台尚未建立，缺乏把养老服务的标准化和信息化有效衔接，缺乏对养老机构建设标准、服务管理、等级评定、护理员培训鉴定、服务质量和入住对象评估等养老服务行业规范标准的宣贯，不能通过数据平台来实时掌握行业情况，这不利于养老服务标准化服务意识提升，从而制约了养老机构服务监管能力的有效发挥。

（三）监管结果缺乏数据反馈导致效果评估“困境”

养老服务质量监管应以实时数据反馈促进管理水平和服务质量的提高。但在实际过程中，存在两个方面的问题：一是缺乏数据反馈机制，难以形成科学的奖惩机制。没有基于大数据平台关于管理和服务的实时记录，很难将有不良行为的养老机构记入黑名单，对于评估考核结果为优秀的服务提供商，对经评定成为信用良好的养老服务组织以及社会反响良好的养老服务组织负责人、工作人员，缺少形成激励机制的数据基础，导致在补贴激励、等级评定、项目申报、荣誉表彰上主观判定的色彩较浓，难以有效调动养老机构的积极性。二是缺乏数据支撑，养老服务监管难凸显。随着养老服务业发展，管理难度随之增加，开展监督检查工作难度不断增大。地方民政部门的工作量与日俱增，面临着人手不足的窘境。政府在“管扶并举”的过程中，养老服务工作对监管人员的专业性要求也越来越高，了解养老服务专业知识又具备信息化知识能力的专业人才十分匮乏，不能做到实时高效的监督和管理，监管存在一定的滞后性。没有专业的执法队伍，执法工作由业务人员兼任，存在不够专业、缺乏经验、难以形成监管合力等问题。

二　我国嵌入式养老试点监管的对策

（一）构建大数据共享机制，提升协同监管能力

一是推动数据集成，提升服务监管能力。加强民政与卫健、公安、人社等部门合作，完善信息资源共享机制，实现跨部门、跨层级、跨业务的全面信息共享，打破“信息孤岛”，建立联合审批制度，统筹解决养老机构许可审批工作。加快建立统一的养老服务数据监管对接平台。如在消防安全方面，与消防部门联网，把养老机构内监控探头纳入消防监控网络，并接入应急指挥中心；在医疗管理方面，与卫健部门联网，监控养老机构内设医疗机构运营管理；在医保报销方面，与人社部门联网，实现在院老人医疗费用的实时结算；在老年人补贴发放方面，与民政部门低保数据和老龄部门数据联网，为补贴发放提供数据支持。

二是加强数据共享，提升资金监管能力。建立健全养老服务信息化监管的平台或功能，将资金管理、服务监管、信息公示、政策宣传等功能实现平台化“一站式”管理，通过信息平台的全过程跟踪监管，做到服务“留痕迹、有记录、可追溯”，实现服务效果、履约情况、服务质量的公开透明，同时通过建立信用体系、黑名单和信息共享等制度，健全完善长效监管机制。通过信息联网、公示、收入系统核对等方式，加强对政府补贴资金使用的监管，对通过瞒报、造假等方式骗取财政补贴的个人和机构，依法予以处罚。尤其是加强对政府投资举办或者接受政府补助的养老机构财务状况的审计监督，并依法向社会公布审计结果，确保政府补贴资金落到实处。

三是强化数据使用，提升安全监管能力。依托大数据平台，建立健全民政、消防、食药监、卫计委、街道等多部门安全管理工作信息联络机制，依法对养老机构进行消防安全检查并建立动态台账，对发现的消防违法行为和火灾隐患要依法追究责任。建立安全工作网上例会制度，定期通报养老机构存在的安全隐患和整改情

况。定期组织养老机构消防安全网上工作现场会，强化养老机构负责人和员工的安全责任意识。加强养老机构市场行为和风险监管，通过限定会员制企业注册资金、限定年限、限定额度、交纳保障金等，规避会员制养老服务企业运营潜在风险。

（二）依托大数据反馈机制，提升过程监管能力

依托大数据的实时反馈机制，不断创新监管方式，充分发挥多种手段在事前、事中、事后监管中的作用，不断提升监管实效。明确监管底线，确保养老服务质量和安全。一方面，从政府层面，依托大数据反馈机制，坚持监管和扶助并重。通过大数据及信息化系统，在设立许可、享受财政补贴和税收优惠政策、政府购买服务等方面，建立跨部门联动响应和失信约束机制，录入失信法人和企业名单，对违法养老机构予以限制或禁入。在日常服务方面，留存日常服务记录。在日间照料、呼叫服务、助餐服务、健康指导、文化娱乐和心理慰藉等方面，督促服务机构结合老年人生理特点、身体状况、个性需求制订服务计划，保留提供服务的相关资料和记录，将服务记录的完整性、实用性纳入日常监管考核指标体系，预防因服务不当而产生的养老纠纷。坚持资金政策扶持和监管评价结果有机结合，以结果导向促进过程中管理水平和服务质量的提高。

另一方面，从企业层面，依托大数据反馈机制，强化内部服务管理。“大数据 + 养老服务”产生的数据应当全程留痕，可查询、可追溯，满足行业监管需求。通过大数据服务管理系统对服务人员进行实时全流程监控，包括对服务人员上门时间、服务起止时间、服务结算、电话回访以及服务对象的满意程度等进行全流程监控，运用 GPS 等互联网定位技术，加大对服务人员的管理，确保为老年人提供安全、高质量的服务。为老年人提供养老服务申请、养老服务情况查询、养老服务投诉建议等服务。实现社区养老服务中心、老年人、老年用品、养老服务供应之间的有机联系和信息共享，提高为老服务的查询、统计、分析、核算能力，有助于提高各社区养老服务中心的运营管理能力，提高老年人服务体验的满意度。

（三）依托大数据发布机制，提升社会监督能力

通过大数据平台，拓宽公众参与社会监督的渠道和方式，建立公众举报受理平台，鼓励通过互联网、举报电话、投诉信箱等反映养老机构在服务质量等方面的问题。一是依托大数据平台，鼓励社会力量广泛参与监督，推动养老机构提高运营管理水平。强化舆论监督，曝光典型案件，提高公众认知和防范能力，建立投诉处罚机制，创造条件鼓励群众积极举报养老机构运营和服务中的违法行为。通过行业信息数据库建设，充分发挥行业协会对促进养老服务行业规范发展的重要作用，委托专业机构开展监管效果评估，推进监管执法和行业自律的良性互动。积极发挥评估、认证等专业服务机构的监督作用，积极构建第三方评估机制，培育、发展社会信用评价机构，支持开展养老机构信用评级。

二是依托大数据平台，强化行业监管。建立养老机构监管信息披露制度，加强对养老机构的名称、住所、法定代表人或主要负责人、服务范围等设立许可证载明事项的变化进行监督检查。充分发挥行业协会对促进养老服务行业规范发展的重要作用，完善行业自律，制定行业规范，通过行业协会及其他专业机构开展养老机构人员、服务、管理运营方面的评价评估，评估结果向社会公布。建立行业失信“黑名单”制度，对违法关停或违规使用补贴补助资金的养老机构运营者予以行业通报。

第五章 我国嵌入式养老模式的共性特征与发展桎梏

本章主题是我国嵌入式养老模式的共性特征与发展桎梏。一是嵌入式养老模式的共性特征包括多元主体协同的关系嵌入、养老体系基石的结构嵌入、养老资源整合的功能嵌入、养老能力提升的制度嵌入和养老服务升级的文化嵌入；二是我国嵌入式养老模式的发展桎梏包括政策对接问题、资源整合问题、组织运营问题和服务管理问题。

第一节　我国嵌入式养老模式的共性特征

嵌入式养老是以社会嵌入理论来诠释居家养老的一种新模式，其整合家庭养老、社区养老和机构养老的功能优势，统筹微观（家庭、社区）—中观（企事业单位、社会组织）—宏观（地方政府、中央政府）社会网络的合作资源，融合国际发展趋势、国内政策导向和传统文化习俗，将普惠性、保障性、辐射性养老服务嵌入老年人身边、床边和周边，从而提升原居养老、在地养老、居家养老的服务质效。

一　多元主体协同的关系嵌入

关系型嵌入下的嵌入式养老载体与不同网络主体产生了三种关

系类型（见表5-1），形成了多元主体协同的关系嵌入模式。微观层次上，嵌入式养老载体与社区老人和服务人员是委托代理关系；中观层次上，嵌入式养老载体与养老企业、社会组织是连锁加盟关系；宏观层次上，嵌入式养老载体与政府部门和社区组织是扶管并举关系。

表5-1　　嵌入式养老载体关系性嵌入

嵌入层次	嵌入者	被嵌入者	嵌入关系
微观	嵌入式养老载体	社区老人、服务人员	委托代理关系
中观	嵌入式养老载体	养老企业、社会组织	连锁加盟关系
宏观	嵌入式养老载体	政府部门、社区组织	扶管并举关系

（一）多元主体协同的关系嵌入类型

一是委托服务关系。嵌入式养老载体在微观的社会个体层次上与社区老人和服务人员建立委托服务关系，作为养老服务的社区站点，需要服务好社区老人。嵌入式养老载体需要提前对所在社区及其周边的老人进行系统摸底，根据服务对象的年龄分布、身体条件、家庭情况、经济状况等提供特色化、个性化、专业化服务。社区老人可以在家门口享受养老服务，节省了时间成本和经济成本，强化了养老服务驿站的公益属性。嵌入式养老载体与机构内常任或临时服务人员间存在劳务关系，嵌入式养老载体有权力对服务人员的服务资质、服务质量和服务效率进行把控和考核，同时也需要承担养老服务人员定期培训、工资奖金、福利保障等责任，免除其后顾之忧。

二是协同合作关系。嵌入式养老载体在中观的社会组织层次上与养老企业和社会组织建立协同合作关系，作为养老服务的集成平台，需要与养老企业和社会组织加强业务合作和职能对接。政府相关部门鼓励和支持嵌入式养老载体在经营管理上实现品牌化和连锁化经营，整合社区内部和周边的养老设施和养老资源，分担嵌入式养老载体经营管理和运营成本。在嵌入式养老载体招标项目中，社区首选具有一定经营资质、经营规模、良好信誉和服务质量的社会机构。嵌入式养老载体通过内部设置、整合管理、加盟连锁、联系引进等方式与专业化社会服务机构或养老企业建立联系，以合约形式确立双方权责关系，整合多个为老服务组织的业务项目和经营内容，以提供涵盖日间照料、呼叫服务、助餐服务、健康指导、文化娱乐和心理慰藉等方面的服务。

三是扶管并举关系。嵌入式养老载体在宏观的公共部门层次上与政府部门和社区组织建立扶管并举关系，作为养老服务的托底保障，需要在加大政策支持力度的同时做好监督管理工作。政府部门为嵌入式养老载体发展提供运营补助、装修改造补助、床位补贴、餐费补贴、失能护理补贴、税收优惠等资金性支持，同时还提供经营场地、服务设备等资源性支持。给予每个已运营嵌入式养老载体运营补助支持，需要做到专款专用。政府通过资源整合、置换、新建、购买、租赁等方式无偿提供服务设施。此外，政府部门还对嵌入式养老载体在硬件设施、人员管理、服务管理、服务资费、风险管理等方面作出规范，建立嵌入式养老载体绩效考核和财务审计制度，对不合格、不合规机构及时清理，完善退出机制。

（二）多元主体协同的关系嵌入优化

一是优化与服务对象的信任关系。嵌入式养老载体与社区老年人契约模式的核心是信任关系，向老年消费者不断强化服务质量和品牌形象，提升驿站的接受度和认可度。嵌入式养老载体运营应做好辐射区域的宣传和宣讲工作，采取入户宣讲和定期宣讲相结合的形式，便于社区老年人知晓并深入了解，扩大驿站的影响力和知名度。嵌入式养老载体建立定期公示制度，将企业运营资质、管理规范、质量标准、定价标准、服务人员资质、评估结果等信息透明化，便于社区老年人按需、自主选择服务。嵌入式养老载体的评估可采取实地调查、随机抽查、背靠背满意度调查等形式。在服务对象评估中充分征集社区老年人及其家属的建议和反馈，妥善处理服务投诉和服务纠纷，保障社区老年人的消费者权益，逐渐打破传统文化和消费习惯的藩篱，免除消费者后顾之忧。

二是优化与企业机构的合作关系。嵌入式养老载体与企业机构连锁加盟模式需要建立良好的合作关系，在资源整合上发挥规模优势，在企业信誉树立上发挥品牌优势，在产品服务供应上发挥标准优势。嵌入式养老载体与服务运营商做到有机融合、协调发展，在社区规划布局、改建扩建中，将原有设施资源与社区居家养老服务相结合。嵌入式养老载体与企业、社会组织、志愿者的合作关系需要建立在公开透明合法的合同机制上，尤其在外包服务中合理分配双方的权利和责任，明确规定服务内容、服务类别、服务标准等。政府部门和社区组织在嵌入式养老载体招标过程中，应适当向专业化、连锁化、品牌化运营团队倾斜，从准入机制上推动规模、品牌经营，保障服务质量和运营能力，形成带动效应和辐射效应。

三是优化与公共部门的监管关系。嵌入式养老载体与公共部门监管关系需达成协同平衡态势。统筹各区县优惠扶持政策，处理好特色建设与统一推进的关系，在部分区县前期试点成功的基础上尽快在各区出台全局性、协同性优惠政策，涵盖土地供应、投融资支持、税费优惠、人才培养、运营指导等方面。嵌入式养老载体应聚焦组织运营发展和创新盈利模式，而不单纯或过度依赖政策补贴。嵌入式养老载体监管政策应坚持事前事中事后的全程管理，避免重结果轻过程、重事后轻事前、重准入轻退出的失衡管理。监管主体应遵循360度评估方法，涵盖民政、老龄部门、街道、社区居委会、第三方评估机构等专业部门以及社区老年人等相关群体。

二　养老体系基石的结构嵌入

嵌入性治理中结构嵌入的研究视角，着眼于社会主体在整体网络中的相对位置和特有功能，嵌入式养老载体在养老服务体系中处于基础和基层地位，是整个养老体系的托底工程。嵌入式养老的依托载体是养老服务体系的基础，也是老年人就近养老、在地养老的载体，无论运营属性如何，其“公益微利”属性是确定的。

（一）夯实养老服务“四级”体系的基础

嵌入式养老载体作为市、区、街道、社区四级养老服务体系的基础和基石，是市、区、街道养老服务的辐射和延伸，是社区养老服务资源的整合和对接。嵌入式养老的推行，形成了四级养老服务的完整体系，有助于打造规划正确、分工明确、功能准确的养老服务平台。嵌入式养老载体盘活了四级养老服务体系，形成了互融互通、共享共建、协同协作的有效治理模式。以北京市为例，养老服务驿站的整体规划、行业发展、总体调度等职能隶属于市级层面，养老服务驿站的统筹协调、功能布局、监管指导等职能隶属于区级层面。养老服务驿站与街道养老照料中心优势互补、资源共享、功能相融，形成居家养老服务的共同体和联合体，服务于北京市老龄发展事业和养老服务体系建设。

（二）优化社区老人“三边”服务的载体

嵌入式养老载体作为社区老年人周边服务、身边服务、床边服务的供给主体和重要载体，在服务社区老年人的可及性、便利性和持续性方面有较强优势。社区老年人周边服务打造 3 公里辐射圈，统筹养老照料中心和养老服务驿站等居家养老资源，整合机构养老服务，对接社区中经济状况和身体状况较差的老年弱势群体，提供长期照护、日间照料、全托或半托服务。社区老年人身边服务打造 1 公里服务圈，嵌入式养老载体是社区养老服务的集成和综合，对接社区中自理或半自理老年群体，建设没有围墙的养老院，满足社区老年人就地养老的普遍诉求。社区老年人床边服务即上门养老服务，发挥嵌入式养老载体的入户延伸功能，对接不同生活能力或服务层次老年人的上门服务需求，整合居家养老和社区养老。

（三）强化养老产品“公益”属性的集成

各地已纷纷出台制订嵌入式养老载体相关法律规划，如《关于开展社区养老服务驿站建设的意见》《北京市社区养老服务驿站建设规划（2016—2020 年）》《上海市社区居家养老服务规范》，从法理上确认嵌入式养老载体低偿、微利运营的服务价值，因养老产品和养老服务属于社会保障和公共福利范畴，应强化嵌入式养老载体所提供公共产品的公益属性。政府每年安排支持老龄专项资金，在居家养老方面投入较大，并设立专门的养老产业发展投资基金。嵌入式养老载体的准入采取公开招投标形式，采取民营、公私合营、民建公助等运营形式；嵌入式养老载体的运营获得市政配套资金支持，在机构建设中享受国家补贴和优惠政策，机构场地设施和设备器械由地方政府或社区无偿或低价提供；嵌入式养老载体的部分养老产品和服务通过消费补贴或政府购买形式供给，从根本上决定其公益产品属性。

三　养老资源整合的功能嵌入

嵌入性治理中功能嵌入的研究视角着眼于嵌入的效果和嵌入的效率。嵌入式养老的功能嵌入特征，着眼于对老年人需求的满足程度和对养老服务体系的完善程度，能够满足基本的、必要的养老服务需求，也能够满足更高层次、个性化的养老服务需求，同时对与日俱增的社区医养结合功能也是有益补充。

（一）夯实嵌入式养老载体基本功能

嵌入式养老载体的基本功能具有受益人群较多、辐射范围较广、需求层次基础等特点，应练好基本功、筑牢基本面，凸显养老服务驿站的核心价值和使命任务。嵌入式养老载体应当精准对接服务人群，尤其是经过权威部门评估筛选的失能、失智、失独、高龄、特殊困难等弱势老年群体，同时兼顾服务自理、半自理社区老年人。嵌入式养老载体应夯实基本功能，并将此作为机构稳步、可持续发展的重要抓手，从身心健康、生活照料和社会交往等基本需求层次入手，涵盖生活照料、呼叫服务、助餐服务、健康指导、文化娱乐和心理慰藉。嵌入式养老载体应凸显“照护”功能，为社区老年人及其家庭提供短期照料、日间照料或喘息服务，有条件的养老服务机构可提供预约上门服务或签约式服务。

（二）开发嵌入式养老载体延伸功能

嵌入式养老载体的延伸功能应着眼社区老年人更高层次服务需

求，充分调动社会志愿力量和社区原有资源，大胆创新、勇于实践，开发拓展新的运营模式和盈利增长点。嵌入式养老载体可与志愿者协会、慈善组织或公益组织建立长期定向合作关系，也可借鉴国外社区养老的“时间储蓄”制度，在心理咨询、养生保健、日常照护、娱乐休闲等方面引入志愿者或低龄老年人志愿服务，最大限度开发利用社会资源和老年人力资本，为养老服务队伍注入新鲜血液和能量。嵌入式养老载体可与家政服务公司建立合作关系，从原有单一的家政服务拓展到日间照料、康复护理、居室适老化设计改造等服务。

（三）推动嵌入式养老载体医养结合

嵌入式养老载体应强化医养结合服务，政府部门尽快出台社区层面统筹性医疗护理保障制度，嵌入式养老载体可通过服务外包、定点合作等方式，弥补医疗护理职能短板。在医养融合制度层面，政府部门应健全完善家庭病房、双向转诊、长期护理保险、签约家庭医生等制度。部分嵌入式养老载体与社区医院、周边医疗机构、康护机构等对接合作，整合社区周边分散的医护资源，形成提供全科门诊、护理服务、康复服务、保健服务、巡诊探访、紧急救助、入户诊疗等多层次、便捷化、低价位医养护服务结合体。

四　养老能力提升的制度嵌入

嵌入性治理中制度嵌入的研究视角，着眼于对于嵌入对象和嵌入主体制度建设和组织发展层次的作用。嵌入式养老的制度嵌入特征表现为能够对嵌入式养老载体的服务运营能力、标准管控能力和全面风险管理能力进行进一步优化和提升。

（一）嵌入式养老载体的运营能力建设

嵌入式养老载体应专注于老年人服务需求和服务质量，精准对接社区老年人多层次需求，提供收费合理、质量过硬的养老服务。政府部门协助搭建门户网站和信息数据库，包括老年人居家养老服务需求数据库、养老服务企业与服务项目信息库和养老服务从业人员数据库等。嵌入式养老载体与信息科技公司合作，研发推广一系列智慧养老服务产品和设施，涵盖安全防护、疾病预警、防走失、防诈骗等功能，努力打造社区老年人安全防护网。

（二）嵌入式养老载体的服务质量控制

嵌入式养老载体的养老服务应建立全面质量和标准管理机制，涵盖服务人员资质审核、服务质量标准、晋升及退出机制等方面。在人才培养机制上，构建养老服务人才培养专业教育、职业教育、社会培训等培养体系，加强校企合作、实习实践，资格认定上突出职业道德、专业知识与专业技能考核并重。在过程管理上，公共部门和服务机构合作制定养老服务质量标准评估体系和职业标准说明书，将其作为养老服务人员定期考核、职业生涯发展、奖惩管理的重要依据。在退出机制上，对于存在重大失误造成恶劣影响的从业人员实行“一票否决制”，取消其从业资格并依法追究其责任。

（三）嵌入式养老载体的全面风险管理

嵌入式养老载体应建立全面风险管理机制，提高预防风险、管理风险和处置风险能力。在预防风险方面，嵌入式养老载体应在政府部门扶持下，购买机构责任保险，并鼓励社区老年人购买意外伤害保险，预先签订服务协议或知情同意书，事前沟通确立双方权利义务责任。在管理风险方面，对辖区内风险高发或易发场所及设施进行定期排查，按照《社区养老服务设施设计和服务标准》，实施社区无障碍养老服务设施改造和建设，推进嵌入式养老载体科学合理规范布局。在处置风险方面，建立机构常见风险处置规范流程的制度化标准化体系，建立风险管理负责人制度，并定期针对地震、火灾、老年人疾病等突发事件进行风险模拟演练，提高风险处置实战能力。

五　养老服务升级的文化嵌入

嵌入性治理中文化嵌入的研究视角着眼于对嵌入对象通过文化传统、价值观念进行影响以增强相互认同和互惠。嵌入式养老的文化嵌入特征，表现为关注重视并充分满足老年人的文化需求和精神需求，不断对中华民族优秀传统孝道文化进行继承和创新。

（一）积极挖掘社区文化养老项目

嵌入式养老载体应充分依托社区居委会层次，发挥和调动社区老年人和其他居民的积极性和主动性，不断培育和开发多样化文化养老社会团队和邻里互助小组，满足老年群体的精神文化需求。一般来看，部分群众基础较好、参与度较高、社会资源丰富的社区文化建设活动效果较好，可以成立兴趣娱乐小组，如舞蹈队、唱歌队、书法队、摄影队、棋牌队、健身队等。老旧小区、村转居小区多数为老龄化社区，留守老人较多，离退休职工较多，老年人口比例较大，有开展文化活动的强烈需求。且社区居民间熟悉程度好，邻里间交往比较密切，便于文化活动的组织和开展。在开展文化活动中部分具有一技之长和兴趣爱好的老年人表现比较积极突出，尤其是以老党员、老干部、老文艺工作者、业余爱好者组成的骨干在社区文化建设中表现亮眼，能够起到模范带头作用，居民文化建设的参与度和满意度整体较高。

（二）大力发展社区文化服务产业

嵌入式养老载体应充分集合社会公益力量和文化产业市场资源，提供社区文化服务场所，拓宽社区文化服务资源，不断推出求新求变、丰富多彩的公益性和微利性文化活动。充分调动社会志愿者力量，结合农村地区“文化下乡”“文化送温暖”“文化大集”等活动，为城乡留守老人、空巢老人和其他老年人生活带来欢声笑语，提高老年人精神慰藉和文化生活水平。充分整合周边文化资源，如博物馆、文化馆、艺术馆、图书馆、展览馆、剧院、戏院、演出场馆等资源，面向城乡社区老年群体推出优惠票、团体票和公益票，关注老年需求点和兴趣点，推出迎合老年品位和欣赏层次的文化项目。充分整合本土化和国际化文化产业资源，面向老年群体打造优质文化旅游项目和文化旅游线路，向老年人推出优质康养和疗养资源，推动老年群体消费升级。

（三）继承创新孝老敬老文化传统

重视和完善社区养老的文化嵌入，是对中华民族优秀传统孝道文化的继承和创新，是培育和践行社会主义核心价值观、提升我国文化软实力的重要途径之一。我国素有尊老、敬老、爱老、助老的悠久历史和光荣传统，古语有云“百善孝为先”，在我国现代社区建设中，也有诸多以孝老爱亲而著称的示范小区，让我国的孝文化不断传承和发展。社区养老的文化嵌入使孝道教育不囿于家庭教育和学校教育，在社区和社会中形成无形熏陶和潜在感染，让社区居民通过更为丰富多彩的形式和方法，关注老年人、关爱老年人和帮扶老年人，有助于社区文化的传承和正能量的传播，有助于建设和谐宜居社区。并以好家风带民风、促政风、正社风，最终将一股股精神细流，汇集成地区和国家创新奋进的源头活水。

第二节　我国嵌入式养老模式的发展桎梏

一　政策对接问题

（一）缺乏整体规划和落实细则

从宏观调控的角度来看，目前还没有统一的鼓励并扶持居家养老的政策规范，尤其是政策出台缺乏整体规划，这在很大程度上制约了家庭养老发展的广度与深度。嵌入式养老政策目前在顶层设计上缺乏一致性、连贯性和整体性的战略规划和发展指导，难以形成政策前瞻和政策合力；嵌入式养老政策涉及多个职能部门，如社会保障部门、医疗卫生部门、住房建设部门、人力资源部门等，目前尚未形成高效优质的综合调度和部门协同；缺乏对社区老年人养老需求的精准对接，直接导致政策难以有效满足养老需求的问题。另外，各省对家庭养老的政策支持力度不一，部分已出台相关居家养老服务的促进条例，但未能形成有效的落实机制，部分还处于倡导阶段，实施效果较差。政策在实施过程中缺乏多个部门的协调与配合，尤其是税收政策并未向居家养老方面倾斜，个人所得税的税率优惠依然不能惠及老年家庭。整体规划与落实细则的缺乏，弱化了居家养老服务的社会支持系统，不利于调动各地区有步骤分阶段推进居家养老服务的发展。

（二）政策优惠扶持力度不均衡

目前我国社区居家养老支持政策尚不健全，甚至有些政策削弱了居家养老的功能。同时，从现有的居家养老支持政策来看，呈现出明显的碎片化状态，居家养老相关的政策散见于人口、卫生计生、民政、公安等多个部门，尚未形成专门的家庭养老支持政策。嵌入式养老政策的执行出现了力度和效果不协同问题，政府扶持机制执行不健全，出现区域间、城乡间、体制内外老年群体福祉和权益保障水平不平衡的情况；嵌入式养老政策在执行效果上出现了地方具体落实政策与中央上级指导方针不完全一致的情况，地方政府并未完全领会和落实中央精神，出现政策制定初衷与政策执行效果相矛盾的情况。现行居家养老支持政策虽然涵盖经济保障、医疗卫生、照护服务等方面，但覆盖范围较窄，针对低收入和失能老人的补缺型政策居多，普惠型政策较少，未能形成多层次居家养老政策支持框架。针对嵌入式养老载体的优惠政策供给不均衡，出现同等条件下补贴力度、补贴领域、补贴标准、优惠减免力度不同的情况。仅少数区域试点社区居家养老服务试点中设立定点医疗保险报销制度、护理保险报销制度，其他大部分地区尚未出台相关政策。

（三）监管和评估机制不完善

政府在嵌入式养老载体的监管过程中处于核心和主导地位，但当前全流程监管体系尚未落实，尤其针对嵌入式养老载体的准入机制、绩效考核机制、退出机制尚未普遍形成，各地方政府监管政策进程步调不一致。社会监督体系不完善，主要由社区老年人和专业评估机构参与度低导致。已有的评估监督模式以嵌入式养老机构自我评价和街道办事处层次小范围评价为主，集中于对服务时长、服务项目数量和投诉情况的评估。当前社区老年人参与嵌入式养老载体监督较少，对嵌入式养老载体发展和改进的话语权和决策权较少，社区老年人的需求和建议难以得到有效满足和及时反馈。嵌入式养老载体的社会监督体系中专业测评机构参与度较低，社会第三方专业评估机构如财务审计机构、建筑质量审核机构、服务标准监管机构等并未完全发挥作用，难以形成效度和信度并存的社会监督评估体系。

二 资源整合问题

（一）家庭养老功能弱化

与传统家庭养老相比，现代家庭养老的经济支持比重下降，子女在照顾支持和精神慰藉方面的功能弱化，加之传统孝文化观念的淡薄，人口流动范围增大，都使家庭支持养老面临着严峻的挑战。目前我国的家庭养老模式仍然延续着代际反馈的模式，但这种模式已在现代化条件下出现了瓦解和分化的趋势，子女与老人在时空层面上分离，子女在外出工作的时间里，老人的医疗、救护等需求就难以及时满足。比如对老人生病往往不能立即知晓，老人外出发生意外时不能迅速回应，这些隐患又让子女倾向于机构养老模式。以代际传递为特征的家庭养老模式过于单一，难以适应现代社会传统家庭养老功能弱化的形势。当前我国老龄产业市场不断升温，2015年我国城乡老年人自报需要照护服务的比例为15.3%，比2000年的6.6%上升近9个百分点，预计到2020年我国老年消费市场规模将达到3.3万亿元，如此巨大的养老服务需求仍未得到满足。据北京市调查发现，助餐、上门看病和上门做家务是老人需求排列的前三项，分别为23%、22%和21%。绝大多数的老人都有看病需求，失能老人更需要翻身、喂饭、洗澡等照料服务，但子女求学、工作在外，陪同就医、提醒吃药、上门护理等老年人及其家庭对养老服务提出的需求和期待，也给政府和社会带来了压力和挑战。

（二）养老社会化进展缓慢

目前居家养老服务的经费主要来源于民政部门，而民政部门筹集居家养老的渠道主要来自福利彩票中的福利金，具有较大的随意性和波动性。养老资源在社区层面的配置问题主要表现在供给主体单一，养老资源的社会化、市场化和多元化在社区层面落实效果有限；养老资源在社区层面的供给种类较为单一，多为基本生活物质需求，难以全面满足老年群体需要；养老资源供给方式较为单一，多以招投标或政府购买，缺乏市场资源、社会资源、志愿资源的有效参与，缺乏前三者与政府公共资源的互动与合作。嵌入式养老服务设施数量较少和适老化程度低。机构内部相关服务设施、设备和老年用品等，受到成本因素和场地因素的制约，在数量供应上难以满足社区老年人需求，出现排队等待或供给不足的情况。周边配套设施适老化改造难度较大、进展缓慢，尤其在老城区和农村社区较为明显。部分适老化改造工程如户外加装升降电梯推行较为缓慢。机构所在地产权不明晰、用地政策不明确，尤其是消防、抗震、防滑、报警、应急等风险预防性硬件设施改造耗时长、资费高、阻力大。资金短缺成为当前居家养老服务工作面临的最大困难，加上用地用房、税费减免、政府购买补贴等优惠政策扶持力度不大，制约了居家养老服务的快速发展。居家养老服务配套的“服务中心”“老年日托站”“配送餐服务”“一键通呼叫”等设施都缺乏经费投入。多数居家养老服务依然缺乏明确和可靠的运营主体，尤其是相对松散的义工服务影响了居家养老服务长效开展。加之服务项目难以创新，也限制了居家养老进入良性循环的轨道。特别是管理资金的来源有限，而后续资金又不能及时跟进，这就使养老服务的质量受到较大制约。

（三）养老资源配置不协调

社区养老资源配置不协调，一方面表现在城乡层面养老资源配置不均衡问题。养老资源以市场规律作为配置决定因素，城市形成天然的虹吸效应和集聚效应，直接导致农村地区的养老资源较为贫乏和落后；养老资源经过政府行政力量的调配后，由于可能存在的政府失灵和市场失灵，进一步加剧了城乡养老资源的不平衡；养老资源经过公益力量和志愿组织的协调配置，向偏远、贫困和留守人口较多的农村地区较多倾斜，但由于可能存在的志愿失灵力量有限。另一方面表现在养老资源在区域层面的配置不协调。具体为同一省市的不同区域因政策补给和政策力度不同，在养老资源的配置上出现不协调问题；养老资源在跨省的不同区域上出现不协调问题，主要由于各省市经济基础、财政条件和中央转移支付的不同，在养老资源的支出和投入上差距较大；还表现在被遴选为各种养老试点的城市与非试点城市间的不平衡，试点城市能够获得更多的地方支持和中央扶持。

三 组织运营问题

（一）机构盈利能力堪忧

嵌入式养老载体的内部运营问题表现在经营盈利能力堪忧，主要由盈利能力有限和经营成本较高导致。受孝道文化和勤俭节约等社会传统影响，加之老年人消费能力有限，社区老年人对嵌入式养老服务的购买和消费呈现谨慎和保守的特点，尤其付费项目方面消费较少。嵌入式养老载体供给的服务大多通过外包或招标形式，盈利点也随之外流，且自身供给服务如日间照料、助餐服务等利润空间较小，导致嵌入式养老载体持续发展前景不容乐观。此外，嵌入式养老载体的运营伴随着较高的经营成本，包括场地租金（部分地区减免）、水电气暖热费用（部分商用收费标准）、设备费用、人力成本、各项税费等，给机构持续运营和未来扩大经营带来较大的成本压力。

（二）风险管理能力较弱

嵌入式养老载体的内部运营问题还表现在风险管理能力较弱，主要由经营规模较小和风险管理缺失导致。受社区场地有限、老年人分布不均、资金投入不足等影响，嵌入式养老载体规模较小、服务项目有限、服务能力有限，部分处于“单打独斗”状态，品牌化、规模化、连锁化经营程度较低，不利于成本和风险的分担，不利于专业化、规范化的养老服务质量管理。部分嵌入式养老载体过度依赖政府补贴等优惠政策，对企业成本支出不敏感，对风险管理重视程度不够。对于风险高发的养老服务项目和风险集聚的老年服务人群，嵌入式养老载体尚未建立系统性、标准化的责任保险制度，尚未形成老年人日常风险预防和处置的流程和机制，缺乏风险预防、风险控制、风险处置和风险监测等全面风险管理经验和措施。

四 服务管理问题

（一）弱势老年群体保障不健全

嵌入式养老载体的外部服务问题表现在服务人群定位不准，主要由服务对象和服务内容重点不突出导致。嵌入式养老载体起步较晚、宣传较少，在社区老年人中的知晓度和信任度尚未形成，社区老年人对嵌入式养老载体的功能定位、收费标准和服务项目了解较少，因而使用或消费较少。当前，嵌入式养老载体服务的社区老年人仍以自理能力较强的老年人为主，偏离了嵌入式养老载体重点服务自理、半自理老人的初衷，尤其是社区失能、失智、失独、高龄、特殊困难等弱势老年群体仍主要依赖家庭养老。嵌入式养老载体的重点服务内容应是为社区老年人提供短托、日托服务或上门服务，而当前仍以娱乐休闲、助餐服务为主，且因大部分驿站缺少医疗人员和护理人员，并未真正凸显其“照护”功能。

（二）医疗护理养老功能较弱

嵌入式养老载体的外部服务问题另一方面表现在医养结合功能较弱，主要由专业人才缺失和职能对接不畅导致。嵌入式养老载体提供的基本职能包括生活照料和健康指导，需要一定数量的具有专业护理技能和必要医疗知识的服务人员，以便提供急救、用药、护理、康复、保健、养生等服务，但是当前具有一定医护知识的服务人员较少，且聘用全科医生的人力成本较高，因而机构难以有效承接医护服务职能。当前嵌入式养老载体与周边社区卫生服务机构或定点医院合作的职能对接和政策整合工作尚未完成，医疗风险责任分配制度尚未成型，基层医疗报销政策尚未出台，给嵌入式养老载体医养结合功能带来挑战。社区医疗服务卫生机构或定点医院医护人员日常工作量较大，难以满足社区老年人上门诊疗或护理的服务需求。

（三）养老服务人员管理问题

嵌入式养老载体的内部管理问题表现在养老服务人员问题，主要由服务人员资质和服务人员流失导致。社区居家养老服务人员普遍存在受教育程度较低、专业知识匮乏、技能培训较少等问题，嵌入式养老载体专业化人才队伍尚未建立。部分服务人员仍处于“无证上岗”的状态，带来了服务质量风险和服务纠纷隐患。嵌入式养老载体服务人员在人员结构上存在男女比例失调、平均年龄偏大等问题，男性或年龄较小的服务人员对于进入养老机构意愿不强。社区居家养老服务人员因工作量较大、社会认可度低、负担责任重等原因面临较大的工作压力和工作强度，但薪酬福利并未与之相对，呈现普遍较低的状况，且未来职业生涯发展较为狭窄，直接导致服务人员流动性较大，员工稳定性较低，不利于组织的持久发展。

第六章

国外及我国港台地区嵌入式养老经验借鉴

本章主题是国外及我国港台地区嵌入式养老经验借鉴，包括美国、欧洲的英国和德国、亚洲的日本和新加坡、我国的香港地区和台湾地区嵌入式养老的发展概况，其中我国台湾地区和香港地区为实地考察区域。国外及我国港台地区嵌入式养老经验可从七个方面借鉴：一是强化社区家庭养老功能，二是健全社会资源筹措机制，三是规范养老人才输出模式，四是多功能嵌入式养老设施，五是多样化嵌入式养老服务，六是重点推进医养结合服务，七是健全养老质量监管体系。

全球人口老龄化的水平和增速异常惊人。根据联合国发布的《世界人口展望：2019 年修订版》数据显示，“到 2050 年，全世界每6 人中，就有 1 人年龄在 65 岁（16%）以上，而这一数字在 2019 年为 11 人（9%）；到 2050 年，在欧洲和北美，每 4 人中就有 1 人年龄在 65 岁或以上。2018 年，全球 65 岁或以上人口史无前例地超过了 5 岁以下人口数量。此外，预计 80 岁或以上人口将增长两倍，从 2019 年的 1.43 亿增至 2050 年的 4.26 亿”。①

① 联合国人口与发展委员会：《世界人口展望：2019 年修订版》，https：//www.un.org/development/desa/publications/world - population - prospects - 2019 - highlights.html，2019 年 6 月 17 日。

1980年至2050年，世界主要国家60岁及以上老年人的比重都呈现出显著增长的趋势（见表6－1）[①]。其中，日本的老年人口比重和增幅都十分明显，从1980年的12.7%上升到目前的约33%，预计2050年将会进一步上升至42.4%。新加坡的老年人口所占的比例目前虽然没有日本高，但是预计未来增幅是最大的，由1980年的7.2%增加到2050年的40.1%。紧随其后的为韩国，老年人口比例和增速仅仅稍低于日本。中国的老龄化速度也非常快，老年人口比例上升幅度紧跟韩国和新加坡。英国、法国、德国的老年人口比例在过去就占据了较高的比例（20%左右），未来预计将平缓增加到30%以上，老龄化程度进一步加深。这三国中，德国的老年人比例在现在和未来都比较高，2050年预计将为37.6%。另外，作为大国代表的美国和俄罗斯，目前都已进入了老龄化社会，老年人口占总人口约20%，但是未来预计增速将小于其他主要国家，2050年两国老年人口比重将缓慢上升到接近30%。

表6－1　全球主要国家60岁及以上老年人口比重　单位:%

年份	1980—1985	2015—2020	2030—2035	2050—2055
日本	12.7	32.8	37.2	42.4
韩国	6.4	18.4	31.8	41.6
印度	5.9	8.9	12.5	19.1
新加坡	7.2	17.9	30.6	40.1
俄罗斯	13.6	20.1	24.5	29.9
英国	20.0	23.5	28.3	31.5
法国	16.9	25.0	30.0	32.2
德国	19.3	27.3	34.7	37.6
美国	16.0	20.6	25.9	27.8
中国	7.5	15.4	25.1	35.1

① 联合国人口与发展委员会：《世界人口前景：2015年订正版》，https：//www.un.org/en/development/desa/populati－－on/migration/generalassembly/docs/A_71_296_C.pdf，2016年6月4日。

20世纪中叶以来，世界上一些国家相继进入老龄化社会，目前老龄化问题已经成为困扰世界的共同难题。如何才能应对日益加剧的老龄化趋势对社会各方面发展所带来的挑战？发达国家和发展中国家都做出了一系列的探索。国外多个国家率先实施了积极的老龄化战略，从顶层设计的角度将老龄问题制度化、法律化，从而使解决老龄问题有法可依、有法必依。另一方面，在法律与政策的背景下，各个国家也探索出多种既能抑制社会老龄化又能更好满足老年人养老需求的养老模式，让老年人能老有所养、老有所乐。

第一节　美国嵌入式养老发展概述

美国是发达国家中生育率和人口增长最快的国家。早在20世纪30年代，美国就进入了人口老龄化国家行列，到2019年，65岁以上的老年人约占全国的16.21%。与中国的人口老龄化相比，美国人口老龄化的特点是：进入到人口老龄化较早但是老龄化进程缓慢。相较于其他发达国家而言，美国的人口老龄化现象并不是特别严重，这主要得益于它的移民政策和人才吸引政策。作为“二战”之后迅速崛起的超级大国，美国的社会经济发达、科技进步、氛围包容开放，这些都是吸引外来优秀人才的基础。联合国相关研究显示，移民因素对缓解本国或本地区老龄化问题有重要意义，能够弥补本国或本地区生育率不足甚至负增长问题。

美国最早涉及老龄问题的法律文件是《社会保障法》和《医疗保障法》。1965年之后，美国政府对老年人群体的人身与人格保障也不断完善，相继颁布了一系列法律，包括《美国老人法》《禁止歧视老人就业法》《禁止歧视老人法》等。其中《社会保障法》为美国建立完善的养老法律体系奠定了良好的基础。“《社会保障政策》作为美国第一个全国性的由联邦政府承担义务的社会保障立法，成功地为美国社会保障制度的发展和完善奠定了基础，使美国福利在远远落后于一些西欧发达国家的情况下形成了具有自己特色的保障制度。”[①] 1965 年，美国总统约翰逊签署《医疗救助法》和《医疗保障法》两部法律，这两部法律的重要目的之一就是解决老年人的医疗保障问题。2000 年颁布的“老年公民自由工作法案”对退休老年人的收益作出重大的调整，改变以往只有退休离开工作岗位才能获得社会保障收益的传统，规定只有超过退休年龄仍继续工作的老年人才能获得社会保障的收益。美国针对老年人的立法还有很多，如《老年人权益保障法》《美国老年人法》《美国老年人福利法》《美国老年人就业促进法》《老年人保健法》《老年人护理保险法》《禁止歧视老年人法》《老年人教育法》等。最新的退休政策要求废除 62 岁强制性退休的规定，老年人可以工作直至 70 岁。此外，美国白宫还设立了美国老龄委员会，定期召开白宫老龄问题会议，以探讨老龄问题并制定老年人相关法律政策。美国各州与地方也有负责老年人工作的团体和机构，专门负责保护老年人权益，为老年人提供服务。

一 美国嵌入式养老优惠扶持政策

（一）市场主导的“三支柱”养老金政策

美国联邦政府养老金由中央政府发起，旨在为国民提供老年基本生活保障的养老金计划，全名是老年、遗属及残障保险（Old Age Survivors and Disable Insurance，OASDI）。“美国的养老金制度经过几十年的发展已经逐渐成熟，主要包括三个部分，即政府强制养老金、雇主养老金以及个人储蓄养老金，称为‘三支柱’养老保险体系。”[②]

第一支柱是政府强制养老金（Social Security），即美国政府最基础的养老金制度，该类养老金制度涵盖全国老年人，覆盖全国约

① 马凯旋、侯风云：《美国养老保险制度演进及其启示》，《山东大学学报》（哲学社会科学版）2014 年第 3 期。

② 杨斌、丁建定：《美国养老保险制度的嬗变、特点及启示》，《中州学刊》2015 年第 5 期。

96%的劳动人口，包括私人企业中所有获得报酬的员工，还包括联邦公务员，非营利性宗教、慈善和教育组织的雇员，州和地方政府雇员，自我经营者，农场经营主，农场工人，家庭工人，牧师，1957 年以后服役的军人，铁路员工，国外就业员工等。该制度的运作模式是专项税收保障模式，由联邦政府统一组织，与其他联邦的支出分离。资金来源于参保人对这一体系所缴纳的社会保障税（Social Security Tax），由雇主和雇员共同承担，各自缴纳 50%的税款。该制度规定养老金的法定领取年龄为 65 岁，最低领取年龄不得小于 62 岁，如果提前申领则不能获得全款，只能获得折扣养老金。这一制度规定的领取基本养老金的退休年龄在逐渐增长，1937 年及以前出生的职工领取全额基本养老金的退休年龄为 65 岁，而 1960 年及以后出生的职工领取全额基本养老金的退休年龄为 67 岁。

第二支柱是雇主养老金，主要有待遇确定型（DB 模式）和以个人账户为基础的缴费确定型（DC 模式），在 20 世纪 70 年代以前主要是待遇确定型，20 世纪 80 年代后缴费确定型快速发展。待遇确定型（DB 模式）规定由雇主和雇员约定待遇标准，雇员退休后按照相应的方式申领固定数量的养老金。1974 年美国政府出台《雇员退休安全法案》，规定实施 DB 计划的雇主需将现收现付的资金运行方式改为基金制。这一模式有两种筹资方式，分别为完全由雇主注资和由雇主和雇员共同注资，并且养老金基金须与雇主的资产分离。缴费确定型（DC 模式）是雇主和雇员共同缴费。雇员在职时向资金账户注入资金，待雇员退休后，账户的所有收益都归退休雇员所有。美国政府主要通过税收优惠对 DC 计划予以支持，即按照税法 401K 有关条款规定实行递延纳税（Tax Deferred），即雇主和雇员向个人账户注入的资金免征个人所得税（不计入个人所得税税基），待领取养老金时再与其他收入合并征收个人所得税，由于在职时的工资水平一般高于养老金水平，因此递延纳税降低了职工的税负，有利于推动养老保险计划的发展。

第三支柱是个人储蓄养老金，其选择权完全在于个人，实行自愿参保的制度。所有70岁以下并且有收入的人，不管是否有其他的养老金计划都可以参保。个人在银行、共同基金和其他金融组织开设个人退休账户（IRA），由这些机构进行养老金投资。政府对个人储蓄养老计划也有税收优惠政策，一是普通的IRA税收优惠，方式是递延纳税，向账户注入资金时不计入个人所得税，到提款时按照税款征收个人所得税；二是对特殊形式个人退休（Roth IRA）的税收优惠，方式是注入资金时不免所得税，对本金最后的收益（投资利息、分红等）免征税。

（二）社会保障保险金税收优惠政策

美国通过税收优待等间接补助的方式对老年人进行补助。“其一，对高收入、社会保险收益金额超高的人征收社会保障收入税。1983年社会保障改革委员会建议对高收入者的社会保障受益者征税，税收收入作为社会保障信用基金。1983年社会保障修正案采纳了这个建议，对年社会保障收益超过2.5万美元的个人或者年社会保险金超过3.2万美元的夫妇征税。规定社会保障保险金起征额的目的是为了使那些低收入的老年人不受社会保障收入税影响。其二，关于房产资本收益的减免税规定。房屋所有权为退休的老年人提供一种潜在的资产。为了保护房产价值不受通货膨胀的影响，1964年美国国家税收法规定，65岁以上老年人变卖房产受益后，2万美元免征税收，后来国会根据物价的上涨幅度，把免税额提高到12.5万美元，享受收益免税的人口年龄界限也下降到55岁。其三，课税抵扣法案的相关规定。1954年美国国会通过了对老年人的课税抵扣法案。法案规定对65岁以上退休人员，单个人可享受750美元的课税抵扣。1983年社会保障法修正案规定永久性残疾人也可以享受这项税收优惠，并提高了课税抵扣额度。其四，税收改革法案的相关规定。美国1986年的税收改革法案提高了老年人的课税减免额度。65岁以上的老年人，如果单个人收入低于5650美元，老年夫妇（双方均为65岁以上）如果收入低于1万美元，可以享受免税待遇。”① 除此之外，还有食品券计划。“目前全美国约有3000万人是食品券计划的受益者，他们每月领取食品券在市场上购买食物。这项计划通过提高参与对象的食品购买能力，保证他们的收入安全、减少饥饿和营养不良，同时食品券计划也有利于减少多余的粮食库存。老年人参与食品券计划的要求不同于一般人群体。在资产、医药费用和住房花费的要求上更为宽松。参与食品券计划的老年人90%是独居老人，80%是单身老年妇女。但是总体上老年人对食品券计划的参与率不高。1989年的研究发现，只有33%符合参加资格的老年人参加了食品券计划。”② 美国针对老年人的社会保障制度形成了较为完整的体制，包括社会福利、社会保险、社会救助等方面。随着社会的发展，美国政府不断调整社会保险方案，改革和完善保险金的收支方式，较好地解决了社会保障的财政问题。

（三）老年医疗保险和医疗补助政策

建立完善的医疗保障政策是解决老龄问题的有效措施。发达国家在医疗保健政策方面先行一步，积累了可供借鉴的经验。在20世纪40年代，美国政府就开始探索建立医疗保障政策，《西尔—波顿法案》批准同意对各州检验范围内的医院和规划医疗卫生中心提供援助。该法案是政府参与国民医疗保健计划的最初尝试。1965年在总统约翰逊的推动下，国会通过了《老年医疗保险》和针对弱势民众的医疗补助制度。老年医疗保险包括由政府举办的公办政府医疗保险及由联邦政府和州政府共同举办的医疗补助方案。

美国医疗保险可分为私人医疗保险、集体医疗保险、长期护理保险（专项保险）、政府医疗保险方案和政府医疗补助方案（见表6-2）③。其中政府医疗保险方案（Medicare）可分为四大类：Part

① 王贵林、孙雪飞、何毅：《应对人口老龄化问题的政策与法律研究》，兰州大学出版社2012年版，第149—150页。

② 李兵、张恺悌：《中外老龄政策与实践》，中国社会出版社2010年版，第63—64页。

③ 张笑天：《美国医疗保险制度现状与借鉴》，《国外医学》（卫生经济分册）2002年第3期。

A 住院保险（hospital insurance），主要为受益人支付大部分的住院费用。该部分住院保险是强制性的，保险资金通过雇员缴纳的保险税来征集，由雇主和雇员分别缴纳工资收入的 1.45%。Part B 补充医疗保险（medical insurance），主要为受益人报销医生和其他医护专业人员的服务（如诊断、外科手术等）费用，以及门诊医疗和各种预防医疗（如年度体检、打疫苗、疾病普查等）的费用，保险可报销 80% 左右的费用，其余需自付或者由其他方式支付。Part C 医疗保险优惠计划（Medicare Advantage Plan），它是经过政府特许的保险公司为联邦医保受益人设计的保险计划，包含 Part A、Part B 保险，多数也包含 Part D 处方药保险，有些保险计划还包含其他额外的医疗保障。Part D 处方药物计划（Medicare Prescription Drug Plan），它是政府补贴的药物福利计划，参加此计划的受益人通过支付额外的保险费，可以报销购买处方药的费用。除 Part A 是政府强制缴纳之外，Part B、Part C 和 Part D 都由个人自愿选择。

表 6-2　　美国的医疗保险种类

险种	含义	说明
私人医疗保险	个人购买的医疗保险	
集体医疗保险	以企业为单位，有一定数量以上雇员的公司或机构购买的集体保险	
长期护理保险（专项保险）	专门针对老年人接受养老院或居家护理服务的费用	美国的养老院费用通常比较高，并且随着老年人口的逐渐增加，养老院的价格在逐渐上涨。而购买长期护理保险的老年人，一旦生活不能自理或病得严重，保险公司就会为他们支付一定的医疗和护理费用，大约能涵盖养老院费用的一半

续表

险种	含义	说明
政府医疗保险方案	主要是为65岁以上或者不到65岁但完全丧失工作能力的人支付相关的医疗费用	具体包括：①住院期间的费用，包括手术、药品、检查等；②住院以外的费用，包括医生探视、理疗等；③帮助低收入老年人支付处方药品费用
政府医疗补助方案	为低收入者、失业人群及残疾人提供医疗支持的项目	残疾或生病而不能继续工作的人每月可得到一定数额的社会安全福利金

美国针对老年人的医疗保险政策较为具体、全面，为缺乏工作能力或没有工作能力的人提供了各种保障措施。政府医疗保险方案提供的保险项目以急性病的医疗保健服务为主，如短期住院服务、家庭健康服务、医生服务、医院门诊服务等，而具有补充性质的政府医疗补助方案则主要针对收入低于一定标准而享受社会福利收入补贴的穷人，这些当然是较为穷苦的老年人。“目前，享受此项医疗保险救助的老年人占穷人总人数的15.9%，全美有15%的老年人既享受政府医疗保险方案，又享受政府医疗补助方案。随着老年人口的不断增加以及老年人需求的不断扩大，市场上还有其他针对老年人的医疗保险。实际上，在美国成熟市场经济环境下，老年人可根据自身的实际情况，购买多种类型的私人保险以满足多元化的医疗需求。美国模式下由国家和社会共同参与的医疗保险体系，为老年人的医护需要提供了不同的专业化医疗服务，也为老年人养老编织了一张有效的健康保健网络。”① 美国老年医疗政策旨在为老年人提供晚年的生活保障，为其提供最为需要的医疗资源，减轻老年人的就医压力，从而有效提高老年人的生活水平。

① 王诺、张占军等：《机遇还是挑战？——中国积极老龄化道路》，经济科学出版社2014年版，第144页。

（四）老年人力资源开发政策

美国政府从20世纪中期开始发展老年教育。1949年，美国政府建立了老人教育委员会，1951年成立成人教育协会，老人教育委员会归属于成人教育协会，并出版了《老年教育手册》。除了官方组织之外，由民间力量成立了美国退休人员委员会（AARP），该委员会是美国的一个非营利机构，也是美国历史最悠久、规模最大的老年人权益组织。协会宗旨是提倡老年人“服务而非被服务”的能力，从而帮助美国老年人获得独立、尊严和自主命运。AARP通过包括和联合国在内的多个国际性组织合作，不断推动全美老年人友好社区网络的构建，致力于协调老年人群体、企业和政府间的关系，不断维护和扩大老年人权益。协会副会长西蒙多次表示，“应对老龄化不应只从被动的养老角度出发，而要主动挖掘老年人潜力，鼓励其参与志愿活动、与社区联系，甚至在条件允许的情况下，主动参与正常社会工作……老年人对经济很重要，对劳动力和整个社会的整体发展也很重要”。①

同时，政府也出台了一系列的法规和政策推动和保障老年人教育。1965年美国政府颁布《高等教育法》，规定大专院校不得设置年龄限制，各州政府及地方政府鼓励学校和营利组织开展适宜老年人的各项文化、培训与休闲教育等活动的正规、非正规和非正式的学习方案。各大学研究所及小区学校依各州政府的预算提供部分老年人全额或部分减免费用课程及各项优惠措施。1966年《成人教育法》规定鼓励地方小区学校开设相关的课程，提供居家学习服务，50岁以上的成年人免收学费，以帮助未完成高中教育的老年人接受教育。1968年《职业教育法》规定，对退休后仍有意愿就业的老年人口提供职业教育和培训课程，并由主办单位决定减免学费的优惠政策。对经济地位较低、贫困、土著及少数民族的独居老人提供居

① 美国退休人员委员会：《在美国如何养老?》，https：//www. sohu. com/a/164206701_ 611014，2017年8月13日。

家指导或家政指导课程，帮助他们保持居家的整洁；进行消费教育，协助他们进行财务管理。若老年人有工作意愿，可帮助其进行工作技能训练，并推荐到小区企业就业。1973 年的《国内志愿服务法》规定对 50 岁以上的成年人提供各项志愿服务所需的训练课程，学费全免。1975 年的《综合就业训练法》规定向 50 岁以上成年人提供接受职业训练和就业辅导课程，不论其结业后是否进入职场工作，都可以与 50 岁以下人口同样享有受训期间的生活津贴、交通补助津贴、意外保险等各项优惠福利。《禁止歧视老年人法》明确规定，凡是由政府出资举办的各项学习训练活动和社会福利活动，必须保证给 65 岁以上的老年人留出一定比例的名额。由政府部门资助经费办理的各项学习活动，筛选学员时不得以任何理由排除 50 岁以上的成年人。

二　美国嵌入式养老服务项目内容

（一）美国嵌入式社区类型

在居家养老服务体系建设方面，美国积累了丰富的经验。美国社区具有强大的助老功能，使美国老人能内安其心、外安其身，实现“安养—乐活—善终”的老年生活目标，所以多数美国老人选择社区居家养老模式。在美国，养老社区一般分为四类，即生活自理型社区、生活协助型社区、特殊护理型社区以及持续护理型退休社区。一般地，社区与医院和专业护理机构均有紧密合作。以上四种模式中，生活协助型社区在过去几年发展最快。截至 2012 年，“全美共有 1900 处持续护理退休社区（CCRC 社区），但 82% 为非营利性组织所有，其中相当一部分是从传统养老院转型而来的。对于营利性的养老社区运营商来说，生活协助型社区的占比通常在 50% 以上，而 CCRC 社区占比一般不到 10%”。[①]

具体来看，美国退休养老社区的特点如下：一是生活自理型社区主要面向年龄在 70—80 岁、生活能够自理的老人。二是生活协助

① 穆光宗：《美国社区养老模式借鉴》，《人民论坛》2012 年第 8 期。

型社区主要面向80岁以上、没有重大疾病，但生活需要照顾的老人。社区提供包括餐饮、娱乐、保洁、维修、应急、短途交通、定期体检等基础服务，并可通过付费方式享受其他生活辅助服务，以及用药管理及阿尔茨海默病（老年痴呆症或老年失智症）的特殊护理。三是特殊护理型社区主要面向有慢性疾病的老人、术后恢复期的老人及记忆功能障碍的老人。社区内设有专业护士，提供各种护理和医疗服务。四是持续护理型退休社区面向那些退休不久、当前生活能够自理，但不想由于未来生活自理能力的下降而被迫频繁更换居所的老人。为了实现对入住老人的持续护理服务，此类社区一般是生活自理单元、生活协助单元与特殊护理单元的混合。

（二）美国社区养老服务类型

在美国的社会保障体系不断完善的过程中，受国情和文化传统等因素的影响，大部分老年人倾向于居住在“家庭”的环境氛围下，并通过社区主管各种老年事务和老年服务，其养老模式逐渐发展成社区自治型养老模式。“老人社区照顾是指由正规服务、社区志愿者及社会支持网络为有需要的老人提供帮助和支援，使他们能在其熟悉的社区环境下维持自己的生活，避免不必要的住院或隔离。因此，它是介于老人家庭照顾和老人社会机构照顾之间的一种运用社区资源开展的老人照顾方式。”① 美国的社区居家养老的形式之一是由社区的服务部门上门为社区内的老年人提供生活服务。随着老龄化的加深以及老年人多方位养老需求的增长，居家服务或上门服务越来越难以适应现实需要；同时为了有效集中资源、提高效率，美国多地开始出现将老年人集中起来养老的形式，形成社区式养老院体系。美国不同类型的老年社区及服务内容见表6-3。②

---

① 史柏年：《老人社区照顾的发展和策略》，《中国青年政治学院学报》1997年第1期。

② 长城物业集团股份有限公司：《美国老年人“社区照顾”调研和启示》，《城市开发》2012年第21期。

表 6－3　　美国不同类型的老年社区及服务内容

社区嵌入模式	适合人群	提供的服务
独立居住社区	主要适合年龄在 55—64 岁的，能够独立生活，想保持自己独立生活习惯，很少或基本不需要其他帮助的老年人	①帮助老人做力所能及的工作 ②提供老人在社区内与其他社区人士接触的机会 ③提供发挥退休后自身价值的工作机会
护理居住社区	需要持续医疗康复护理、明显丧失日常生活能力的老年人	24 小时护理照料、提供治疗恢复设施等
协助居住社区	需要提供日常生活活动协助，同时希望继续独立居住，但不需要持续医疗照顾的老年人	就餐、洗衣、清理房间、医药管理、日常生活活动帮助，如洗澡、进食、穿衣、行走、上厕所等
活跃长者社区	年龄在 55 岁左右，喜欢参加体育和社会活动的老年人	社区内建有俱乐部、湖泊、游泳池、图书馆、高尔夫球场、散步和自行车路径、网球场、饭堂、礼堂等设施及场所；同时还提供一系列的教育课程和艺术、手工、演出等社区活动
持续照顾退休社区	有照顾需要的老年人	综合式的老年人照顾式养老社区，将养老公寓、护理居住、公共设施等集中在一起，具有不同的养老、居住形态。提供的服务包括从最初的退休享乐到最后临终关怀的“一站式”终生退休养老服务

如位于美国佛罗里达州西岸的太阳城中心（Sun City Center）是世界范围内最为成熟的、著名的持续照料退休社区之一。分为六大居住区，分别为太阳城中心（独立家庭别墅）、国王之殿（连体别墅）、湖中之塔（辅助照料式住宅和家庭护理机构）、庭院和阿斯顿花园（出租的独立居住公寓）、自由广场（辅助照料式住宅和家庭

护理机构）。上述六个社区共用邮局、超市、银行等设施，住户每年缴纳一定的费用就能使用游泳池、娱乐设施、健身设施等，其收益来源于一次性销售收益和长期性收益，后者主要包括公寓出租收益和配套设施使用收益。Terraces 护理社区则是一个护理居住社区，其主要特色是专业化的老人护理。它由一个老旧社区改造而来，社区内有完善的医疗机构，有针对老人的康复护理设施和专业的护理人员。该类社区主要面向对医疗服务和长期护理有硬性需求的老年人。

社区式养老不只是在社区养老，由社区服务中心上门提供服务，而是完全将社区打造成为有同样需求的老年人养老的场所。在更多时候，社区的形成是由于人口结构的变化而自然产生的，这种养老社区提供的老年服务更具专业性，同时也更切合老年人特色化需求。我国国内的社区养老是以一居住场所为单位的社区，以家庭养老为主，社区养老机构为辅，为居家老人提供照料服务的养老模式。从目前来看，由于中国人口数量多，土地资源少，大范围推行美国社区式养老机构养老不切实际，但美国的社区式养老机构对老年人密度大，且养老需求差异较小的地区或社区有借鉴意义。

（三）强化政府养老服务主导责任

美国政府在卫生与公众服务部设老龄局和 9 个区域性办公室，在州设立公共服务部负责老龄工作，在州及以下设老龄代理机构，在社区设立老龄服务中心，形成了覆盖全国的老龄服务网络。各老龄机构主要承担游说国会制定相关法规、完善老年人保护服务政策和制度、制定和监督实施老年人保护与服务的规划、筹集和划拨老年服务经费、建立和完善老年服务设施等职能。同时，政府鼓励非政府组织有效发挥其作用，大力支持非政府组织参与提供老年照料与服务。美国的多数老年服务中心都是由政府支持下的非政府组织承办的。老年服务中心通过一部分政府拨款、社会捐助、申请基金会与科研经费支持以及向有支付能力的老年人收取房租和餐费等方式，为老年人提供上门送餐、清洁和代理服务、集中照料、医疗护理、精神与心理辅导、老年就业指导与培训等各方面服务。

同时，美国政府对老年群体社会保障的财政投入较大。美国政府主张把大部分的财政预算盈余投入到社会保障事业中，美国政府用于社会保障和老年服务的投入在政府支出中占有较高的比例，以2007年美国财政开支为例，用于社会保障的资金占21.5%，医疗保险和医疗救助的资金为19.1%，两项合计占财政支出的40%。2010年的社会保障支出已经超过了美国政府财政开支的50%。有关数据显示，养老保险的开支数额占美国社会保障总开支的80%左右，属开支最大的项目。

美国联邦政府和州政府为保证老年人安度晚年，还建立了比较完善的社会保障体系。各种各样的养老院是大多数老年人的最后驿站，但现在这种情况正在改变：养老机构也会派出经过培训的护理人员到老年人家中帮助完成日常事务，协助老年人进行一些有益身心健康的活动。为减少生病老人的就医时间、节约医疗资源，美国政府推行医疗高效诊治计划，完善后续医疗护理服务，通过建立康复中心或者上门治疗等方式，为患慢性疾病的老年人提供治疗和关怀服务。住在康复中心的老年人在支付完所有资产和收入后，由政府提供医疗救助。

（四）市场化社会化程度高

市场和社会力量在美国养老服务业中也相当活跃。一是美国政府重视私营公司参与养老行业。在美国的养老（养生）地产及医疗物业运行中，房地产信托基金具有承上启下的作用：一方面它可为开发商提供成本低廉的融资；另一方面，它们自身又有专业的服务运营机构，是养老（养生）地产开发商的重要合作伙伴。HCP是一家为美国医疗保健行业提供服务的房地产投资基金公司，1985年成立至今已有30余年的经验，是全美最大的养老房地产投资基金公司。作为全美最大医疗不动产投资信托公司，HCP多年来的稳健增长，离不开投资渠道和投资类型的多元化发展，即其所谓的“5×5

商业模式”。在“5×5商业模式”中，强调投资类型多元化和投资渠道多元化。第一个“5”，指的是HCP拥有包括养老社区（Senior Housing）、专业护理机构（Post-Acute/Skilled Nursing）、生命科学园（Life Science）、医疗办公大楼（Medical Office Building）和医院（Hospital）在内的五大类资产组合，几乎涉及了医疗地产行业内所有的物业投资类型。HCP商业模式的另一个“5”，通过五种不同的投资渠道获取物业，分别是：直接持有出租型物业、通过投资管理平台的地产基金持有物业、通过参与开发和再开发环节获取物业、通过债权投资方式获取物业，以及通过伞形REITs的份额换取物业。二是美国政府十分看重非营利志愿者组织的作用，通过扶持培育第三部门来承担养老服务的具体事务。美国的志愿者群众基础广泛，志愿者来自各行各业，包括退休人员、在校学生、艺术家、公务员等，由有威望、有号召力的社区居民组织领导，争取政府、宗教界、企业、慈善组织的资金、政策、人力等方面的支持与合作，进行社区老年服务，如照料老人、家庭纠纷调解、医疗保健、助老购物、再就业培训、定期探望、电话陪聊等社区老年服务。“美国内华达州有世界最大的养老服务机构——居家养老院，在全球范围内共设有850个分支机构，为居家老年人提供生活照顾、安全、医疗保健等方面的服务，资金来源主要是社会慈善捐款。”① 非营利组织根据自身的宗旨，参与老年政策的探讨和建议，通过各种形式为老年人提供服务，为社会老龄服务提供人力资源，极大地推动了养老事业的发展。

三　美国嵌入式养老服务监管体制

（一）护理人员监管

在美国的社区居家养老模式里，美国家庭护理员制度支持了居家养老模式。家庭护理员介于家政服务员与专业护士之间，主要工

① 张新生、王剑锋：《发达国家居家养老服务产业及其对我国的启示》，《理论导刊》2015年第9期。

作就是照顾住在家里或住宅式护理中心的孤独老人、伤残人士、长期病患者等。例如，纽约每个区都设有一个护理中心，护理员由该中心管理调配。中心根据老年人的健康状况与自理能力，决定护理员的服务天数。每天护理员到服务对象家里上班时，即在那里打电话向护理中心报到，说明已经到达岗位。同时护理中心的管理人员还经常到服务对象家中了解护理员的表现，并征求服务对象对护理员与护理工作的意见与建议，对于业绩好的护理员予以表扬与奖励，对于表现差的护理员给予适当的批评、教育或处罚。护理员一般每小时工资 6 美元至 12 美元，工资由护理中心支付，服务对象不需要付钱。此外，美国还定期开展家庭护理人员监督讨论。护理人员至少每 3 个月参加一次监督讨论，以帮助他们处理日常工作，提高为老年人服务的质量。监督讨论参与者包括社区居家养老服务商、护理人员和监督专员。

（二）服务质量监管

美国养老服务的质量管理经历了复杂的发展与演变历程。《综合预算协调法案（1987）》（*Omnibus Budget Reconciliation Act of 1987*，OBRA－87）成为养老服务质量管理的重要文件，OBRA－87 也是美国联邦政府对养老服务最大规模的立法规范，提出了严格的服务机构运营资质审查程序，修订了照护标准、处罚办法及补救措施，并提供了居民评估工具（The Resident Assessment Instrument，RAI）。20 世纪 80 年代以来，联邦政府一直在资助各种基于研究的评估工具和体系。在过去的一二十年中，政府的监管越来越依赖科学的评估信息，以确定服务质量的优劣，而评估也已经成为服务管理日常工作的一部分。美国收集了大量的关于居所照护、养老院居民和家庭照护患者的数据，政府利用这些数据建立定量的质量评价措施，将每个设施和机构的信息发布在互联网上。

1990 年最小数据集（Minimum Data Set，MDS）作为居民评估工具（RAI）之一由专业人员对老年人进行评估，并将数据整合成为国家级数据库，从中抽取质量评价指标。[①] 接受 CMS 补偿的绝大多数养老服务提供商，都要对老年人进行 MDS 评估。MDS 不仅有利于发现质量问题，改善服务质量，还可以用来评估老年人对资源的需求与付费的等级。2002 年护理之家比较（Nursing Home Compare）网站成立并用于向民众公开养老服务机构的 MDS 评估信息，使各机构更加重视 MDS 评估，MDS 也不断针对应用中出现的问题进行调整。

（三）预算监管

美国政府购买居家养老服务有关预算管理的程序包含制定统一的单据格式、确定合格的供应商名单、进行采购审计和管理审计等程序。简要的预算编制结束后，行政管理和预算局（Office of Management and Budget，OMB）需要参照美国总务管理局（General Services Administration，GSA）制定的配置标准核定预算，编制联邦政府预算草案，预算草案需要在国会通过后方可执行。通常情况下，如果政府采购部门没有向全社会公开预算安排，则不能够执行采购工作，更不允许超出预算安排进行采购。预算的使用有明确的方向，无紧急必要情况严禁挪用。

美国国会预算办公室提供的数据显示，在养老服务中，联邦政府预算拨款范围包括老年人的营养服务、社区护理、交通服务和疾病防治四个方面，具体包括老年人的三餐服务（占预算资金范畴的 45%）、基本养老服务（占预算资金范畴的 18%）、日常交通服务（占预算资金范畴的 16%）、疾病防控支出（占预算资金范畴的 14%）和老年人权益保护服务支出（占预算资金范畴的 7%）。并且美国还将一定比例的老龄事业专项资金列入财政预算，着重用于居家养老服务体系的构建和人才培养。

① 郭红艳、彭嘉琳、雷洋、王黎、谢红：《美国养老机构服务质量评价的特点及启示》，《中华护理杂志》2013 年第 7 期。

第二节　欧洲嵌入式养老发展概述

欧洲国家是较早进入老龄化的国家，老龄化程度比较严重，因此应对老龄化的方案起步也比较早，能够为我国应对老龄化问题提供一定的借鉴意义。联合国统计数据显示，1980 年，世界上老龄化程度排名前十位的国家（地区）均位于欧洲。在这 10 个国家或地区中，老年人占总人口的比例未达到 25%（见表 6－4）①。2017 年，全世界 10 个老龄化程度最高的国家中，所有国家的老年人比例均超过 25%。到 2050 年，在所有老龄化程度最高的国家中，老年人口甚至会达到全国人口的 39% 以上。预计到 2050 年，欧洲将囊括 10 个老龄化最严重国家或地区中的 5 个。

表 6－4　　老龄化程度较高的国家　　单位:%

年份	1980		2017		2050	
排名	国家（地区）	老年人比例	国家（地区）	老年人比例	国家（地区）	老年人比例
1	瑞典	22.0	日本	33.4	日本	42.4
2	挪威	20.2	意大利	29.4	西班牙	41.9
3	海峡群岛	20.1	德国	28.0	葡萄牙	41.7
4	英国	20.0	葡萄牙	27.9	希腊	41.6
5	丹麦	19.5	芬兰	27.8	韩国	41.6
6	德国	19.3	匈牙利	27.7	中国台湾	41.3
7	奥地利	19.0	克罗地亚	26.8	中国香港	40.6
8	比利时	18.4	希腊	26.5	意大利	40.3
9	瑞士	18.2	斯洛文尼亚	26.3	新加坡	40.1
10	卢森堡	17.8	拉脱维亚	26.2	波兰	39.5
对比	中国	7.5	中国	17.3	中国	35.1

① 联合国经济与社会事务部人口司：《2017 世界人口展望及要点概览》，https://population.un.org/wpp/Publications/Files/WPP2017_KeyFindings.pdf，2017 年 6 月 10 日。

根据联合国的指标，一个国家65岁及以上的人口达到总人口的7%即进入老龄化社会，超过14%是老龄社会，而北欧国家已经进入了老龄社会晚期。由于北欧国家人口出生率极低，而人口老龄化又极其严峻，为了解决这一问题，北欧国家建立了一套完善的“从摇篮到坟墓”的社会保障体系，成为“高福利国家”的典型。以瑞典为例，早在1913年瑞典就出台了规范养老保险体制的法律规范《国民养老金法案》，此后《养老金法》（1948年）、《国民保险法》（1962年）以及之后政府改革社会保障及养老保险等方面的法案为瑞典的养老金体系提供了法律保障。瑞典的养老金制度改革被称为世界上最为成功的养老金改革，对其他国家的养老金制度建设具有重要的参考价值。

一　英国嵌入式养老发展概述

（一）英国嵌入式养老优惠扶持政策

1. 养老和医疗社会保障政策

英国是最早建立关于社会保障相关法律法规的国家。1908年英国政府颁布了《老年年金保险法》，1911年出台了《失业保险与健康保险法》《国民保险法》，其中有关于老年人权益的相关规定。“二战”后，受凯恩斯经济理论的影响，英国政府加大了国家对社会的干预，颁布了《国民救济法》（1945年）、《家属津贴法》（1945年）、《国民保险法》（1946年）等法律，形成了一套完整的社会保障体系。英国社会保障体系有三大部分，即社会保险、社会救助、专项补贴。社会保险包括养老保险、失业保险、疾病保险等，其中，养老保险是社会保险的主体，包括国家养老金计划、职业养老金计划和私人商业养老保险三大支柱。国家养老金实施的是现收现付的运营方式，包括国家基本养老金计划和国家第二养老金计划。国家基本养老金计划规定，向社会保障部缴费署缴纳到最低年限国民保险费的雇员，在达到国家法定退休年龄后就可以领取养老金，该养老金是英国绝大多数居民退休后必然享受的待遇。国家第二养老金计划是为了弥补国家基本养老金不足而提供的养老金，主要面向年收入过低、长期患病或者身体残疾的就业者。职业养老金是由雇主为雇员设立的养老金计划，雇员向雇主机构缴纳一定比率的资金同时雇主提供一部分资金共同组成基金，由雇主机构运营该资金并获得收益，在雇员退休后方可获得相应的养老金。职业养老金是雇员退休后主要的经济来源。私人商业养老保险是金融机构为个人提供的养老金计划，即个人购买商业保险，政府对个人缴纳私人养老金计划内的资金实行税收优惠，免征所得税，并设立缴费的上限，超过该金额的资金需要按规定征税。

为了更好地解决养老金短缺的问题，英国的职业养老金从自愿缴纳改为强制缴纳，缴费比例也有所提高，以更好地解决养老金短缺的问题。《年养老金改革法案（2013）》规定，对于收入达到一定标准的雇员，职业养老金已经成为具有强制性的职业年金。该政策在 2017 年由最大的企业开始施行，已于 2017 年 4 月完成。《养老金改革法案（2013）》还规定对参保者领取养老金的年龄采取渐进式推迟的方式，相关的法规和政策已经趋向延长退休年龄："从 1940 年到 2010 年 4 月，英国法律规定领取养老金的最低年龄男性为 65 岁，女性为 60 岁。从 2010 年起，英国开始逐渐提高女性退休年龄至 65 岁，在 2017 年同时提高男性和女性的退休年龄，预计在 2021 年达到 66 岁；在 2036 年达到 67 岁；在 2046 年达到 68 岁。"① 2013 年养老金改革规定女性开始领取养老金的年龄每 2 年增加 1 岁，2020 年提高至 65 岁，与男性持平。自 2020 年起，男女领取养老金的年龄都将进一步提高，每 10 年增加 1 岁，到 2046 年将提高至 68 岁，领取政府全额养老金所缴纳国民保险费的年限也从 30 年提高到 35 年。此外，《养老金改革法案（2013）》取消原有的国家基本养老金和第二养老金计划，改为由政府定期发放一笔数额统一的养老金。

2. 老年人力资源教育与开发政策

英国关注老年人教育和老年人才开发。在 20 世纪 50 年代，英

① 刘玉红：《英国基本养老保险制度及对我国的借鉴》，http：//www. sic. gov. cn/News/456/5616. htm，2015 年 12 月 2 日。

国民间学者就已经提出建立主管老年人教育的相关机构、呼吁官方出台老年教育政策的建议。1981 年“老年人教育论坛”建立。1983 年，老年人教育论坛发表宣言，提出八大政策性建议和五个具体行政建议。“八大政策性建议包括：①不断开设和发展适合退休后老年人参与的课程及教育活动。②提供退休前的教育渠道和机会，鼓励雇主、企业联盟、退休前组织及会议、地方政府教育机构、劳工教育协会、大学推广中心、成人及教育部门以及高龄者本身提供学习机会。③退休前的教育应被视为一种长期的带薪教育假，使准备退休的员工有更充足的时间与机会参与进修，为退休后的生活做准备。④雇主、企业联盟、退休前组织及会议、地方政府教育机构、劳工教育协会、大学推广中心及成人及继续教育部门等，应该为高龄者的职业发展努力创造条件。⑤鼓励高龄者积极参与教育活动。对贫困老年人给予学费上的减免。⑥扩展现有的远程教育机构，将远程教育的理念、学习方案与课程传授到各年龄层次的民众，尤其是高龄者、独居者及居住较为偏远者。⑦应该给予高龄者表达其自我需求、发展自我教育方案的机会。使高龄者丰富的生活经验、知识与技能、阅历能够传递给下一代。⑧中央政府应该要求地方政府及其他提供老年教育机会的机构提出发展老年教育的方案。宣言还提出了五个具体行动建议：①地方当局应该开设高龄教育课程。②成人教育为高龄者所办理的课程应该是没有时间限制的，而且要适合高龄者的需要。③学习场所应该多元化，包括学校、成人中心、照护中心等，还要能够贴近高龄者。④各机构（包括成人教育、健康、社会服务与志愿组织）之间应该相互协调、合作，使各个社区都能提供老年人学习的机会，并解决交通上的问题。⑤运用各种方法刺激高龄者参与学习，进而感受学习的价值。”[①] 1987 年教育及科学部向成人继续教育发展委员会拨款，要求其为老年人提

① 李兵、张恺悌：《中外老龄政策与实践》，中国社会出版社 2010 年版，第 128—129 页。

供教育。

实施老年教育的机构有成人及继续教育机构、劳工组织、民间团体等，其中最为典型的是民间志愿团体组织实施的“第三老龄大学”（University of Third Age，U3A）。有些第三年龄大学把自己命名为“休闲大学”（University of Leisure Time）或者“混龄大学”（Inter－Age University）。第三年龄大学是为满足老年教育事业发展需求，为老人尤其是退休后的老人提供学习的场所，是世界老年教育运动的重要体现。“第三年龄大学体现的教育原则是：从生命和学习的角度，视老年人为资源，将其纳入终身教育体系。力图有助于老年人融入社会，为他们能够从事符合时代要求的社会活动提供方便；力图改变他们的生活质量，开发他们的智力能力，丰富他们的精神世界。”① 第三年龄大学有多样化的课程设置，比如绘画、诗歌、外语语言、瑜伽、棋牌等，其教学方式也符合不同类型老年人的需要，比如老年人自发组成学习团体进行学习的自助式学习和为行动不便或距离较远的老人提供的远程教育服务。种类众多的老年教育机构，为老年人接受教育提供更多的选择，使老年人能够更有效地获取教育资源，提高学习积极性，丰富日常生活和精神世界。

（二）英国嵌入式养老服务项目内容

1. 社区照顾服务的模式

社区照顾是英国社会工作的主要方法之一，主要采取官办民助的方式，政府是社区照顾的主导力量。Abrams 在 1977 年提出社区照顾是由专业和非专业人士在家居或工作环境中向他人提供协作、支持或照顾。在英语国家，社区照顾是一个被广泛运用的术语，但大多数概念界定模糊、内涵宽泛。主要含义包括室内保健、居住地保健和福利机构服务、家庭外医疗服务、日间照管服务，以及有助于保证老人生活质量的社交的、休闲的和教育的设施。英国学者沃

---

① 老年福祉学院：《第三年龄（Third Age）和第三年龄大学（University of Third Age，U3A）》，http：//lnlm. bc－－sa. edu. cn/info/1083/3401. htm，2016 年 2 月 20 日。

克（A. Walker）对社区照顾的定义是经由亲戚、朋友、邻居、义工等非正式网络，以及正式合法立案的社会服务机构给有需要的人提供照顾服务。同时他提出社区照顾的三种模式——在社区照顾（care in the community）、由社区照顾（care by the community）和与社区一起照顾（care for the community）。1989 年英国政府发布的《社区照顾白皮书》对社区照顾所下的定义为："社区照顾是指提供适当程度的干预和支持，以使老年人能够获得最大的自主性，且掌握自己的生活，为给老人提供服务的家庭成员提供暂托、喘息照顾和日间照顾，通过团体之间和临时收容场所，增加照顾范围，直至提供居家护理照料。英国的社区照顾主要有社区内照顾和由社区照顾两种方式（见图 6 - 1）。"① 作为英国社区养老的主要方式，社区照顾将政府的养老责任与志愿组织、民间组织进行分担，充分调动社会资源和社会力量，使老年人能在一个熟悉的环境获得多样化、专业化的服务，更贴近老年人生理和心理的需要。

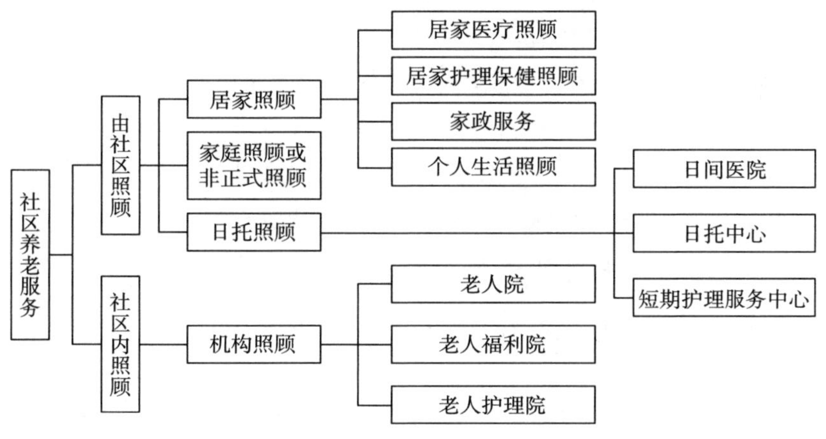

图 6 - 1　英国社区养老服务分类

① 祁峰：《英国的社区照顾及启示》，《西北人口》2010 年第 6 期。

2. 社区照顾的服务项目

社区照顾有许多服务项目和措施，英国社区照顾是通过下列服务项目实现的。①

第一，居家服务。它是对居住在自己家中，有部分生活能力又不能完全自理的老人提供的服务。具体项目包括上门做饭、洗澡、理发、清洁卫生、购物、陪同去医院等。居家服务可使年老体弱、行动不便、家中无人照顾的老人生活在自己熟悉的社区环境中和自己家里，便于和他人沟通。从事居家养老服务的服务人员有志愿者、政府雇员，这些服务或免费或收费较低，一般收费额度由地方政府决定，老人在可以承受的范围内，自己支付一部分，不足部分由政府支出。

第二，家庭照顾。它是对卧病在床、生活不能自理的老人在家接受家人全面照顾的养老形式。为了鼓励家人全方位照顾老人，政府规定对在家居住、接受亲属照顾的老人发给和在专业机构养老相同的津贴，以此鼓励在家养老，这样就可使家人有充足的经济实力照顾老人，从而不影响家人的生活水平。

第三，老年人公寓。它的服务对象是有生活自理能力但无人照顾的老人。老人公寓一般为二居室，生活设施非常齐全，厨房、卫生间、电视等应有尽有，公寓内设有紧急呼救装置，与社区的控制中心相连，万一老人身体不舒服，只要求助紧急呼救装置，社区可迅速派人赶到老人家里提供帮助。这类老人公寓收费较低，数量有限，申请入住老人较多，必须经过政府严格审查确有困难的低收入老人才能居住。

第四，托老所。包括暂托处和老人院，暂托处是一种短期护理服务机构，它专门针对家人有事外出或家属长年累月护理老人而身心不堪重负，需要放松休息一下而设置的，这时就可将照顾的老人暂时送到暂托处，由工作人员代为照顾，时间可以是几小时，也可

① 夏学銮：《社区回顾的理论政策与实践》，北京大学出版社 1996 年版，第 141 页。

以是几天，最长一般为两周，不超过一个月。暂托处照顾时间较短不收费，但超过两周，需要支付相应的费用。老人院则是对生活不能自理，又无人照顾的老人而设置的专门机构。英国有许多老人是单身的或子女不在身边的，当他们还有自理能力时，可在家或老人公寓接受服务，一旦完全丧失自理能力，只能入住老人院，集中接受照顾。

第五，养老院/护理院。一般针对的是鳏寡孤独、生活自理能力较差、需要长期照护、缺乏家庭支持的老人。这类机构一般有两种类型：一种是不带医疗服务的养老院（Residential Care Home），主要是为老人提供助餐、助浴、助行、助厕等服务；还有一种是带医疗服务的护理院（Nursing Home），除了基本的生活照护服务之外，还有专业的医疗、康复和护理服务等。另外，英国还有很多专门针对有某种特殊需求的老年人的养老院或者护理院，如临终关怀机构（Hospices）、专门看护痴呆病人的养老院等（Care Home for Dementia Patients）。

第六，社区活动中心。这是由地方政府兴办，具有综合性功能的社区服务机构，是按照社区居民的人数规模而设置的，工作人员为政府雇员。社区活动中心的主要服务对象为老年人，为居住在本社区的老人提供娱乐、社交的场所，那些行走不便的老人可以由中心派车接到中心参加相应的活动，晚上再派车送回。

（三）英国嵌入式养老服务监管体制

1. 社会护理受法律约束

首先，社会护理必须遵守英国《人权法案》（*Human Rights Act*），被护理的老人享有生命权、自由权、被尊重的权利（包括个人、家庭乃至通信设备），不得被虐待。其次，英国《全民健康服务与社区照顾法案》对地方政府的职责、资质评估体系、费用支付体系、人身安全、市场监管、护理标准、护理培训教育职责等都作出了详细说明。最后，根据要求，英格兰照顾质量委员会（Care Quality Commission，CQC）对护理的质量作出评估，并公开公布。

2. 老年护理服务评估

老年护理计划由英国国家医疗服务体系（National Health Service，NHS）和地方政府（Local Authories）提供，他们的筹资方式和支付方式不同。NHS 提供的护理服务叫作“NHS Continuing Healthcare”，这是一系列打包付费服务，包括远程护理、护理院、24 小时长期护理等服务，顾名思义就是 NHS 医院的院外延伸服务，NHS 负责筹资、个人无须支付费用。临床服务委托协会（Clinical Commissioning Groups，CCGs）会根据标准对老人的资质进行评估，此机构全权负责地方医疗服务管理，由普通（社区）医生（General Practitioners GPs）组成。CCGs 会评估以下内容：需要什么样的服务、服务需求是否复杂、需求频率如何、疾病严重程度如何及存在的风险。一旦老人符合资质，NHS 就会为老人支付医疗和护理服务。其次是地方政府（Local Authories）提供的护理服务设施。假如老人没有通过 NHS 服务资格，CCGs 会建议他寻求地方政府的帮助。

3. 第三方服务质量监督

英国社区居家养老服务在管理方式上实行“契约制”，即政府花钱从服务机构购买服务，然后再将这些服务提供给相关需求者。在具体管理中实施项目管理，英国政府通过建立一套从项目申报、执行到监督、年度报告和评估，从工作人员到志愿者、义工的完整规范的工作管理和评估体系来实施项目管理。经评估认定为合适的机构，才能拿到相应的政府经费。在体系监督方面，由于政府与机构之间的契约关系，政府基于合同对社区服务机构进行监督。若服务机构违反合同相关约定，需要承担相应的责任。在执行过程中，机构的人员培训、设备设施、服务标准、服务价格等，都要受到政府工作人员的定期检查，资金提供组织也会不定期进行抽查或安排义工进行监督等。

4. 专门负责评估、监察的机构

英国专门负责评估和监察养老服务机构的组织为英格兰照顾质量委员会（Care Quality Commission，CQC）和苏格兰社会服务监察会（The Care Inspectorate），它们形成的定期评估与抽样评估相结合的评估模式，有助于保障评估的效能。它们的工作职责一般包括制定政策、注册与管理护理院、监督服务质量、接受和处理投诉、公布养老服务机构信息、监察服务机构、公布监察结果、发布年报信息等。

CQC 是英格兰一家独立的健康与社会照护服务监察机构，负责监督医院、护理机构等是否向人们提供了优质的健康与社会照护服务。[①] 所有的健康与社会照护服务机构都必须在 CQC 注册登记，一经注册登记，CQC 就进行持续监督。CQC 监督的方式包括听取公众意见；与照护机构员工交谈，了解服务提供情况；与接受服务者交谈，了解服务接受情况；查看服务具体提供过程；查看服务接受者接受服务的记录。检查之后，CQC 会撰写关于各个服务机构检查结果的报告，并发布在官网上。此外，CQC 还在网上发布服务质量标准和所有照护机构的监测评级，将照护服务质量分为优秀、良好、有待改进和不足四个等级。对未能提供优质护理服务的服务提供者，CQC 根据问题的严重性以及对人们造成影响的程度采取以下措施：要求服务提供者改善服务水平；对服务提供者罚款；若造成人员损伤或危险的，将采取法律手段；情节严重的甚至会撤销许可证。

二　德国嵌入式养老发展概述

“据法国国家统计与经济研究所的一项研究显示，德国是欧洲人口密度最高的国家，其次为法国和英国，近 25 年来，德国人口的老龄化程度也远远超过法国和英国。从 1991 年至 2016 年 1 月，德国的老龄化程度（65 岁及以上人口数占人口总数的比例）高达 21%，提高了 6 个百分点；法国的老龄化程度达 19%，提高了 5 个百分点，英国的老龄化程度达 18%，提高了 2 个百分点。”[②] 欧洲的

---

① CQC：“Who we are”，http：//www. cqc. org. uk/about – us/our – purpose – role/who – we – are，2019 年 11 月 13 日。

② 中华人民共和国商务部：《德国人口老龄化程度高》，http：//www. mofcom. gov. cn/article/i/jyjl/m/201706/20170602598131. shtml，2017 年 6 月 23 日。

老龄化带来老年人口增加，老年人占总人口的比重不断攀升，由此导致人口抚养比增加，劳动人口减少，社会生产力降低。在老龄化社会，养老金等公共支出增加，导致国家财政入不敷出。这些问题都直接影响经济社会的可持续发展，为此欧洲社会为有效应对老龄化难题，欧洲各国不断完善老年人法规，改革养老金制度以及制定和实施了一系列老年人相关政策。

（一）德国嵌入式养老优惠扶持政策

1. 养老和医疗社会保障政策

德国是一个高福利国家，社会福利涉及社会生活的方方面面。在养老权益保障方面，德国在 1881 年第一次颁布了养老保障政策。1889 年《疾病和老年保险法》的颁布标志着德国养老保险制度的基本建立。德国养老保险制度包括三个部分，分别为法定养老保险、企业养老保险以及私人养老保险。在此之后，德国的医疗保险制度也开始建立，1994 年德国政府通过了社会护理保险，其主要涵盖的对象是伤残程度严重的残疾人和高龄老人。此外，社会保障法中有关社会救济的内容规定，社会救助是指对自己不能以自己的力量为自己提供生活费或者在特殊生活状态下不能自助，也不能从其他方面获得充分救济的人。德国社会护理保险政策所希望达到的目标，就是使特殊人群有获得与其特殊需要相适应的人身和经济帮助的资格，使其有能力自助，能够参加社会生活，使他有合乎人道的生活保障，政策的重点帮助对象就是那些有特殊生活需要的人以及有护理需要的残疾人。

“‘二战’之后，德国就实行了积累制的养老保险制度。随着制度的实施，积累制表现出一些弊端，特别是大规模基金投资管理难度较大、成本较高，难以规避通胀贬值风险和投资风险。1957 年，德国进行养老保险体制改革，放弃积累制，转而实行现收现付制。自 20 世纪 80 年代起，受人口老龄化不断加快、经济发展趋缓等因素影响，养老金收支矛盾日益突出，养老保险制度逐渐陷入困境。为此，自 1992 年特别是 1999 年以来，德国政府相继采取了一系列开源节流的重大改革措施，多次提高缴费率，延迟养老金领取年龄，引入养老金水平调整机制；并在适当降低国家基本养老保险替代率的同时，推出由国家财政补贴的个人储蓄性养老保险计划，鼓励企业建立补充养老金，以保持整体养老保障水平不下降。”① 德国养老保险的第一部分法定养老保险是强制性的，所有公职人员都必须缴纳，由雇主和雇员共同承担。除了雇主和雇员缴纳之外，国家也会给予一定的补贴，两者共同构成养老保险金。为了应对老龄化压力和解决养老金缺口，到了21世纪，德国政府不断调整正常退休领取养老金的年龄，规划从2012年起到2029年，正常退休年龄从65岁逐步上调到67岁。同时实施养老金弹性领取机制，低于法定年龄退休的参保人员不能获得全额养老金，其获得养老金每提前一个月降低0.3%，而超过法定退休年龄申领的养老金，每超过一个月增加0.5%。弹性的养老金领取机制力图在一定程度上推动整个社会延长退休年龄，最大限度开发社会生产力。

养老保险制度的第二部分是企业养老保险，该保险金是自愿性的，完全由企业负担，目的是为员工提供更好的福利，以吸引就业、增强员工归属感以提高生产率等。企业养老金虽然是企业自愿的行为，但随着其被广泛应用，政府也出台了一系列有关企业养老金的政策，以更好保障雇员权利。1974年联邦政府出台法律规定，35岁以上并且参加企业养老保险10年及以上的雇员即使辞职离开也可以获得企业养老保险金。“2001年德国实施养老保险改革时，新的立法把德国的企业补充养老保险构建成一个自愿的体系，个人对于补充养老保险体系不再承担法定义务，而且还可以选择保险的形式。从总体上看，法律允许所有形式的私人养老作为补充养老的方式，既规范企业养老保障体制，也鼓励人寿保险等其他形式的养老资金积累。同时推进补充养老保险需要税收与补贴的支持。例

① 中华人民共和国财政部：《德国基本养老保险制度概况》，http://zys.mof.gov.cn/pdlb/tszs/201601/t20160122_1655079.htm，2016年1月22日。

如，新的养老保险制度规定，从 2008 年开始，雇员工资总额的 4% 要纳入法定养老保险；由法定养老金的承担者支付的补贴要给低收入者以补充养老金的机会。2002 年，德国新的社会保险法规定，企业雇员有权利要求雇主将一部分工资或者节假日奖金转换成企业养老保险，企业养老保险的筹资方式、组织管理形式以及保险受益人均可自由选择。"① 企业养老保险日趋完善，已不仅仅是完全由企业自愿决定，也受到法律的约束和政府的监管，成为德国养老保险金制度的支柱之一。最后，私人养老保险由职工自愿在商业保险机构投保，即属于商业保险，职工每月缴纳一定的费用，直到退休年龄，之后一次性或者每个月可领取相应的养老金。相对于法定养老保险和企业养老保险，个人私人保险既是老年人投资的方式，又能够规避风险，能够有效保障老年人的晚年生活。

2. 养老政策法规改革趋势

德国养老护理服务的法制化应该追溯到 20 世纪 70 年代。1974 年德国老年救助委员会发出一份鉴定书，该鉴定书从那些生活在养老院无生活自理能力的老年人的经济状况出发，对老年保险系统要确定老年人从业时经济地位与社会地位的功能提出质疑。于是，如何立法保障生活困难的老年人以及他们的家属，成为德国政治生活中的一个重要话题。

1980 年，由联邦政府委托成立的专门小组在认真考察各种不同建议的基础上，提出将护理需求作为应对新的生活风险并纳入国民社会保障体系。在此背景下，1985 年《护士执业法》得以出台。该法对护理的任务、职业标准、教育训练、护士的职业资格和权利、义务等方面都做了具体规定。在此基础上，1994 年德国颁布了《护理保险法》，自 1995 年 1 月 1 日起正式实施。目前，《护士执业法》和《护理保险法》是德国护理事业的奠基石。特别是《护理保险

① 王贵林、孙雪飞、何毅：《应对人口老龄化问题的政策与法律研究》，兰州大学出版社 2012 年版，第 197 页。

法》实施后，对德国的养老护理事业产生了重大影响。

严重的人口老龄化和居高不下的失业率，使德国现收现付的养老金运行模式面临危机，成为国家财政的沉重负担。为了缓解这种状况，德国政府对养老保险进行了一系列改革，采取了提高退休年龄等措施。从2012年1月1日开始，“65岁退休制”在德国已经被取消。根据新法律，德国在2012年至2029年，逐步将退休年龄提高到67岁。

3. 德国老年人力资源培育机制

德国推迟正常退休年龄，1956年，德国政府进行养老金改革时，将退休年龄定为65岁。但随着人口老龄化趋势的进一步加剧、失业率进一步上升以及退休金领取人数的快速增加，德国政府面临着越来越大的财政压力。因此，2012年德国正式开始实施法定退休年龄67岁的退休法规。而根据德意志联邦银行和德国联邦人口研究院的报告分析，随着德国老年人口寿命的继续延长，德国很有可能在2030年前后进一步延迟退休年龄直至70岁。

德国进行失业救济制度改革。为进一步提高老年人口的就业积极性，鼓励其参与劳动，德国政府进行了失业救济制度改革。在改革之前，失业人员首先享有失业救济金，具体数额和期限取决于年龄高低，其中最长期限可达32个月，同时失业人员在失业救济金领取期限届满后，也有权根据经济调查情况继续领取失业补助金，且没有期限限制。但随着2005年《哈茨四号法案》的出台，德国失业救济金领取的最长期限减少至12个月，且救济金额也被大大压缩，原先以税后工资为失业金高低参考标准的制度变为了一种最低限度的社会保障制度，其最终目的是为了激励长期失业人员及老年员工重返劳动力市场。

德国进行积极的劳动力市场政策改革。针对雇主，德国政府规定，自2004年1月1日起，凡是雇用50岁以上长期失业者的雇主将有权获得一定的资金补贴，最高补贴可达到工资的50%，最长补贴时间可达12个月，某些情况下甚至可以延长至36个月。雇主还享有“特别临时就业安排”豁免，即雇主在雇用老年员工时无须证明其临时雇用的合法性，且员工年龄限制也从58岁降到了52岁。此外，雇主如果雇用55岁或以上的失业人员，作为奖励则无须为其支付失业保险费用。通过上述措施，德国有效促进了长期失业的老年人口重新进入劳动力市场，在很大程度上缓解了老年人口安置的困境。

（二）德国嵌入式养老服务项目内容

1. 德国老年人居家养老模式

从养老方式来看，德国已形成了以居家养老为主，社区养老与机构养老为辅助的三位一体模式。德国老年人居家养老服务模式分为三种：

一是居家自理（居家养老）。居住在家中，生活能够自理，不需要护理。二是居家护理（社区养老）。居住在家中，生活部分自理，但需接受移动护理服务或由家人护理。三是入院护理（机构养老）。入住在养老院或护理院，接受护理或康复治疗。

2. 德国社会化养老护理体系

德国是一个典型的老龄化国家，从20世纪70年代起，伴随着工业化进程的加快，德国步入老年化社会，养老护理问题也日益受到社会与政府的关注。预计到2050年，德国人口将下降到约7000万人，50岁以上的人口将超过50%，60岁以上的老年人将占总人口的35.5%。经过几十年的发展，德国已形成了比较完善的养老护理体系与制度。根据德国社会发展需要及老年人需求，德国已形成了多元化的养老护理体系以及多元化机构并存的、市场化和社会化力量广泛参与的养老护理机构发展格局。2013年，德国养老机构总数有25775所，其中养老护理机构13030所，约占养老机构总数的51%。在养老护理机构中，私立机构5349所，约占41%；教会及慈善机构7063所，约占54%；国立机构618所，约占4.7%。

德国养老护理机构主要以私人机构与社会化的教会及慈善机构为主。私人养老院收费最高，主要服务对象是富人。一般而言，私立养老院的设施更为先进、齐全，娱乐项目更丰富，护理水平更高。公立养老院收费最低，接纳的主要是低收入阶层，因此，只具备基本的设施、提供最低标准的服务。而慈善组织的养老院价格居于两者之间，其设备和服务处于中等水平。由于公立养老院床位有限，而且入住的条件有严格限制，所以多数人只好退而求其次，选择慈善机构或社会组织办的养老院。

（三）德国嵌入式养老服务监管体制

1. 护理人员监管

1994 年颁布的《护理保险法》对德国医院护理管理组织提出了更高要求，规定医院要设立护理院长或护理部主任，且只有接受过护理高等教育和管理专业训练的人才有资格担任。护理人员除护理院长（主任）外，还有护士长、高级护士、注册护士、助理护士四个级别。注册护士以上资格的护理人员才能直接护理患者，助理护士只能为护士或医师做一些准备和协助配合工作。

德国的护理教育层次清晰，主要分为中专培训、继续护理教育和学位教育，不同教育层次对于学生的培养方式与要求存在差异。德国对养老护理人员的培养，采取理论与实践相结合的模式，实行学校理论课程与养老院实践课程相结合的双轨制。学生在实习过程中，需要认真完成每一次安排的测验，实习指导老师将根据其平时测验成绩和表现为其实践情况打分。如果某一项考试不及格，允许有第二次补考机会，若仍不及格，将被取消继续学习的机会，不允许再学护理。通过考试者由学校颁发欧盟承认的毕业证书和护士职业许可证。

除传统的学校教育模式以外，德国的职业教育在养老护理人员培养方面也投入了相当大的精力。大量养老护理人员培训机构的建立以及培训课程的开设，满足了众多想要学习养老护理知识的人员的需求，也方便了很多中小型养老机构养老护理人员的培训。同时，许多实力雄厚的大型养老企业，甚至开设了自己的培训学校，不仅培训自己的员工，也接收社会成员进入学习。

德国政府在养老护理人员培养方面的资金支持力度相当巨大。

在对学校资助方面，不仅公立学校能够获得教育部的资助，在满足了一定的条件下，私立学校也能够获得教育部门大额度的资金补助。不仅政府对养老护理人员培训资助巨大，企业也积极支持养老护理员工的再培训。调查发现，德国养老护理企业费用的80%均花费在护理人员的培训方面。

2. 服务质量监管

德国对养老服务机构的监管主要由疾病基金组织执行，疾病基金组织是一个非营利性组织，接受管理长期保险项目的政府部门的严格监管。[①] 根据2001年制定的《长期照顾质量保障法》，疾病基金组织必须与服务提供者签订质量合同。合同规定了对服务提供者质量的总体预期，规定了服务提供者应该具备的质量监控和改善的结构和程序。每隔一年，服务提供者必须向疾病基金组织证明自己的质量保障机制处于到位状态，且根据合同的规定提供了服务。疾病基金组织的地方办公室有权开展检查，尤其是可以进行晚间突击检查。

2002年《质量保证和消费者保护法》生效，该法案迫使供应商持续执行内部质量评估和质量保证体系的规定，遵守在全国范围内确立的专业标准。2008年德国通过立法规定，2010年以后每年至少执行一次对供应商的现场质量控制检查，且要求检查结果透明公开。疾病基金组织还在准备发布进一步的质量保证指引，拟对所有的州实行供应商随机审计制度。同时，立法者正在起草立法，考虑赋予疾病基金组织更大的质量监督权力，如有权制裁服务质量不好的供应商等。

第三节　亚洲嵌入式养老发展概述

一　日本嵌入式养老发展概述

从2010年起，日本已经步入了总人口逐年递减的阶段，老年人

① 民政部社会福利和慈善事业促进司：《国外养老服务质量控制的启示》，《社会福利理论版》2012年第7期。

口比例是世界上最高的国家。然而日本的人口预期寿命高，且相对于其他工业化国家，其公共财政支出在医疗上的比例比较低。日本是世界上人口老龄化程度最高的国家，2013 年 65 岁及以上人口占全国总人口的 1/4，这个比例预计在 2060 年左右增加到 40%。年轻人（0—19 岁）占全国总人口的比例在 2010 年已经下降到 18%，预计 2060 年将进一步下降到 13%。2017 年，日本是世界上老龄化最严重的国家（老年人口比例为 33%），预计到 2050 年仍将继续保持老龄化的最高水平。

老年人口比例的不断扩大、青年人的比例不断下降，意味着老年抚养比将不断攀升。老年抚养比（每个 65 岁或更老的人由多少个 15 岁至 64 岁的人抚养）显示工作的劳动力人群所承担的养老负担。从抚养比可以看出人口老龄化的冲击，随着老年人口比例的上升和生育率的走低，未来抚养比将进一步下降，年青一代的养老负担会不断加重。联合国经济与社会事务部发布的《世界人口展望 2019：要点》数据显示，各国老年抚养比在全球范围内普遍下降，但日本比率之低尤为突出：平均每 1.8 名 25 岁至 64 岁日本人负担 1 名 65 岁及以上老年人。[①] 严重的老龄化趋势将影响日本今后数十年的劳动力市场、经济表现和财政状况，且对于医疗保健、养老金、社会保障项目的公共财政支出构成较大压力。

日本社会保障体系在养老、医疗、长期介护保险和家庭政策领域具有特色。随着日本人口老龄化向纵深方向发展，以上政策在不断变化的现实需求和挑战中逐步调整和完善。当前日本超级老龄化的现象带来的主要挑战有持续缩减的劳动力规模、养老金筹资愈加困难、照顾老年人的资源短缺（护工短缺）。日本政府鼓励三代同堂，中间那一代既照顾老年人一代，又照顾小孩一代。2015 年，接近 18 万介于 15—29 岁的年轻人直接照顾一个年长的家庭成员。然

① 新华社：《日本老年抚养比世界最低》，https：//www. sohu. com/a/321396584_267106，2019 年 6 月 18 日。

而，随着年青一代迁移至一线城市发展，家庭妇女进入劳动力队伍开始工作，日益增长的老年人护理费用和小孩照料费用，迫切需要新的解决对策，包括养老院、老年人白天照料中心、家庭健康项目等。由于新生儿数量持续走低，日本平均每年都会关闭约 400 个中小学，并将它们转换成老年人照护中心。

日本的社会保障体系在“二战”以后飞速发展。随着战后日本经济的腾飞，社会养老和医疗保险体系涵盖了更多国民。1961 年，日本兴起了“公共养老保险和医疗保险全覆盖”的活动。1963 年，《老年人社会福利服务法案》颁布。20 世纪 70 年代末期，日本又对社会保障体系进行了重新审视，计划对未来的人口老龄化这一挑战做出政策应对。从 1990 年开始，日本实施了一系列生育促进法，同时也不断改革养老保险和医疗保险。随后，长期护理保险法也被引进，来支持有长期护理需求的老年人和相关家庭。

日本大部分社会保障计划都运用了社会保险体系，主要包含五项社会保险，即公共养老金计划、医疗保险、长期护理保险、就业保险、工伤保险。在这五项保险之中，全国国民都被养老保险和医疗保险覆盖，这也是日本社会保障体系的一大重要特征。此外，日本 40 岁及以上的公民都被长期护理保险所覆盖；正式职工都被就业保险和工伤保险覆盖。以上所说的社会保险体系的融资模式主要是通过社会保险费、财政收入（以补贴的形式支出）实现。社会保险费由被保险人共同分担，因被保险人的收入水平而异。因此，日本社会保险体系的重要功能就是分散风险与再分配。另外，其他一些针对弱势群体（老、幼、病、残、孕）的社会救助计划，主要是通过政府的财政收入来资助。

日本社会保障的主要管辖部门是厚生劳动省（The Ministry of Health, Labour and Welfare）。日本内阁也会负责实施一些有关人口老龄化和幼儿照料计划的基本政策，由地方政府负责执行、落实社会保障服务，地方政府分别设置有社会福利中心办公室和公共健康办公室。近年来，日本基于“地方自治”理念，分权改革日益盛行，主要是减少从地方转入中央的财政收入。社会保障体系里不同的计划服务提供者有针对医疗护理的医院诊所、每日护理中心、老年人长期护理中心、病后恢复中心和残疾人协助中心等。这些服务的提供者既可以是公共性质，也可以是私有性质。但是，私有机构不允许从提供相关社会保障服务的措施中盈利并分配。公共机构和私有机构在厚生劳动省和地方政府的监管下，共同运营发展。

（一）日本嵌入式养老优惠扶持政策

1. 养老年金保险政策

日本的养老保障制度称为“年金制度”，年金保险体系由三层结构组成，第一层为全民皆加入的“国民年金”，又可称为“基础年金”，凡是达到特定年龄段（20岁以上且60岁以下）的公民都能获得。第二层为按收入比率缴纳的“厚生年金”和“共济年金”，不同的职业参保方式有所不同，企业雇员有义务参与厚生年金，保险费由雇员与雇主折半出资。公务员参与共济年金，由国家和公务员个人折半出资，而非受雇于企业的自营业者等群体没有义务参与该两种保险金，也不享受该年金。第三层为“企业年金”，运作方式之一厚生年金基金制度，具体来说是大企业或者多个企业联合组建基金，并按一定方式投资运营。其中国民年金、厚生年金、共济年金为国家直接运营的公立年金，厚生年金和国民年金由厚生省社会保险厅管理，共济年金由各互助协会自行管理。此外，居民在年金制度之外还可以选择参与商业性质的个人保险等。据统计，截至2007年4月，全日本加入公立年金总人数达到7044万人。养老保险金的资金来源三分之二左右来源于保险费，其余三分之一由政府补贴支出。

日本公立年金制度按投保人的不同具体分为三类：第一类被保险者指20岁至60岁的自营业者、农民、学生、自由职业者、无职业者；第二类被保险者指企业员工、公务员；第三类被保险者指被第二类被保险者所扶养的配偶。目前日本养老保险制度存在一些问题，养老保险金缺缴漏缴难题、经济衰退和老年人口不断增加导致的年金收支状况不佳，以及政府财政恶化和企业的财政压力以及满足不同雇佣关系和工作模式养老保险需求的难题。日本政府也试图通过延长退休年龄和申领年金的年龄来应对养老金短缺难题。

表 6－5 日本年金体系

	公立年金			非公立年金	
年金种类	国民年金	雇员年金		补充年金	个人储蓄年金
年金名称		厚生年金	共济年金	企业补充年金	私人补充年金
年金对象	全民参保	企业雇员	政府雇员		

2. 长期照护保险制度

日本实行积极老龄化政策，其倡导的长期护理模式在全球十分典型。20 世纪 80 年代，随着政府逐渐意识到大多数人即使不再需要手术治疗，但住院修复、卧床现象依旧普遍，而医院床位短缺，资源有限。政府于 1989 年推出了“金色计划”（这是一项为了促进老年人健康福利的 10 年战略），旨在满足老年人护理设施和居家服务的紧急需求。20 世纪 90 年代中后期，日本老龄化日趋加剧，失能老人日益增多，一方面财政承担的低收入失能老人的收容和照顾已不堪重负，另一方面因“社会性住院”造成的医保支付危机也未得到缓解。

针对此种情况，日本政府设立了专门机构研究应对措施，借鉴欧洲德国、荷兰等国家的经验，通过建立一项新的社会保险制度，力图从根本上解决这一问题。1994 年，日本进一步将“金色计划”修改为“新金色计划”，加强了居家护理并且引发了全社会对构建老年人长期照护体系的广泛热议。从 2000 年 4 月开始，日本正式实施介护保险制度，将其包含在社会保险体系之中。政府逐渐意识到，随着社区联系的弱化、职业女性的增加、家庭规模日益缩小，家庭对于老年人养老的财政和心理压力都临近无法承受的边缘；此外，现有的医疗保险和福利体系对于长期照料服务的提供十分有限，因此建立长期照护体系是意义非凡且迫在眉睫的，能帮助社会成员分担照顾老年人的负担。

介护保险制度主要有三个基本原则，即帮助自助、用户导向型体系和社会保险。首先，该保险体系并不只是为了简单直接地提供个人照护给老年人，而是强调帮助他们实现自助。其次，服务用户能选择来自不同机构的全面体系化的健康、医疗和福利服务。40 岁及以上的公民都被强制性要求纳入长期照护保险，也因此明确了给付和待遇关系。就保险人和被保险人而言，保险人是各市市政府，市政府与国家政府、管辖区下级政府、医疗保险提供者、养老保险提供者共同发挥以下作用：①缴纳保险费；②管理资金；③评定照护需求；④发放薪酬给提供服务的工作人员。出于财政收支稳定和提高管理效率的考虑，一些更基层的地方性市政机构参与提供长期照护保险。第一级的被保险人是65 岁及以上的老人，第二层级被保险人是40 岁至 64 岁的国民。目前有接近 3000 万人是一级被保险人，4300 万人是第二级被保险人。保费由市政府缴收，一级被保险人保费直接从养老金中扣除，二级被保险人要额外缴纳保费并且直接计入医疗保险账户中。缴费数额由各级政府决定，因政府而异。缴费标准与收入水平挂钩，对于低收入水平人群，制定有相应的措施来调整缴费水平。有资格享受长期照护服务的人都是一级被保险人。同时，对于二级被保险人，长期照护服务仅限于那些经鉴定因老龄有关的疾病而需要长期照护或帮助的人。在服务供给方面，长期照护保险的服务主要分为两种类型，即疾病预防性服务和照料服务。疾病预防性服务包括上门探访照护、出院恢复服务、护理中心短期停留。照料服务包括：①居家服务，例如家务服务、日常照顾；②设备性服务，例如密集型照护中心、长期护理健康设备中心、疗养院类型的设备；③社区服务，例如夜间探访家庭、日间照顾痴呆症患者、小型多功能居家照护等。依据照护需求等级的不同，用户可以选择不同类型的服务及服务提供者，提供者既可以是公有机构也可以是私有机构。

长期照护保险是通过保险缴费、利用公共财政支出，使用时用户再支付部分款项。财政来源主要包括介护保险加入者的保费和政府税收，这两者的比例各占一半。在税收方面国家承担一半，剩余部分由县、市两级政府分担。但是由于老龄化进程加快，政府的财源日益紧张，新的法案从2018 年起将介护服务费用的个人支出部分最高提高到30%。介护服务需求的评定必须先由家人填写介护服务资格申请表给市政府。市政府在收到申请后，会派市政府调查员来访申请者的家庭，对老人的生理和心理健康状况、日常生活状况进行面谈和观察，这一依靠电脑系统的调查结果会自动生成初步评定。然后调查员会将电脑评定结果和意见书提交给介护保险服务鉴定委员会，该委员会由医药专家、护理专家和社会福利专业人员共同组成，并且展开第二次鉴定，最终决定申请对象所需要的照护等级。

3. 老年人力资源开发政策

一方面，日本通过修订老年人就业法案，逐步提高劳动者退出劳动力市场的年龄；另一方面，通过养老金制度改革，同步调整与退休年龄有关的退休金支付年龄和水平。1971 年，日本实行《关于稳定老年人就业的法案》，将退休年龄从 55 岁延长至 60 岁。1990 年，日本修订《老年劳动法》，鼓励雇主继续雇用员工到 65 岁。2004 年《老年劳动法修正案》则进一步分阶段强制提高退休年龄，将退休年龄从 2006 年的 62 岁、2007 年的 63 岁、2010 年的 64 岁一直延长到 2013 年的 65 岁。相应地，退休金支付起始年龄也随之变化。此外，为激励劳动者工作更长时间、限制提前退休，日本调整了提前退休和推迟退休的年金支付结构。如果劳动者在法定的正常退休年龄（65 岁）之前的 60—64 岁退休，则每年退休金将减少6%；如果劳动者在 65 岁以后才退休，则每推迟一年养老金将增加8.4%。另外，为了保障 60—64 岁劳动者的收入，创设过渡性的在职年金制度，即弹性退休制度，允许60—65岁劳动者边工作边领取退休金。2006年，为进一步激励延迟退休，规定65岁以上的就业者也可以同时赚取工资和领取养老金。2007年，日本又规定70岁以上继续工作的老年人不用再缴费，可以边工作边领取退休金。

日本出台雇主和老龄员工补贴计划。2004年，政府开始向雇主提供除雇员以外的支持，例如提供顾问和财务激励，以促进年长员工的就业。这些财务激励措施是通过各种具体次级方案实施的。此外，政府还支持那些利用自身经验创业的老年人，如果他们为老员工创造了新的、持续的就业机会，就会得到一部分成本补贴。

同时，日本政府还成立日本银发人才资源中心（SHRC），为60岁以上的当地老年居民提供以社区为基础、具有临时合同、兼职或其他形式的非固定有偿工作。2003年SHRC还组织了一项高级工作计划，通过与企业协会和公共就业安全机构的合作，为老年人提供一系列免费技能培训、工作匹配咨询服务等。

日本为促进老年人力资源的开发，在社会各方面实施了多项促进和保障政策。为了鼓励老年人创业，日本政府还成立了老年人创业中心，大大降低了老年人的创业成本。为了支持老年人创业，安倍上台后重启了“创业塾”行动。在“创业塾”里，由政府委托的地方金融机构、工商团体、律师、税务、创业家等担任讲师，合力开设创业课程，解决老年人创业的疑难杂症。日本政府还对老年创业者提供资金。中小企业厅可向由60岁以上创业者创建的雇用老年人的公司发放补贴，最高200万日元（约12.5万元人民币）。通过日本政策金融公库的“老年人创业者支援资金”贷款制度，老年创业者可得到最高7200万日元（约合人民币452万元）的贷款，而且年利息在1.5%以下。日本政府还修改了“商法”，制定了鼓励民众自己创业的新政策，并为其创业提供各种便利。

（二）日本嵌入式养老服务项目内容

1. 医疗护理领域引入人工智能

日本政府一直在资助老年护理机器人的发展，用以帮助填补到

2025年预计的38万名专业护工的缺口。日本的人工智能专长正在改变老年人护理行业，不仅仅只是减轻护理人员严重短缺的压力。日本各地的老年人护理机构正在测试能够提供各种社会性和医疗性护理的机器人设备，相关政府主导的倡议也得到了老年人的积极评价。人工智能养老在日本养老产业中的运用和尝试仍然处于探索和试点阶段，政策鼓励智能养老产品研发。1999年，日本便出台了专门针对养老护理的《介护保险法》，使针对老年人的生活照顾、健康管理、情感陪护有了明文规定。然而，养老在日本被划为“非产出”产业，作为一个人力资源短缺型国家，日本社会认为，大量年轻劳动力投入养老院，会使日本先进工业品的生产受到影响。因此，日本政府自2013年10月起，原则上不再批准增建养老院，鼓励发展家庭生活支援机器人，意在通过机器人来解决居家养老中的困难。搬运、移动辅助、步行助力、自动排泄处理、健康监测、走失监视等产品的研发和推广，是目前日本政府的重点扶持对象。

现在比较成熟的老人智能移动辅助产品包括智能轮椅和智能拐杖。智能轮椅可以通过脑电波、声音或手柄对轮椅进行遥控。不过通过脑电波操控的智能轮椅目前还处于研究阶段，尚未投入使用。而智能拐杖不仅能为老人提供稳固支撑力，还能感知障碍物。日本扶持养老领域机器人的研发，不仅是为了解决劳动力问题，也是出于培育新经济增长点的考虑。据预测，到2025年左右，日本的汽车等支柱产业会进入价格竞争时代。出于长远考虑，国家和企业都认为需要在新兴产业的引领下，才能继续占领高科技领域的制高点。现在，日本著名的汽车制造企业如本田、丰田，都在花重金进行护理机器人的研发。在日本，国家认可的介护用品主要包括拐杖、护理床、护理轮椅、护理洗浴用品、护理搬运吊车等。值得借鉴的是，这些非低值易耗品主要采用租赁形式，可以消毒后循环使用。不论是“介护”，还是生活照顾、健康管理方面的器械，科技化程度都很高。照管老人最难的工作是搬运，因此，搬运老人的智能产品的研究是个热门课题。日本一般采用“传送带 + 担架车”的形式，首先让传送带贴近床边，将老人平移至传送带，再由传送带将老人移动到担架车上；床上吊车也是一种常见的器械，将老人用布兜起来，小吊车会将人吊起，放到轮椅上。日本人非常注重清洁，规定养老机构必须每周给老人洗两次澡，因此洗澡机成为备受关注的热点之一。研发的老人洗澡机，看上去类似洗衣机，老人躺进去后，洗澡机就自动把老人身体洗净。但头部仍需护理人员手动清洗。为了解决老人头部清洗的问题，松下最近专门研发了一款洗头机。

2. 大型企业进军养老产业

松下进军养老产业具有悠久的历史，其特点在于提供的服务多样化、体系化。松下公司的“养老院”设施和国内一般意义上的养老院不同，老年人既可以入住养老，也可以在此接受部分养老看护服务。据介绍，松下公司最早在1998年就设立了名为“松下age free服务”的养老产业子公司，并于2016年4月将此公司正式更名为“松下age free株式会社”（Panasonic age free株式会社）。松下公司在全日本共开设了50个同类型养老设施（age free house），此外还有约180个居家养老服务中心（care center）等，2016年在养老产业方面的营业额达到340亿日元（约合20亿元人民币）。据介绍，这个“养老院”共有36个可供入住的房间，面积在18到25平方米，可以接纳单身者或者夫妇入住，有的房间配有厨房和浴室，楼里也有公用浴室。日本建立有“介护保险”制度，根据老年人的身体健康状况设定了从最低的“要支援1”到最高的“要介护5”共7个等级。该“养老院”可接纳不同介护等级的老年人，并可以为入住者提供个性化的介护服务和餐饮服务。

松下于1998年开始建设其长期护理部门，之后将长期护理保险制度引入日本，并与老人及其家人一起照顾家庭成员的生活。自早期阶段以来，松下一直致力于长期护理的原因是它长期从事住房和家庭生活，通过利用其在住宅建设和产品开发方面发展的专业知识、服务、商店和产品，松下致力于为老年人及其家庭创造一个更美好的世界。松下主要在以下几个方面致力于开发养老服务产业。

（1）Age－free 项目。长期护理部门的第一个项目是为老年人提供辅助生活设施，为需要每天 24 小时、一年 365 天护理的人提供援助；以及在家中居住时需要额外护理的人们的洗浴辅助访问。松下与日本各地区合作，提供护理方案，将护理人员的舒适度与彻底的安全管理相结合。如今，该组织已发展成为一个全面的护理部门，提供专业护理服务，升级老人护理院和开发护理产品。

（2）与地区合作共同为老人谋福利。为了支持老年人居住在他们习惯的地区，松下开发了家庭护理服务中心，名为“松下无年龄护理中心”，以及专门从事护理产品和家庭装修的商店，名为“Panasonic AGE－FREE”商店。松下 Age－free 为居住在家中的老年人提供各种服务，例如定期访问和短期护理计划、日间服务、护理管理等。此外，松下还提供辅助生活设施，提供住宿协助以及 Panasonic AGE－FREE House，为老年人提供服务。此外，还提供多功能长期护理住房。

3. 养老护理和照料服务

日本形成了多种居家养老模式，包括居家养老、二代居养老。其中社区居家“小规模多功能养老服务机构”的运营模式，主要是在家中养老并且与社区互动，以切合老年人在熟悉、安心的环境下养老的意愿。“2017 年全国共有预防长期照料的服务设施 75561 所，长期护理服务设施 58151 所和紧密切进社区的小规模服务机构 47049 家。在小规模服务机构中，占比最高的前三位分别是小规模日托机构（21063 所）、应对痴呆症老年人的小规模共同生活护理服务机构（13069 所）和多功能型居家护理机构（4969 所）。从小规模机构的运营主体来看，46.2% 为公司法人，31.7% 为社会福利机构，12.9% 为医疗机构，6% 为 NPO 组织（厚生劳动省，2018）。”① 日本政府为老年人提供了多种照护服务，如表 6－6 所示。小规模多

① 山娜：《日本社区养老服务模式研究及启示》，《社会政策研究》2018 年第 3 期。

功能养老机构设置在社区内，占地面积较小，主要提供日托照顾、全托照护以及入户服务等。

表 6－6　　日本护理服务分类

护理服务	入户服务	政府派出不同类型的社区服务人员，如医生、护士、康复师和家庭服务员等，到那些体弱多病生活不能自理又无适当的护理人员的老人家中，进行走访并提供多项服务
	日间服务	日间由机构工作人员将65岁以上行动不便、身体虚弱或患有身体障碍或精神障碍而难以进行日常生活的老年人接到社区老人设施场所（如老年护理中心、福利中心等机构），提供洗浴、就餐服务，进行生活或心理指导、健康检查、功能训练，组织兴趣小组开展娱乐活动等
	短期服务	针对65岁以上的老年人，在其护理者因疾病及其他原因暂时无法进行居家护理时，让他们短时间（原则上期限为1天至3个月）入住设施，进行生活协助、健康娱乐、康复休养、交流谈心等活动，或者是为长期住院的老人在出院回家之前做过渡准备而提供短期照护服务
	长期服务	社区老年人提供超过3个月以上的服务。对于因身体、精神上有明显障碍缺乏生活自理能力、需要长期照看而家庭照料又存在困难的、65岁以上的老年人，由社区的一些老年设施照顾其饮食起居。组织各项娱乐活动，进行体格检查、功能锻炼、心理健康和生活护理等方面的指导等
	老年保健的咨询和指导服务	定期为老年人进行健康体检，以利于早期发现疾病和治疗疾病、定期举办各种疾病预防和简单护理知识的讲座、建立老年人综合咨询中心解答老年人及家属所关心的医疗保健问题、设立健康热线电话开展健康咨询和指导工作

（三）日本嵌入式养老服务监管体制

1. 统一的护理服务评估程序

在长期护理服务资格的认定方面，老年人需要护理服务时，可以根据身体状况及需要，向有关部门申请相关服务。市町村接到被保险者申请后，派调查人员上门对其进行全国统一的护理认定调查。调查涉及直接生活护理、间接生活护理、问题行为、机能训练相关行为、医疗相关行为5个领域的79个项目。① 护理认定审查委员会根据调查结果和主治医生诊断意见判定护理等级，根据两次认定的结果，确定老年人享受何种护理服务。

2. 护理人员监管

经过近30年的实践与探索，日本已经建成了行之有效的社会养老介护的专业人才制度体系和与之相应的教育培训、资格认证体系。在养老护理人才队伍建设方面，日本拥有一支多层次、专业化的护理人才队伍。日本政府根据养老护理的不同方面，将养老护理人员划分为五种类型，分别为社会福祉士、护理支援专门员、医疗机构社会工作者、福利护理员和访问护理员。前三者主要从事养老护理工作的咨询、评估、管理等相关工作，后两者主要承担具体的养老护理服务工作。福利护理员比访问护理员资质和培训要求高，前者在两年正规学习并通过国家统一考试及格后，才能取得上岗资格，他们一般提供设施护理服务。访问护理员则需要接受50—230小时政府出资举办的培训班，考试合格后方可具有执业资格。同时，访问护理员还细分为三级：高级为护理兼管理，负责安排管理辖区内护理员工作，参与对老年人的护理；中级可以从事所有护理工作；初级只能从事简单家政服务和一般性护理工作。

3. 服务质量监管

鉴于服务评价的重要作用，日本政府从法律保障和事权划分两

---

① 谢保群：《德日韩三国护理保险制度比较及启示》，《医学与哲学》（人文社会医学版）2011年第10期。

个方面建立评价体系，力求通过有效的评价体系保证社区居家养老服务的质量。从法律体系上来看，《护理保险法》中对不同的服务提供机构的经营理念、人员配备、硬件设施等方面设立了详细评价基准，使评价的项目都有章可循；同时，由于该项服务的提供是社会保障的一部分，对于中央和地方的财政支出划分又辅之以相应的财政支出条例，保证运行资金渠道畅通。在关于评价制度的事权划分上，主要包括中央政府、地方政府以及第三方评价机构。①

中央政府在社区居家养老服务评价体系中发挥中心作用，制定社区居家养老服务评价指导方针、制度流程、评价基准，使地方政府和第三方机构有据可循。同时建立全国性的信息共享平台，汇总各地区信息，建设社区居家养老服务机构评价结果数据库。在地方政府层面，省级和市级政府所发挥的作用既相互联系又有一定的区别。省级政府主要负责制订社区居家养老服务评价计划，设置支援资金，设立护理保险审查会、国民健康团体联合会，作为服务提供和评价等纠纷的评判机构，保证服务接受者权益不受损害以及评价结果的客观和中立。

市级政府的责任更加明确具体，其中最重要的一项便是设立"地区支援中心"。该中心作为一个政府机构，负责与护理相关的一切问题的咨询，维护老年人权益，加强对本地区志愿活动的支援和促进护理管理人员、护理保险事业所、医疗机构相互协调和协作。养老服务提供机构需向地区地域支援中心提供服务实施状况和记录，地域支援中心根据机构的报告书通过电话联络、向服务接受者发放服务评价表等方式向服务接受者确认报告书的真实性，以此作为服务质量管控的手段。虽然社区居家养老服务的指导方针和评价内容很大程度上由政府决定，但日本社区居家养老服务质量的具体评价活动却是由第三方机构做出的。日本居家养老服务评价体系流

---

① 武佳：《居家养老服务质量评价的日本经验及启示》，硕士学位论文，山东大学，2017 年。

程如图 6－2 所示。

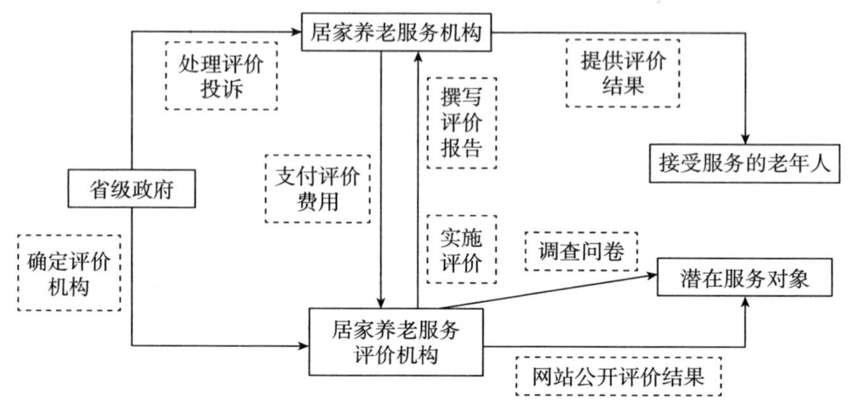

图 6－2　日本居家养老服务评价体系流程

二　新加坡嵌入式养老发展概述

由于婚育年龄推迟、生育率持续降低以及人口预期寿命的不断增长，新加坡人口老龄化趋势明显。2012 年，新加坡第一代“婴儿潮”时期的人口正好步入 65 岁，这也是新加坡人口结构变化的一个重要转折年份。到 2020 年，新加坡 65 岁以上人口占比将达 15%，届时老龄化将进一步加速。然而，新加坡的人口替代率却持续低迷，仅仅保持在 1. 2 左右，远远低于社会经济发展所需的人口替代率 2. 1。从 2020 年起，进入退休年龄的人口数量将大于进入劳动力市场的年轻人数量，新加坡的总劳动人口将会下降。如果新加坡继续保持当前的低生育率，其人口的老龄化趋势将会以前所未有的速度加快，如果不增加移民数量，新加坡的人口总数将会从 2025 年起出现减少，人口老龄化预计在 2030 年达到巅峰，届时将有 1/5 的新加坡国民都在 65 岁及以上。为了应对这一挑战，新加坡政府部门最新的改革目标并不是短期内迅速提升生育率，而是通过长期战略，实现人口生育率、劳动力、移民政策三者和谐统一，根本目的是为了新加坡的可持续发展。

（一）新加坡嵌入式养老优惠扶持政策

1. 养老金社会保障政策改革

新加坡中央公积金提供的每月退休收入仅能替代17%的平均工资水平，老人们主要依赖已成年工作的子女提供退休后收入保障以及同居保障（co - residence）。早在1995年，新加坡国会就通过了《赡养父母法令》，规定子女必须对父母尽赡养义务。父母可将不孝子女告上家事法庭，如追讨赡养费等。新加坡老人退休收入中超过2/3的部分来自子女的转移支付。然而，这种收入保障来源形式在现代化、科技迅速发展、社会经济变革持续进行的时代非常脆弱，也不可持续。近年来，社会经济变化以及相伴随的生活观念变化已经导致晚婚晚育、少子化的现象日益普遍，家庭观念逐渐淡漠，年轻人与父母同住以及代际间的转移支付都受到挑战，子女对父母的转移支付呈现出逐渐下降的趋势。因此，新加坡提高中央公积金的退休收入保障能力和保障水平势在必行。

新加坡中央公积金制度是一项集养老退休、医疗保健、住房保障、教育、投资等多项用途于一体的具有综合性功能的社会保障体系。缴费来源分别为雇主和雇员，雇员缴纳工资的20%进入公积金账户，雇主缴纳雇员工资的17%进入账户，一共缴纳工资的37%存入账户；关于账户的记存方面：23%记存在一般账户，8%记存于医疗账户，6%记存于退休专用账户。为了应对人口老龄化带来的社会经济挑战，新加坡政府明确了下阶段中央公积金制度改革的三个最重要目标，即提高公积金投资回报率、增强应对人口寿命增长的能力、应对通货膨胀的能力。

中央公积金制度始建于1955年，是新加坡退休养老机制中的核心部分。发展到现在，已成为拥有世界上参与人数最多的缴费固定型养老金制度，约323万人口参与这个计划。但现在，由于新加坡有着世界上最低的生育率（1.2）和最长的人均寿命（81岁），这项养老计划面临着快速老龄化的严峻挑战。因此，近年来新加坡政府引进了国家长寿保险计划来解决人口老龄化背景下的长寿危机。

2009 年，中央公积金委员会开始供应年金计划相关的产品，并开展前期试点调研。2013 年，中央公积金管理委员会决定将全国的中央公积金的提取模式年金化，彻底废除原有的递进式提取途径，作为 CPF 退休储蓄的强制性设置之一。新加坡人力资源部和中央公积金委员会联合协作，研究相关制度设计和基本准则，将其命名为 CPF LIFE Scheme（中央公积金年金计划），并且通过媒体、报纸杂志、街头散发宣传册等多种方式展开全方位的深度宣传，激起了大众的参与兴趣和热情。截止到 2017 年年底，新加坡的中央公积金制度已拥有约 38 万名参保人，积累的养老金基金规模已达 353 亿新加坡币。

2. 老年人力资源开发政策

完善退休人员再聘用法律法规，增强老年人教育培训。2011 年，新加坡国会通过了最新的《退休与重就业法》（*Retirement and Re - employment Act*），规定新加坡最低退休年龄为 62 岁，雇主不能在雇员 62 岁以前辞退雇员。此外，这一退休年龄设计并非强制性退休，雇员到了 62 岁以后如依旧达到公司相关职位的能力要求，雇主应当提供相应的重新就业的机会，最高的再就业年龄为 67 岁。法律规定，从 2017 年 7 月 1 日开始，雇主必须提供返聘的机会给已经到达 62 岁的最低退休年龄，但是各方面条件依旧合格的雇员。具有返聘机会的具体审核条件为：必须是新加坡公民或是永久居民；在达到最低退休年龄（62 岁）之前必须在所在公司工作过三年以上；由雇主评定具有满意的工作表现；身体足够健康能支撑继续工作。如果雇员经评定后享有返聘资格，但是雇主/公司由于种种原因无法提供返聘的岗位，那么该公司/雇主必须做出以下弥补：经雇员同意后，帮助推荐并转移雇员的返聘资格给其他的雇主；或是提供一次性就业协助资金作为补偿，一般相当于三个半月的工资水平（最低 5500 新币，最高 13000 新币，1 新币 = 约 5 元人民币）。为了鼓励雇主自愿雇用 65 岁及以上的老年员工，新加坡人力部（Ministry of Manpower）新推出特别就业补贴（SEC，Special Employment Credit）

提供给自愿雇用65岁及以上老年员工的公司，该基金相当于老年员工月工资3%的水平。

随着人口预期寿命的提升，新加坡老年人口占劳动力比例也逐步提升。为了打开老年劳动力这一劳工资源，雇主必须重新设计工作安排和重新设置工作场所，来更好地匹配老年劳动力的技能。公司应当提供给老年职工升级技能的机会，以确保老年劳动力一直都与经济发展息息相关，并做出应有贡献，年轻劳动力也得以向资深老年员工学习深层技术和知识。新加坡政府认为新加坡公民应当持续终身学习和进修（lifelong learning），不断增强知识储备和提升技能，加大就业竞争力，以应对劳动力市场持续变化的要求和预期，从而增加就业机会、工资水平和生活水平。

2015年新加坡成立了新加坡老年管理委员会（Managerial Committee of Ageing），为应对人口老龄化及相关挑战明确了以下几个目标，与多方伙伴共同协作完成：①与国家老年人协会（National Silver Academy）合作，扩大服务机构的规模和数量，计划在2020年之前给老年人提供30000个学习席位，满足他们各种学习需求；②与卫生部合作，进一步提高老年人的健康状况。计划将国家老年人健康计划覆盖到至少40万老年人，在2020年之前，把社区医院床位加倍，提高养老机构的容纳力至70%，把居家医疗和社区医疗的服务点分别提高50%和100%，试点建立全方位多元服务的智能养老中心。③进一步拓展老年人全民学习培训运动。新加坡SkillFuture计划与新加坡劳动与发展机构、新加坡教育部合作，专门设计和制定符合老年人学习需求和习惯的课程，并且补助90%的课程费用。④与国家研究基金会合作，投入2亿新币的资金专门研究与老龄化和养老挑战有关的创新性课题。

3. 试行以房养老政策

随着现代化进程不断加快，新加坡原有的社会保障理念也将受到挑战。例如，老人和子女同住一起的比例持续下降，对于大多数新加坡人来说，“固定资产富足、现金匮乏”是一个很普遍的现象，几乎每个新加坡老人都有自己的房子，然而，对于部分老人而言，现金收入无法满足他们物质生活需求，于是他们需要考虑转化房屋资产作为退休收入的来源之一。

利用组屋变现以增加退休收入，主要有以下三种选择：①买房另租。从心理学角度而言，将自己的组屋完全卖掉会对老人带来极大的心理落差，因为组屋承载着太多美好的人生记忆，老人们在年迈之时也厌恶另外搬家。因此，大多数退休收入严重不足的老人，即使在人生中最后阶段，也不会搬家。从投资学的角度而言，这种方式也存在一定的不确定性。首先老人要从卖房的收入中拿出一部分资金去支付日后的租金，其次老人还面临着典型的退休养老难题，例如，对于寿命预期的不确定性，分配每月花销比例的不确定性。②屋契回购计划（Lease Buyback Scheme）。新加坡组屋建筑发展局（HDB）从 2009 年 3 月 1 日起开始实施这一计划，HDB 根据市场估值价格收回组屋，预留 30 年产权给老人以提供住宿，另外的产权年限根据市场估值付钱给老人，进入老人的中央公积金养老年金计划之中，老人退休后提取公积金的退休收入能相应增加 620 新币到 720 新币不等。③换更小的组屋（Downsizing）。具体来说，是指卖掉较大的原有组屋，转而购买一个更小、更便宜的组屋。这种理念呼应了学术界上定义的退休三阶段理论中的第二阶段：早期阶段，完全停止工作，释放能量，排解压力；中期阶段，生活方式有所缩减，缩减组屋规模也能算是一个合理的伴随措施；最终阶段，健康状况转向下降。④出租房间，共享组屋（Subletting）。这主要是针对不想出售组屋的群体，他们可以选择以下两种方式来增加退休收入的现金流，一是长期租出房屋中的部分空间，二是通过 Airbnb 等平台，运用共享经济（sharing economy）的短期出租形式共享组屋。然而对于极度重视隐私和个人空间的老年人来说，这种共享房屋的方式显然会使他们的退休生活幸福指数打折扣，甚至影响其健康状况。

4. 老年人力资源开发体系

1993年，新加坡《退休年龄法》规定新加坡老人的退休年龄是60岁，1999年延长至62岁，并设立了逐步提高至67岁的长期目标。2007年，三方委员会建议新加坡应在2012年出台再就业法，而不是仅仅提高退休年龄。2007年10月，三方委员会成立三方执行工作小组，协助雇主制定和实施再就业政策。到2008年年末，4650名年龄超过62岁的老龄工人被重新雇用。2012年年初，新加坡《退休与重新雇佣法令》规定，年满62岁法定退休年龄的员工，只要健康状况和工作表现好，雇主都有法律义务为他们提供重新受雇的选择，直到65岁。自2017年7月1日起，这一重新受雇年龄上限又从65岁延长至67岁。新加坡人力部2016年公布的一项数据显示，几乎所有满62岁的新加坡员工都获得重新雇用，2015年65—69岁年龄段的新加坡人中超过四成仍在工作。

新加坡政府对老年人口就业提供培训和财政资助。针对雇主，新加坡向每个公司进行了高达40万新元的财政拨款以帮助它们更好地实施老年人口再就业政策。当雇主无法重新雇用他们时，雇主需向符合资格的老年雇员提供4500—10000美元的就业援助支付（EAP）。人力部也和其他劳动力发展机构如新加坡全国雇主联合会、中小企业协会和老年人中心等合作，为公司提供一系列培训以调整其人力资源政策，促进公司重新雇用老年员工。针对老龄员工，新加坡推出一系列提高其就业能力的措施，如技能提升和工作培训项目、低薪工人工作福利津贴、高质量行业课程计划等，2007年还出台了专业人员转换计划来帮助老年专业人员、经理、管理人员和技术人员的职业转换，鼓励55岁以上的老人继续就业，并为55岁以上的低薪工人提供更高的工作收入补贴。新加坡营造老龄友好型工作环境，制定公平就业指导方针、非歧视性工作广告指导方针，成立公平就业三方中心，以促进社会的公平就业意识，营造良好的工作环境，并设立国家奖项表彰表现突出的优秀公司。

（二）新加坡嵌入式养老服务项目内容

1. 鼓励社会化市场力量参与养老

新加坡计划在 2020 年实现老年人社区服务网络全覆盖，这一网络体系主要由卫生部倡导，通过多渠道服务方式，把不同的利益相关者如志愿服务组织、国会草根组织、区域性健康机构和政府部门协调在一起，联合支持老年人的养老生活。这一网络全覆盖计划设立健康和社会服务以援助孤寡老人，有利于促进全国性健康养老的推行。

与新加坡一直以来的“反福利国家”立场相一致，其一直重点强调的社会福利提供原则是：多元提供手段和角色（Many Helping Hands），促进更多的非政府组织积极参与到社会保障服务的提供中来，鼓励非政府角色更直接、更全面地提供服务。这一治理原则使新加坡政府在社会保障领域的公共服务中扮演的更多的是协调人、促进者、监督者角色，通过半政府部门国家社会服务委员会的领导，鼓励和倡导一系列的宗教性和非宗教性的社会福利组织来提供社会保障服务，满足老年人的养老退休需求。另外，从公共服务提供者的角度来看，“多手帮助”这一原则也促进了多元经济发展战略的落实，给有能力承担提供相关服务的私有部门、营利性组织提供了更多空间以提升服务质量、完善服务网络。

新加坡一些志愿社会福利组织，例如老年人中心（Centre for Seniors），已经开发设计了一些专项帮助退休老年人实现职业转换、为退休做准备。老年人中心会帮助老年人更好地理解政府在住房、医疗和退休收入方面的公共计划。而在未来贯彻落实增强医疗保障体系的建设中，引入智能养老服务和医养结合养老服务中心这一理念，新加坡政府将会进一步扩大非政府部门的作用。

2. 推行全方位社区养老服务网络

新加坡推行老年人社区服务网络（Community Networks for Seniors，CNS）、预防性健康监测、活跃式养老等，上述是新加坡卫生部为了促进健康养老最新推行的一项基层探索模式，2016 年开始试点，目前处于加速扩展阶段，计划2020年实现全覆盖。CNS与社区的基层组织、政府部门密切合作，共同促进健康养老。从2016年至现在，CNS已经启动了70个居民区网络的建立，开展定期健康监测和活跃式养老（Active Ageing）主题活动，涵盖了超过7万名老年人。CNS还成功训练并匹配了600个社区老人，为超过800个健康状况低下、生活不便的老年人提供互助援助。这一网络拓展计划已经使越来越多的孤立老人积极参与社区活跃养老活动，促使他们的生理和心理都更加健康。

（1）活跃式养老（Active Ageing）。CNS规划和协调人员与社区组织如老年人活动中心、人民联盟（People's Association）合作，引进和推广疾病监测等预防性健康措施和活跃式养老活动，鼓励老年人走出家门定期参加社会活动，以减少他们的孤独感、孤立感。具体而言，这些活动包括锻炼、健康教育、医疗检测、建立老年人社团和兴趣小组。

（2）互助Befriending。CNS规划和协调人员与人民联盟合作，明确和训练社区里愿意当志愿者的健康人群，让他们去陪伴和照料孤寡老人。同时当地的志愿社团组织也会定期招聘、培训和利用志愿的互助人员，共同支持孤寡老人。

（3）对弱势群体的援助和支持。通过系统化的扩展，先驱者年代办公室明确了急需援助的老年人人群，并且推荐给CNS规划和协调人员。政府部门依此推荐名单，协同社会服务部门和志愿福利组织共同启动多重协调性救助，提供社会服务。

3. 推行乐龄公寓和临终关怀体系

1998年新加坡建屋发展局推动建设乐龄人士居住的“乐龄公寓”。乐龄公寓一般为高十余层的“板楼”，户型面积以满足一两位老人需要为主，包括35平方米及45平方米（使用面积）两种。公寓底层架空，设有休息场所和便民设施，第二层是提供养老服务和必需设施的场所，如诊疗中心、活动中心、心理疏导室等。为使乐龄公寓更加适合老年人居住，建屋发展局除将其选址在配套设施完善的社区中还专门改造、增加了诸多便利设施及服务，这也成为老年人选择定居此处的重要因素。单身人士、离婚者或丧偶的组屋屋主均可申请。考虑到与子女团聚，建屋发展局会将老人分配至距离子女最近的乐龄公寓中。

新加坡同样还设有以 HCA 慈怀护理中心为代表的临终护理体系，在政府财政和社会捐助的支持下，实行完全免费模式。临终关怀是指在临终者逝世前的几个星期甚至几个月的时间内，减轻其所患疾病的症状、延缓疾病发展速度的医疗护理。HCA 慈怀护理成立于 1989 年，是目前新加坡规模最大的居家临终关怀护理机构，其护理方式主要有提供上门式的护理、在护理中心接受护理和让病人留住看护。新加坡的临终关怀服务是完全免费的，其 60%—70% 的资金来源于卫生部，20%—30% 由病人或者其家人提供，其余来源于社会捐助。乐龄公寓和临终护理成为新加坡居家养老模式的特色之处。

（三）新加坡嵌入式养老服务监管体制

1. 设立人口老龄化跨部门部长级委员会

与世界上其他老龄化国家一样，新加坡老龄工作也涉及诸多部门，也存在衔接、配合等问题。为了增加协调配合力度，1998 年，新加坡政府专门设立了人口老龄化（跨部门）部长级委员会。这个委员会分经济保障、就业、社会融入、健康护理、住屋、社会和谐六个小组，主席为主管老龄化与老人护理问题的部长，委员会成员包括卫生部部长、总理公署部长、国家发展部政务部长等重要职能部门的主要领导。人口老龄化（跨部门）部长级委员会在拟定政策、综合协调有关老龄工作和老龄问题方面发挥了重要作用。

2. 制定统一的服务标准

为应对人口老龄化问题，新加坡政府逐步建立起社会养老服务体系，并开展养老服务领域的标准化工作，以期为老年人提供优质和安全的养老服务。新加坡成立了国家标准化委员会（Singapore Standards Council），并下设 13 个标准化委员会负责电子、环境、能源、建筑设计、信息技术、化工产品等各个领域的质量管理和标准化工作。新加坡老龄产业标准化委员会（Silver Industry Standard Committee，SISC）是标准化委员会的下设机构之一。SISC 旨在积极配合新加坡老龄化政策的落实，并提高老年人的生活质量。该委员会关注的领域包括家庭和社区的宜居性、老年人医疗服务和养老服务、老年人的营养、与老年人相关的科技研发和应用等。

为了保障养老服务的质量，由新加坡卫生部牵头，联合标准化委员会等其他机构陆续颁布实施了一系列养老服务标准。1999 年 2 月通过了《老人院法令》，对养老院的设立、标准、审核、管理等问题均作出了明确的规定。2014 年 1 月颁布《疗养院服务标准》。2015 年 4 月颁布《社会照护中心服务指南》和《居家养老服务指南》。《疗养院服务标准》旨在保障老年人能够获得高质量的养老服务，该标准主要包括医疗护理、社会照护和组织管理三个方面的内容。《疗养院服务标准》明确地阐述了疗养院要提供安全和高质量的医疗护理服务；明确地提出了疗养院提供的服务要保障老年人的尊严，并且提高其心理和社会福利水平；明确地提出了疗养院运营的标准，如财务管理、人员配备和管理、人员资质、人员培训和监管、顾客关系和持续改进机制等。《社会照护中心服务指南》主要包括照护服务的提供、安全、保障老年人的尊严和组织管理四部分内容。《居家养老服务指南》主要包括整体照护服务、服务质量、老年人被告知权和获取增能服务、服务的可持续性等内容。

第四节　我国港台地区嵌入式养老发展概述

一　我国香港地区嵌入式养老发展概述

香港地区作为最早进入老龄化行列的地区之一，较早地提出和实践了“居家养老”服务的理念，如今香港地区已经建立起了完备的社区居家养老服务模式，通过一系列支援服务，满足长者需要和提升他们的生活质量，尽量使他们留在熟悉的社区环境中生活。

（一）我国香港地区嵌入式养老优惠扶持政策

1. 完善社区养老政策和战略方针

居家养老模式在香港地区的建立经历了一个过程。1972 年，香港当局为研究老人的需要以及老人对社会的需求问题，专门成立工作小组进行调查研究。1973 年，香港当局采纳了工作小组提交的报告，确定未来老人服务的发展方向为“居家养老”。从此，居家养老服务逐渐成为香港地区安老服务的发展主流。1977 年，香港当局布政司属社会服务科发布《老人服务绿皮书》，提出为老年人提供社区照顾的构想，以“家居照顾”为最终服务目的，之后香港当局增设了日间护理中心、家务助理员、社区老人服务中心等。1979 年，颁布《香港社会福利白皮书——进入八十年代的社会福利》，肯定了“家居照顾”和“社区照顾”，明确了香港当局需要承担社区照顾服务的责任，以及对老年人的现金援助、医疗和房屋的支援。

1997 年回归后，香港政府定下“老有所养、老有所属、老有所为”的养老服务目标，积极推动养老服务的发展，不断加大在养老服务方面的资源投入。1998 年，香港地区完成了“香港长者对社区支援和住宿照顾服务的需求调查”，政府根据调查结果又丰富了一些服务项目，如老年人综合服务中心、老年人活动中心等，建立由专业人员组成的老年人服务队。

2. 建立长期护理服务政策机制

近年来，香港政府持续增加长者日间护理服务和社区到户服务名额。2013 年 9 月香港政府开始推出“长者居民小区照顾服务券试验计划”，倡导将院舍服务与社区照顾服务相结合，由专业服务机构运营安老院舍的现有设施，配合专业的管理及护理经验，为长者提供具有灵活性的多元化服务。此外，政府为确保长期护理服务能够用于有确切需要的长者身上，并充分利用资源，社会福利署于 2003 年 11 月起实施“长期护理服务中央轮候册”机制，集中处理为长者而设的受资助长期护理服务的申请和服务编配。

(二) 我国香港地区嵌入式养老服务项目内容

香港地区嵌入式养老服务项目涵盖多层次的长者社区支援服务，长者社区支援服务旨在协助长者尽量留在社区中安享晚年，以及为护老者提供支援。为了配合各项社区支援服务，服务形式将以综合模式为主。概括而言，长者社区支援服务可以划分为三个范畴，即长者中心服务、长者社区照顾服务及其他支援服务。

(1) 长者中心服务。旨在为长者及其护老者提供地区和邻舍层面的社区支援服务，以便长者及其护老者在邻近其住所的中心接受多元化的服务。在地区上，各长者中心也互相配合，并与其他类别的机构联系，共同为长者提供适合的支援服务及建立一个关怀长者的社区。长者中心服务包括长者地区中心、长者支援服务队、长者邻舍中心、长者活动中心。

(2) 长者社区照顾服务。旨在为体弱且日间缺乏家人照顾的长者在熟悉的家居及社区环境内提供照顾、护理、康复训练和社交活动。长者社区照顾服务包括长者日间护理中心、长者日间暂托服务、改善家居及社区照顾服务、综合家居照顾服务。

(3) 其他支援服务。除了上述的长者中心服务和长者社区照顾服务外，社区内还有其他支援服务，让长者得以享受在社区安老，发展其潜能和贡献社会。其他支援服务包括长者卡计划、老有所为活动计划、护老者支援服务、长者度假中心。

(三) 我国香港地区嵌入式养老服务监管体制

1. 建立合约制服务运行机制

在长者社区支援服务中，香港地区主要采用政府购买机制，实行“政府出钱，NGO、私营机构办事”的合约管理方式。在长者社区支援服务的运作中，政府—家人、邻里、朋友—NGO、私营机构之间形成了三方合作的良性互动，既建立了政府与NGO、私营机构的合作伙伴关系，同时又唤起社区居民的社区融入意识。多元部门提供福利，共同承担社会责任，分工明确，便于问责与监管。

政府部门一般不直接提供福利服务，而是以合约制方式要求中标机构运营政府规划的福利项目。社会福利署先评估全港长者对社区支援服务的需求，再依照评定情况制定服务目标、服务类型、人力编制、经费支出及受惠人资格等条件，采用招标方式挑选服务经营者，中标机构按照签署的津贴及服务协议履行责任。政府的责任包括政策和服务规划的制定、提供所需经费和进行服务监督。倘若属非政府机构的服务营办者未能按照与社会福利署所定的协议作出任何改善，未达至合理的服务表现标准，社会福利署有权扣拨或终止向其提供拨款。

2. 推行服务表现监察制度

为保证社会福利服务的质量，香港地区社会福利署推行服务表现监察制度。[①] 安老服务作为社会福利服务的重要组成部分，服务表现监察制度也适用于有关安老服务机构。服务表现监察制度主要有三大监察措施：一是规定提供社会福利服务的机构定期提交自我评估报告；二是规定提供社会福利服务的机构定期提交服务量及服务成效标准的差异报告；三是由社会福利署安排工作人员到选定的服务机构进行评估、突击探访及实地评估，以审核提供社会福利服务的机构推行服务项目的实际情况。

特别值得一提的是，服务表现监察制度中的“十六项服务质素标准”在管理及提供服务方面清晰地明确了提供社会福利服务的机构应具备的素质水平。“服务质素标准”从机构明确界定服务的宗旨和目标、公开运作形式，有效管理资源、持续改善服务质量，界定和满足服务使用者的特定需要，尊重服务使用者的权利四个方面提出了基本要求。每项服务质素标准都有一套准则及评估指标说明，机构根据各要求以合适的方法应用于不同的服务之中。

3. 开展安老服务统一评估机制

香港地区社会福利署于 2000 年 11 月起，开始推行“安老服务

---

① 李璐龄：《香港安老服务：政府和社会携手并进》，《中国社会报》2013 年 9 月 30 日第 8 版。

统一评估机制”，这一评估机制目前广泛用于评估居家养老的服务需求。在“安老服务统一评估机制”下，认可评估员（以下简称“评估员”）会采用一套国际间认可的“长者健康及家居护理评估”工具，评估长者在护理方面的需要，并为他们配对合适的长期护理服务，包括长者日间护理中心/单位、改善家居及社区照顾服务、综合家居照顾服务（体弱个案）、护理安老院及护养院。

安老服务统一评估的结果有效期为 12 个月。其间，若申请人在评估后健康、照顾能力、居住环境等情况出现重大转变，相关工作人员会为其安排重新评估以确定申请人当前的长期护理需要，或跟进更改轮候服务的类别。为保证程序公正性，安老服务统一评估机制也设有上诉前调解及上诉渠道，便于申请人或服务提供机构对评估结果和服务建议有不同意见时，在申请初步阶段澄清事实并解决分歧，或提出复核相关申请。

认可评估员均为专业人士，例如社会工作者、护士、职业治疗师和物理治疗师等，他们已接受使用“长者健康及家居护理评估”工具的训练并取得执行评估工作所需的认可资格。评估员会就申请人的自我照顾能力、身体机能、记忆及沟通能力、行为情绪等方面的受损程度、健康状况、环境危机和应付日常生活的能力等方面作全面的评估，从而识别申请人的长期护理需要。

4. 加强安老服务人员管理

香港地区的安老服务团队成员按照专业资格可分为专业员工和非专业员工两大类。专业员工要求必须持有经认可的相关专业资质（有效的注册及执业证书等）。而对于非专业员工则没有特定的专业资质要求，他们所从事的工作就是协助专业员工提供服务、开展非专业性活动或负责机构杂务等。但社会服务机构也会鼓励非专业员工参加一些职业技能培训课程，如康复技巧训练课程、急救培训、起居照顾员培训等，以提供更为适当的服务。

在员工比例上，在香港地区大多数提供安老服务的机构专业员工中，所占比例最大的就是社会工作者和护士，而机构主管往往也都是由这两类专业人员担任。根据服务类型和内容的不同，社会工作者和护士在机构中所占比例也有所不同。通常在安老院舍或日间照顾中心，特别是照顾级别较高的院舍，由于长者生理方面的需求较多，护士所占比例就相应较高，社会工作者则相对较少；而在长者邻舍中心，长者需求大多聚集在心理、社会方面，因此，机构中只有社会工作者这一类专业人员和程序助理、活动助理等非专业人员。

为改善安老服务从业人员的服务水平，香港政府及社会服务机构都很注重员工培训和发展。香港地区社会福利署在“服务质素标准”中就提出服务单位/机构备有职员训练政策及职员训练与发展计划，且应设立社会工作训练基金来为社会工作者的个人研修及训练、社会工作者现有训练设施的改善、社会工作者课程的举办等提供基金资助。社会服务机构也应根据自身的不同情况为员工提供不同的学习和发展机会，鼓励员工参加机构自身或外部机构举办的培训班、研讨会或讲座等，以促使员工不断学习新的领域知识和专业技巧，推动服务的持续改善。

二　我国台湾地区嵌入式养老发展概述

1993 年，我国台湾地区正式迈入人口老龄化社会，面对老龄化速度加快、家庭形态多元化以及老年照顾家庭力量单薄的发展趋势，社区照顾的重要性不断受到重视。经过 20 多年的发展，我国台湾地区在社区居家养老方面建立了较为系统的政策法规体系，积累了丰富的实践经验。

（一）我国台湾地区嵌入式养老优惠扶持政策

1. 长期照顾政策法规

台湾地区经过多年的经验积累与探索，台湾当局于 1998 年核定“加强老人安养服务方案”，并通过“老人长期照顾三年计划”，从 2000 年到 2003 年，制订机构长期照顾体系先导计划。2002 年到 2007 年，台湾当局推行“照顾服务福利及产业发展方案”。2007 年，核定“长期照顾十年计划”。2015 年，制定“长照服务网及长照服务法”。2016 年，逐步推出“长照十年 2.0 计划”，并在长期照顾服务上制订了详细的规划方案，分三阶段逐步推进。第一阶段为“长期照顾十年计划”，这是长期照护服务模式建立与量能的扩展时期，为建构长照制度及长期照护网络前驱性计划；第二阶段为“长照服务网计划”，这一计划在报台湾地区立法部门批准时被否决，但为充足台湾地区长照服务量能，为服务普及化奠定了基础；第三阶段为“长期照护保险法”，当第二阶段通过并顺利运行以后，紧接着将启动“长期照护保险法”的立法工作，之后即正式实施“长期照护保险”。台湾地区长期照顾制度发展脉络见表 6 – 7。

2. 老年权益保障政策

针对台湾地区老龄化的实际情况，在长照服务方面，台湾地区出台了一系列政策。如为维护老年人尊严与健康，保障老年人权益，增进老年人福利，制定了所谓“老年人福利法”（2009 年 6 月 12 日修正，2009 年 11 月 23 日实施）。该文件共 7 章 55 条，围绕老年人在经济安全、服务措施、保护措施等方面提出具体明确的要求；并且依所谓“老年人福利法”第三十四条第二项及第三十六条第五项规定制定所谓“老年人福利机构的设立标准”（2012 年 12 月 3 日修订，2012 年 7 月 3 日实施），该标准共分 5 章 38 条，对于老年人福利机构的分类及其人员、设施、相关配置及服务规范等方面提出了明确要求。

表 6 – 7　　我国台湾地区长期照顾制度发展脉络

年份	方案名称	重要内容
1998—2007	“加强老人安养服务方案”	以中低收入老人为主要对象，推广家居服务
1998—2001	“老人长期照护 3 年计划”	建立整合性服务网络，普及机构照护，充实社区化照护设施，加强人力教育与培训，保证照护品质
2000—2003	“建构长期照护计划先导计划”	研究各种照护模式，以实验社区获取实务经验，为后续政策提供参考

续表

年份	方案名称	重要内容
2001—2004	“医疗网第四期计划”	逐步建立照顾管理制度
2002—2007	“照顾服务福利及产业发展方案”	将居家服务对象由中低收入家庭扩大到一般家庭：整合病患服务员与居家服务员为照护服务人员，并推动照护服务人员丙级技术士证照制度
2005—2008	“台湾健康社区六星计划”	实行全面性的社区改造运动，通过“六大面向”的提升打造健康社区，并规划社区照顾关怀据点
2007—2015	“大温暖社会福利配套方案”	该配套方案涵盖四项策略十二项重点计划，并推进包含长期照顾十年计划在内的重点计划，以应对人口快速老龄化下的长期照护

为健全长期照顾服务体系，提供长期照顾服务，确保照顾及支持服务质量，发展普及、多元及可负担的服务，保障接受服务者与照顾者的尊严及权益，台湾地区制定所谓“长期照顾服务法”（2017年1月26日修正，2017年6月3日实施），长期照顾服务不因服务对象的性别、性倾向、性别认同、婚姻、年龄、身心障碍、疾病、阶级、种族、宗教信仰、国籍与居住地域而有差别待遇，该文件由七章66条构成，对于长照服务及长照体系内容、架构，长照人员和长照机构管理，接受长照服务者之权益保障等方面都作出了具体详尽的安排和要求。另外，所谓“长期照顾服务法”有10个子文件，分别为长期照顾服务人员训练认证继续教育及登录办法、长期照顾服务资源发展奖助办法、长期照顾服务机构设立许可及管理办法、长期照顾服务机构设立标准、长期照顾服务机构专案申请租用公有非公用不动产审查办法、外国人从事家庭看护工作补充训练办法、长期照顾服务法施行细则、长期照顾服务机构评鉴办法、长期照顾医师意见书格式、长期照顾服务机构法人条例。

3. 全民健康保险制度

台湾地区旧健康保险制度的开端是1950年3月台湾当局颁布的所谓“台湾地区劳工保险办法”，自其颁布到实施台湾地区“全民健康保险”，有将近45年的历史。台湾地区旧健康保险制度存在许多问题，如覆盖范围有限、财务危机显现、管理混乱。为解决这些问题以及适应社会大环境的改变，台湾地区进行了一代健康保险、二代健康保险改革。

（1）一代健康保险制度。台湾地区卫生部门是台湾地区全民健保的管理机构，其下设五个机构进行管理。在保险对象上，台湾地区所谓“全民健康保险法”规定了强制纳保原则，即除受刑人和失踪满6个月的人员外，只要在台湾地区设立户籍满4个月，就必须参加全民健保。强制纳保使参加健保不单成为台湾地区民众的权利，更是一项义务。保险费根据保险对象的薪资来确定，不同类别的保险对象保费标准也不同。居民根据每月薪资划分不同等级，等级不同，申报金额也不同。[①] 全民健保仍然沿用医疗机构特约方式，具体的医疗服务由公立和民营院所通过特约方式提供，台湾地区健保部门只负责提供保险，并不直接提供具体服务。[②]

（2）二代健康保险制度。针对一代健保制度在运行过程中存在的问题，台湾地区卫生部门于2001年提出健保制度改革，推出二代健保草案，以品质、公平和效率三个价值为核心，对一代健保制度做出调整（见表6－8）。

表6－8　台湾地区二代健康保险制度

对象	二代健康保险
保险对象分类	依职业性质将被保险人分为6类15目，新增服刑人员，各类目应自付保险费的比率为0—100%
保费计算	1. 基费包括一般保费即经常性薪资，增加“补充性保费”即全年累计超过月投保金额4倍以上奖金、股利、利息及租金收入 2. 费率：一般保费5%，补充保费2% 3. 一般保费与一代健保制度相同，补充保费只算个人不计眷属

① 刘永华等：《我国台湾地区全民健康保险制度的启示》，《中国卫生经济》2006年第9期。

② 苏素琼：《我国台湾地区全民健康保险制度的现状及启示》，《长春工业大学学报》2010年第3期。

续表

对象	二代健康保险
雇主负担	1. 受雇者保费的60% 2. 人事成本需要缴纳补保费
民众保费收取	1. 一般保费：投保单位按月扣 2. 补充保费：就源扣缴
医疗质量	1. 明确规定应该提供的医疗服务质量信息，协助民众方便就医 2. 对提供医疗质量较好的服务，给予给付上的鼓励 3. 医院应每天公布保险病床使用情形，“健保局”每月公布保险病床设置比例，并按季检查，健保病床不足者，每床罚1万—5万元新台币
回台就医	旅居海外人士，除最近两年内有参保记录，且在台湾地区设户籍外满6个月，才可重新参保，以避免出现平时在岛外未交保费，生病后要回台就医，临时加保，享受给付，而造成不公平的情况

4. 护理人员培养机制

台湾地区老年照顾服务专业人才十分紧缺，有大量外佣受雇于特殊家庭照顾老年人。台湾地区为了让照顾服务员实现专业化，注重培养大专院校的涉老或护理专业学生。另外，台湾地区设立统一资格考试制度，服务人员需要通过考试之后才能上岗。如在所谓的“长期照顾服务人员训练认证继续教育及登录办法”中规定，各类服务人员必须要具有相应资格，照顾服务人员包括照顾服务员、教保员、生活服务员或家庭托顾服务员，照顾服务员需要满足老人福利服务专业人员资格及训练办法规定。在上岗后要积极完成工作培训，居家服务督导在取得资格证书后，任职前还需完成长照培训共同课18小时训练课程，照顾专员及督导取得照管中心证明后，自任职之日起6个月内，完成80小时训练课程。在继续教育培训方面，台湾地区也有相应的规章制度，长照人员每6年接受专业课程、专业质量、专业伦理、专业法规等课程培训，积分合计达120点以上。专业质量、专业伦理及专业法规课程的分数合计至少12点，其中包括消防安全、紧急应变、传染病防治、性别敏感度及多元族群文化课程；超过24点者，以24点计。照顾服务人员，应接受失智症相关训练后，才可以照顾失智症者。照顾服务人员在接受身心障碍服务相关训练后，才可以照顾未满45岁之失能且领有身心障碍证明或手册者。

（二）我国台湾地区嵌入式养老服务项目内容

1. 社区养老服务供给模式

居家式服务即提供居家服务、居家护理、居家复健、辅具购买、租借服务及居家无障碍环境改善服务、老人营养餐饮服务、紧急救援服务。社区式服务即设置日间照顾中心、公办民营或民间兴建方式提供老人住宅、建立辅具资源中心、提供暂托（喘息）服务。机构式服务即设立安养机构、养护机构、长期照护机构，设立社区安养堂、老人公寓、护理之家和身心障碍福利机构，提供生活照顾及护理服务。“福利社区化”的政策导向，使公共权力部门相应调整了养老体系的规划。在机构养老中，公共权力部门也倾向于建立社区化的机构养老照顾体系，通过辅导医院、安老机构提供居家护理及日间照护服务，落实“在地老化”。长期照护体系建设同样推行以“居家护理”为主的理念，同时推行“在地老化”和“去机构化”的社区护理政策。

2. 长期照护机构类型

台湾地区长期照顾机构分为下列三种类型：①长期照护型。以罹患长期慢性病，且需要医护服务之老年人为照顾对象。②养护型：以生活自理能力缺损需他人照顾之老年人或需鼻胃管、导尿管护理服务需求之老年人为照顾对象。③失智照顾型：以神经科、精神科等专科医师诊断为失智症中度以上、具行动能力，且需受照顾之老年人为照顾对象。台湾地区长照机构入住率相对较高，大部分入住率高于80%。在运营管理方面，各机构的服务理念独具特色。

（三）我国台湾地区嵌入式养老服务监管体制

1. 民间部门参与服务监管

在推动社区照顾服务体系建设过程中，公共权力部门从单纯的福利提供者、补助者，到肩负起购买者、监督者、协调者与规范者等多重角色。受英、美影响，我国台湾地区在20世纪80年代以来兴起社会服务民营化风潮，将以往主要由公共部门所负责提供的社会福利服务，借由契约外包、财务补助等方式，部分移转至民间部门（市场或志愿部门）来承担。1990年以后，政府与民间部门建立合作伙伴关系的趋势更加明显。通过立法政策和各种方案计划的实施，以志愿部门提供服务已经是政府推动老人照护的重要发展趋势。此外，根据老年人照顾领域形势的变化，台湾地区不断加强对各类老年人福利机构及其人员服务的监管。随着社会福利民营化，各类中小型疗养机构大量增加。

2. 实施老人福利机构评鉴

老人福利机构在功能上以日常生活照顾为主，其质量评价的目的是改善机构业务与经营管理理念、提升机构服务品质。大型评鉴每3年进行一次，过去由台湾地区社会部门负责，2013年台湾地区卫生部门成立之后，交由卫生部门主管负责。评鉴程序分为自评、初评和复评3部分，自评即自我评鉴，由机构自行完成相关内容的填写，并递由主管县、市政府主管单位初评，复评则由上级主管单位进行。参与评鉴的专家学者涵盖老人福利、护理（卫生）、消防及营建相关领域。初评与复评均通过书面审查和实地访视的形式对机构加以评核。

根据最新公布的所谓“一百零五年度老人福利机构评鉴实施计划”，评鉴项目主要包括5大类100小项。涵盖行政制度、员工制度、社工服务、医护复健及紧急送医服务、生活照顾与辅具服务、膳食服务、环境设施、安全维护、卫生防护等，在专业服务方面以医护、复健及紧急送医服务为评核重点。各条目从高到低有A至E的5级评分标准，依次对应4—0分。最终评鉴结果以优等、甲等、乙等、丙等、丁等划分。评鉴结果为甲等及以上机构公开表扬、颁发奖牌并予以奖金奖励，评鉴为丙级、丁级的机构则需要进行相应整改，开展定期专家辅导，并在期限内予以复评等。如无正当理由未接受评鉴者，未来3年不得申请补助。

3. 开展护理之家评鉴

护理之家以提供医疗护理服务为主，其质量评价以提升护理品质、为民众选择护理之家以及颁发优先奖的补助经费，提供参考标准为目的。随着所谓“长期照护机构评鉴整合建议方案”的推动，一般护理之家评鉴与老人福利评鉴的5大项目类别与所占总分百分比逐步统一，但项目内容、二级条目的基准说明与评核方式各有侧重、有所区别。2015年“一般护理之家评鉴标准”共包括5大类96项，项目内容主要包括行政制度、人员配置、工作人员权益、教育训练、绩效管理、资讯管理、专业服务、生活照顾、膳食服务、环境安全、安全维护、卫生防护等方面。比较而言，在行政组织及经营管理这一类别，一般护理之家的评鉴质量要求更高，且二级指标更为具体，增添了工作人员继续教育和绩效考核等方面的评核标准。

在实施程序方面，与老人福利机构评鉴不同的是，护理之家的评鉴仅需由县、市卫生局督导考核与办理，评鉴者由卫生部门遴聘长期照护相关的医护、管理、环境安全等专家学者担任，且没有复评环节。自评审查后，卫生部门派评鉴专家进行实地访查，约3小时内完成机构负责人简报、实地查核、书面资料查阅及晤谈、综合座谈等工作。评鉴结果以优等、甲等、乙等为合格，丙等、丁等为不合格，卫生部门将颁予评鉴合格者证明文件，不合格者需要再评鉴至合格。一次性合格者其合格效期为3年，非一次性合格者合格效期为2年。如不符合机构设置标准、发生重大违规或督导考核结果不合格者，注销其合格资格。

4. 质量评价结果社会公开

台湾地区卫生部门为老人福利机构评鉴相关信息的公开设置了“老人福利机构评鉴专区”网页，一般民众可以查看这些机构的评鉴报告、成绩表及再次复评成绩。一般护理之家的评鉴结果由卫生部门在网站上公开，根据结果名单，民众可以查询到机构代码、名称、评鉴等级、合格效期等信息。

第五节　国外及我国港台地区嵌入式养老经验借鉴

一　强化社区家庭养老功能

随着全球老龄化趋势的发展，国际社会养老政策的价值导向从养老院集中式养老向社区嵌入式养老转变，各国将建立健全社区原居养老功能作为发展重点，并制定法令和计划推行社区嵌入式养老。联合国大会、世卫组织等先后发布《联合国老年人原则》《老龄问题维也纳国际行动计划》《老龄化问题指引》等，强调老年人养护的原居化、社区化和去机构化，在社区层面嵌入家庭养老和机构养老的整合性优势。英国的社区照顾理念是在1945年“反院舍化运动”后兴起的，英国先后制定了《社区照顾白皮书》《全民健康服务与社区照顾法案》《国民救助法》等法规。在撒切尔夫人执政期间，英国政府对大型养老院舍进行逐步改革，在社区建立容纳十人规模的嵌入式小型养老院，满足专业化就近养老服务需求。美国养老服务社会化程度较高，嵌入式养老主要依托规模化、集群化的老年社区或退休社区。美国制定了《全面医疗照顾》《老年人法案》《平衡预算法案》等规范社区养老服务和老年照顾服务，并推行嵌入式养老模式包括全托制的“退休之家”、日托制的“托老中心”，以及家庭护理员上门服务。日本奉行“让老人回归社区、回归家庭、在地安养”的养老价值理念，高度重视家庭养老的基础上，建立完善的社区居家养老体系。日本政府制定了《老人福利法》《老人保健法》《社会福利士及看护福利士法》《福利人才确保法》《介护保险法》等法规，并推行“金色计划”“新金色计划”“橙色计划”和“新橙色计划”等老年人保健照护项目。日本嵌入式养老在社区层面先后建立推广托老所、宅老所、失智老人日间照料中心、中小照护中心、养老驿站、上门护理服务站、高龄住宅区等。①

二　健全社会资源筹措机制

在资金来源上，各国形成了以政府财政投入为主，多元化筹资为辅助的资金体系。英国的社区照顾在财政出资上完全体现了以政府为主的特点，很多服务设施都是由政府资助的，社区、家庭和个人的支出不多。对于接受家庭照顾的老人，政府发给其与住院同样的津贴，这样使家庭在照顾老年人时有了一定的经济保障。其余部分通过向私人企业、行业协会、慈善团体等募集获得。地方政府负责确定居家养老的收费标准，原则上控制在老年人能够负担的范围内，并且由政府为服务费用提供适当补贴。日本在居家养老资金筹集上也是遵循以政府为主、服务机构为辅、多种渠道并行的原则，筹资责任由政府、社会以及个人共同承担。日本介护保险制度所需资金一半源于税金、一半源于保险金，其中税金部分来自中央和地方政府财政。在资金使用上，主要集中于日常照护、医疗补助、设施建设等方面。美国联邦政府对老年服务产业所给予的预算拨款主要集中在以下服务：首先是老年人的营养服务，这主要指老年人的三餐服务，这一服务占预算拨款的45%；其次则是社区护理，包括社区与居家养老服务，该服务占预算拨款的18%；再次是交通服务，该服务占预算拨款的16%；最后则是疾病防控支出与老年人权益保护服务支出，这两项支出分别占预算拨付的14%和7%。瑞典投入大量的资金建立完善的养老金体系。为了使儿女照顾父母更方便，政府还为老年人提供住宅服务，凡是领养老金的老人，都可以领到住宅津贴。在荷兰，凡年满65岁的老人均可领取国家老年金，政府建立了完善的福利保障系统，让全体老年人享受社会福利保障及照料服务。荷兰政府为老年人设计了多项福利服务保险计划，使

① 王宇熹、汪泓、陈群民、肖峻：《国际养老保险体系可持续发展改革政策评析》，《商业研究》2012年第8期。

老年人获得低价优质的服务。一般新建养老机构可获得60%的资助，老年照料服务的经费补贴可达70%左右。

三 规范养老人才输出模式

首先，养老服务人员的考核选拔是前提。英美两国对养老服务从业人员实行资格证书制度。拟上岗人员必须经过严格的考核，考核内容包括基本保健、护理、康复知识和技能，对考核合格者下发上岗证书。日本有些学校设立专门的学科来培养专业的老年护理人才，对想成为一名从事老人服务活动的护理人员特别是介护人员，有着严格的监管程序。其次，养老服务人员的教育培训是关键。在服务人员培训方面，法国政府采取了多种有效措施：一是根据不同服务岗位要求制订了细致的培训计划，设置了14个专业文凭和5个水平等级，定期调整培训大纲，以适应市场变化要求。二是政府和企业为参加培训人员补贴学费。三是为改变社会公众对福利行业工种的歧视，积极促进技能培训与大学教育接轨，学员完成职业培训后其学历将得到大学承认，并可转入大学继续深造。同时，政府还为社会福利行业设计了更高层次的高级职员和管理人员文凭，使从业者的职业生涯得到提升，以增强行业吸引力。四是各级政府投入大量资金建设培训基地，并鼓励民间资本投资服务行业人员培训。民间机构开展培训工作须先获得资质认定，其培训的学员同样可以享受到同等标准的国家补贴，其文凭得到承认。荷兰在养老福利方面已建立和形成了一套严格统一的教育培训制度。荷兰的护理人员分为4级，护士分为5级，证书在荷兰全国甚至欧盟都有效。荷兰全国约有全日制职业培训学校50家，一些规模较大的养老福利组织也可创办培训中心，根据统一的教学大纲与教材，对本单位为主的员工进行严格的培训，经政府考核认定，也能颁发证书。最后，养老服务人员的人才评估和监督是根本。英国工党政府建立了一个特别委员会，专门负责为老服务问题，并针对社区内需要长期照顾的老人，制定了一项能够提供可持续资金支持的制度，从而使这些老人无论在家中或其他地方都能得到良好的照料。为确保服务质量，1999 年后英国政府对养老服务业实行评估体制，由专门的服务监督员每年对养老服务业的运行状况、服务质量进行评估和监督。

四　多功能嵌入式养老设施

面向健康老年人的环境设施，注重全方位满足老年人需求。美国的退休社区包括“退休新镇”“退休村”“退休营地”“集合式老年住房公寓”和“继续照顾退休社区”等形式，这些社区设施齐全，为各类老人提供全方位服务。在其他社区，为老服务内容从吃饭、交通、日托、对有行动障碍老人的特别服务、医疗保健到心理和法律服务等，形式多样、内容丰富，以满足老年人的各种需要。社区组织兴办老年大学，发展老年教育，为有能力的老人提供就业机会。丹麦最流行的自助养老社区（DIY）可充分地满足老人的需求。在那里，老人们可以做自己想做的事，可以约志趣相同的朋友住在一起，共同建设属于他们自己的家园，拥有独享的公寓、共享的餐饮、个性化的小手工艺车间和小农场以及特别的照料服务等。新加坡则是将养老院和托儿所有机结合，成立了“三合一家庭中心”，对老少群体进行集中服务。新加坡相当重视对老龄设施的投入力度，各种养老设施齐全且收费合理。面向失能半失能等特殊老年人的环境设施着重关注特殊护理及医疗服务。对于在生活自理方面有困难的老人，日本政府逐步探索建设“新型医疗服务老年公寓”，把建设老年公寓的重点放在了“医疗及护理”上，与以往的老年人中心不同，住宅楼内部将会配备服务中心与护理所等，医护人员、心理咨询员等专业人士方便为老年人服务。面向行动不便的失智老人，荷兰建造了“迷你”养老院。在荷兰，生活在社区的失智老人，都可以就近找到一些微型的养老服务设施，享受家庭式的照料。荷兰社区还建造了一批收养人数在 6—12 人的微型失智老人照料点。“小规模居住点”在荷兰可分成三类：一是“辅导型”住房，主要收养轻度失智老人，便于家人就近看护；二是“取代型护理点”，这类设施一般一套建筑内包括 2—6 套住房单元，具有较好的护理功能；三是“护理院内的小规模居住点”，属于分开的小规模居住形式。“小规模居住点”在管理与服务上和那些养老院舍最大的区别在于其“机构钟”运转的不同，老人们可以自己决定吃早饭、晚上睡觉和午睡的时间，可以根据个人所需自由安排生活起居，而不必考虑清洁人员、送餐人员、医护人员何时到达，老人在这里能享受到职业化的专门照料。

五　多样化嵌入式养老服务

许多国家和地区都建立了功能齐全的日常照料服务系统。例如，瑞典的利丁屿市全市已成立了10家家政服务公司，为当地所有居家养老的老人们提供全天候服务。这些服务包括个人卫生、安全警报、看护、送饭、陪同散步等。家政服务的次数和范围根据需要而定，且要得到市政部门的认可。除此之外，其他的便利措施有：帮助居家养老的老人们改建住房，以适合其居住，但这需事先提出申请，在获得专家们评估认可后方能从地方政府获得一定的补贴；为居家养老的老人们安装警报系统，使他们在家中一旦遇到困难可以及时得到帮助；为70岁以上老人提供特别免费服务，如换灯泡、安装窗帘等；为那些无法乘坐公共交通工具出行的老人提供交通服务。芬兰首都赫尔辛基的社会服务局将该市划分为四个区，每个区均有一个社会福利中心，每个中心内又按小区划分为几个社会服务部。该部门主要的工作就是为老人提供家庭服务。年满75岁以上住在家中的老人，只要是年迈体弱或患病需要照顾，都可以向所在地区的社会福利中心提出申请，并获得这种家庭服务。家政服务人员帮助行动不便的老人进行上门日常照护。为了保证老人在家居住既安全又舒适，赫尔辛基社会福利部门还对老人的住房进行基本维修和添置轮椅等辅助用具。除了日常照料，丰富老年人的精神活动也是居家养老的一项重要内容。芬兰社会福利部门在发展老人家庭服务的同时还在全国建立起数百个老人服务和娱乐中心，丰富老人的晚年生活，使他们保持身心健康。

六 重点推进医养结合服务

国外社区嵌入式养老模式涵盖较为完备的社区养老产品和服务体系，推行医疗护理保险和医养结合服务，满足社区老年人居家或就近医疗、护理、养老等多层次的养老服务需求。英国充分调动公共资源、企业资源和公益力量，为社区老年人提供暂托、喘息照顾、日间照顾、居家服务等，同时打通社区照料与机构照料的互通渠道，实现了社区嵌入式混合照料模式（见图6-3）。英国社区老年人通过医疗委员会小组进行资质评估以便分类服务，并安排社区全科医生（General Practitioner）提供远程护理、24小时长期护理等医疗服务。[①] 美国社区嵌入式养老以政府购买形式提供基本养老服务、交通出行服务、餐饮营养服务、疾病防控服务、权益保护服务。美国社区医养结合实行PACE计划（The Program of All-inclusive Care for the Elderly），建立在老年医疗保险基础上，经由州政府相关机构对老年人健康状况和自理状况进行评估，商业机构中家庭护理员为符合条件的老年人提供就近的长期照护服务。日本嵌入式社区养老模式服务内容不断扩充、服务形式日趋灵活，涵盖身体护理、生活支援、医疗护理、应急服务、安全预防、介护疗养等内容，养老服务资费根据时段、时长、数量、难度、质量等收取。[②] 日本介护保险制度将医疗服务与老年人福利相结合，参保国民年满65岁即可享受不同级别标准的长期护理服务。地区支援中心负责统筹辖区内养老服务机构，筛选有资质的医疗护理机构，安排医护保健人员为社区老年人提供上门医疗、护理、保健服务。德国社区嵌入式养老依托周边养老服务机构提供上门护理服务、日间照料服务和不多于两个月的短期托老服务。德国作为福利型国家，推行护理保险制度，根据社区居家老年人的不同护理级别提供护理补贴，并对护理服务机构给予财税等支持。

① 祁峰：《英国的社区照顾及启示》，《西北人口》2010年第6期。

② 康越：《日本社区嵌入式养老发展历程及其经验》，《北京联合大学学报》（人文社会科学版）2017年第4期。

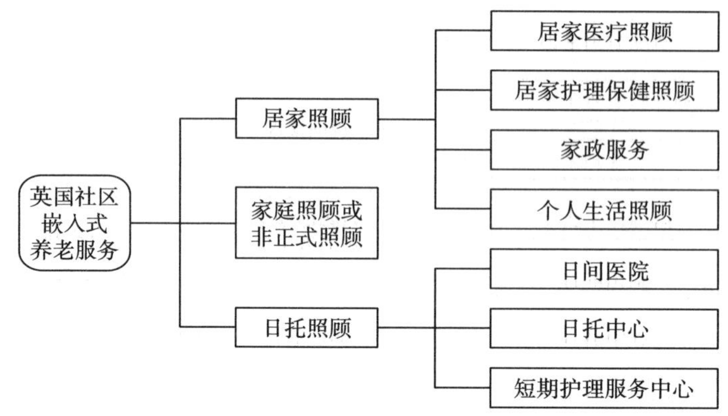

图 6 – 3　英国社区嵌入式养老服务体系

七　健全养老质量监管体系

国外社区嵌入式养老模式在发挥政府引导和支持作用的同时，广泛引入市场企业主体、社会组织和志愿力量参与养老服务事业，形成多元主体参与的合作型嵌入关系，同时强化社区嵌入式养老服务监管，涵盖养老服务质量监管和养老服务评级监管，形成严进严出的监督管理体系。美国社区嵌入式养老服务由州高龄化政策室和社区高龄化事务所管辖下的社区非营利组织或养老机构承接，在较普遍且发展迅速的生活协助型社区以公益性质的居家养老院作为主要供应商，广泛调动社区义工，覆盖美国 50 个州。此外在美国主要城市各区设立养老护理中心，负责统一调度管理提供上门服务的专业养老护理人员。美国对社区养老机构制定了严格的运营资质审核程序、照护标准、处罚办法和补救措施，推行居民评估工具（The Resident Assessment Instrument，RAI），将官方评估、公众评估和专业化评估相结合，并在护理之家比较（Nursing Home Compare）网站公示养老服务机构评估信息。① 德国社区嵌入式养老作为德国老年人养老的首选方式，在护理服务上创造性推行“储蓄个人护理时

① 穆光宗：《美国社区养老模式借鉴》，《人民论坛》2012 年第 22 期。

间”的计划，吸引大量的青年志愿者以社区养老服务义工的形式提供社区服务或上门服务，以换取未来养老服务需求的无偿满足。日本社区嵌入式养老的供应商一小部分是由政府直接主管的养老机构，其余大部分是由政府购买服务或资助补贴的社会组织，如社会福利协会、社会福利商社等，日本广泛动员志愿者力量参与社区养老服务，如低龄健康老人、家庭主妇或大学生志愿者。目前，日本已建立起中央和地方政府统筹监管、第三方专业机构协同的社区养老服务评估体系，对养老服务供应商的经营状况、人员配备、服务质量、硬件设施等进行全方位的评估。

第七章

我国嵌入式养老模式的未来展望

本章主题为我国嵌入式养老模式的未来展望，主要包括我国养老服务体系的整体性回顾和前瞻性思考，重点提出未来我国嵌入式养老发展的具体思路。未来从三个方面发展嵌入式养老模式：一是构建优化协同的嵌入关系，包括强化政府部门规划与建设主体责任、优化政府市场社会多主体协同关系、健全养老服务全面评价和监督机制；二是强化运营管理的嵌入能力，包括推进养老服务市场化和社会化运营、完善养老机构风险管理和质量管理、强化嵌入式养老的基础和特色功能；三是提升科学合理的嵌入质效，包括建设存量改造和增量优化的硬件设施、促进智慧养老和“互联网 + 养老”的软件创新、构建城乡和区域协调的养老服务布局。

嵌入式养老模式是机构养老和社区居家养老的融合，以社区作为载体，将各种养老资源进行整合，在社区实施市场化运营的养老场所，既可以提供入住服务，又可以提供上门的居家服务。为社区范围内的老年人提供养老服务的同时，将资源和功能辐射到周边社区的老年人群体，满足老年人多方面养老需求。嵌入式养老整合了机构养老的部分功能，但其在特征上更加类似于社区居家养老模式。虽然该模式实现了多主体参与、多样化服务，但目前在发展实践中也面临着诸多难题。

社区居家养老服务发展已有几十年的时间，是我国解决老年人养老问题的有效举措。嵌入式养老作为社区居家养老服务的一种形式，是近年来新兴的养老方式。一方面，从全国范围内推行角度来看，目前，嵌入式养老模式在北京、上海等经济发达城市已经开展了试点工作并进行了一定范围的推广。但由于各地的经济发展状况、老龄化情况和养老服务水平不同，难以有效实现模式的复制，区域差异导致推广难度大。并且，政府相关的规范和保障政策还未成形。另一方面，从嵌入式养老模式本身来看，嵌入式模式还不够成熟。"'嵌入式'养老模式要想顺利发展并大规模推广，必须要维持良好的运作，保持收入和支出的大体平衡。再加上政策落实不到位，'嵌入式'养老服务发展得不到优惠政策的支持，前期投入较大，后期收不回成本等问题，造成了一系列不良循环的后果，给'嵌入式'养老模式发展带来冲击。"① 对其运行的机制、经验和难点等方面还未有全面的认识和相应的对策，使其仍处于探索期，有相当多不稳定的因素，有待实践经验的总结。

第一节　我国养老服务体系的整体性回顾

一　养老服务体系相关制度和政策基本健全

从国家到地方，围绕老龄工作和社会养老服务体系建设的相关制度和政策纷纷出台，不断健全完善，引领养老服务业发展。一是法律保障更加权威。在法律制度方面，2012 年 12 月 28 日新修订的《老年人权益保障法》经全国人大常委会审议通过，并已开始正式实施。上海、天津和海南等地出台了《养老机构条例》，山东修订出台了新的《老年人权益保障条例》，政策注重宏观顶层设计以及制度构建。二是政策创制更加全面。在部门规章方面，有关部门认真贯彻落实《国务院关于加快发展养老服务业的若干意见》，涵盖

① 康华：《"嵌入式"养老模式研究》，硕士学位论文，天津工业大学，2017 年。

养老设施建设、政府购买养老服务、老年人补贴、责任保险、远程医疗、人才培养、养老服务评估等方面。此外,《养老机构设立许可办法》和《养老机构管理办法》发布实施,也为规范养老机构发展奠定基础。三是政策落实更加具体。在地方配套政策和规章方面,大部分省(自治区、直辖市)出台了本地区社会养老服务体系"十二五"专项规划,浙江和黑龙江下发了关于发展民办养老产业的若干意见,北京、河北、山西、江苏、浙江、福建等地出台政策促进医养融合发展。许多地方在养老用地保障、人才建设、老年人补贴等方面进行了积极探索。四是政策探索更加创新。在养老服务创新试点方面,着眼于探索解决我国养老服务业发展存在的重点难点问题、创新相关体制机制,会同有关部门开展了养老服务业综合改革、公办养老机构改革、养老服务信息惠民项目、养老机构远程医疗服务等试点工作和国家智能养老物联网应用示范工程建设。

二　社区嵌入式养老服务网络基本构建

在社会养老服务体系建设蓬勃发展的背景下,居家养老和社区养老服务网络基本健全。一是各地政府对居家和社区养老的重视程度不断提高。各地纷纷出台相关政策措施推动居家和社区养老服务体系建设。北京开展了千家养老(助残)餐桌、托老(残)所规范化建设试点工作。上海市推进了社区居家养老户籍人员居住地服务和管理试点工作。广东省出台了《居家养老服务示范活动实施方案》。广西出台了《居家养老服务管理暂行办法》。重庆将社区托老所及老年人日间照料中心建设纳入"宜居重庆"建设内容。二是居家和社区养老机构和设施建设成果显著。截至2014年年底,全国建有社区养老服务机构和设施18927个,社区留宿和日间照料床位达到187.5万张,相较2010年的5.8万张床位,增长了31.3倍。一些省市列支专项资金进行社区老年人日间照料中心建设试点,并将日间照料中心建设纳入城市建设规划之中,经济发达地区部分省市已实现日间照料服务在城市社区的基本覆盖。三是居家养老服务模式不断丰富。各地积极探索推行了上门服务、应急服务、虚拟养老、志愿服务、互助服务等多位一体的社区居家养老服务模式。四是居家和社区养老的信息化程度不断提高。“十二五”期间，以社区信息化平台建设为依托的“社区虚拟养老院”纷纷涌现，各地社区便民服务热线得到迅速推广，相当一部分城市社区建立起了为老服务呼叫系统，为符合条件的老年人配备电子服务器，提供菜单式服务和呼叫援助等应急服务，建立社区老年人电子健康档案等，以信息化服务系统为依托的社区居家养老服务平台初步建立。五是居家和社区养老服务内容日趋多样化。各地通过多种方式为老年人提供生活照料、家政服务、医疗巡诊、日常护理、医疗康复、健康知识普及、安全常识教育、文化娱乐以及精神慰藉等多方面居家养老服务，不断满足老人多层次、多样化的养老服务需求。

三　社会专业机构养老的支撑作用凸显

国家和地方均出台了对于机构养老的支持政策，加强了养老行业服务规范，进一步完善机构养老运行机制，同时也使机构养老的辐射支撑作用增强。一是完善政策支持，创新优化发展政策环境。地方各级通过出台针对性扶持政策，通过降低门槛、简化程序、提供土地、税收优惠等途径，支持、引导、鼓励各类力量以独资、合资、参股等方式，新建、扩建、改建适宜老年人集中居住、生活、护理的养老机构和设施，同时，制定机构养老的补贴标准，鼓励扶持养老机构的建设和运营。如天津市出台了《关于调整养老机构补贴标准的通知》，大幅度提高了机构养老建设和运营的补贴标准，并建立差别化运营补贴制度。同时，天津市民政局会同市人力社保局制定了落实养老服务用工政策实施办法，对天津养老服务用工单位和从业人员，给予职业技能培训、岗位和社会保险三项补贴。二是加大投资力度，进一步拓宽融资渠道。2013 年，国务院在《加快发展养老服务业的意见》中明确提出要加大养老服务业投融资力度，引导社会资本加速进入养老服务领域。各地方政府在加大对养老服务业投资的同时，针对投融资方面也从政策上给予相应的支持，如宁夏鼓励和争取金融机构加大对养老服务业的信贷支持，选择部分具有引导和示范效应的重点养老项目与国开行宁夏分行签约了信贷合作协议，带动社会资源对社会养老服务体系建设领域的投入，实现财政资金、金融资金、社会资金的有效结合。三是提高规范程度，创新标准化管理模式。各地纷纷出台针对机构养老及社区和居家养老服务规范，以提高养老服务业的规范化程度。以广东省为例，陆续出台了地方标准如《广东省养老机构规范化建设指引》《广东省居家养老服务规范化指引》《广东省社会福利机构等级认定办法》和《广东省社会福利机构等级考核评分操作细则》等，为建立养老服务业的行业规范和质量标准以及监督管理机制提供指引。同时，广东省民政厅每两年组织开展省特级、省一级、省二级养老机构的评估认定工作。四是加强支撑作用，开展辐射社区居家养老服务。养老机构在养老服务体系中的支撑作用通过对周边社区及居家养老服务的辐射带动作用中得到增强。以北京市为例，为指导养老机构、养老照料中心开展辐射社区居家养老服务，2015 年，北京市民政局、北京市老龄工作委员会办公室出台了《关于依托养老照料中心开展社区居家养老服务的指导意见》（京民老龄发〔2015〕111 号），明确了养老机构、养老照料中心辐射社区居家养老服务的重要意义、基本任务和保障措施，指导北京养老照料中心或养老机构开展辐射社区居家养老服务。

四　养老产业和服务发展模式不断创新

养老服务模式不断创新，更好地满足了老年人需求。一是创新开展医养结合服务模式。浙江省杭州市医养护一体化签约服务是以社区卫生服务机构为平台，以全科签约服务团队的形式，为居民提供连续、综合、有效、个性化的健康服务。宁夏回族自治区建设了集为老服务热线、紧急救援系统、数字网络系统和“一键式”紧急呼叫服务于一体的社区居家养老服务信息平台，开展社区居家养老生活照料服务和紧急求救等多种延伸服务。二是健全公建民营服务模式。广西柳州市夕阳红老人公寓采取招标经营的模式，通过公开招投标择优选择经营者，对该养老机构进行租赁经营。四川省采用

PPP 模式来支持公建民营。政府将对试点养老机构给予一次性建设资金补助和营运补助，社会投资方负责筹集养老机构项目建设资金和营运流动资金，分工负责，有效协作，提升养老服务水平。三是完善连锁经营服务模式。黑龙江省哈尔滨市针对一些小型机构设施先天不足，政府出资对其实行连锁改造，全面提高了运营和管理水平，降低了风险，这项创新成果已在全国得到推广。四是开创候鸟养老的服务模式。黑龙江省成立了“黑龙江天鹅颐养联盟”，通过联盟的形式整合养老服务资源，建立了“黑龙江天鹅颐养联盟信息网络平台”，提供“资源整合、信息交流、务实合作、权益维护”平台，实现互利共赢。五是开创了虚拟养老的服务模式。江苏省苏州市沧浪区“邻里情”虚拟养老院，以中国电信苏州分公司研发的“居家乐 221 服务系统”为载体，为居家老人提供统一规范的标准化、专业化、亲情化、全方位、全天候养老服务。六是开创了“互联网 +”养老服务模式。天津市创建“互联网 +”居家养老消费服务平台，链接线上线下的产品、服务、活动组织等功能，贯通老人生活所需的衣、食、住、养、疗，搭建舒适、时尚、健康的养老生活模式。七是开创社区嵌入式养老服务模式。上海万科推出的第一个社区内嵌入式的养老服务中心——智汇坊，通过引入社会资源满足老人“在家门口养老”的需求。八是开创牧区养老的服务模式。内蒙古紧密结合牧区老年人的养老服务需求，加强牧业旗老年公寓建设，以特色养老、政府购买服务、人才队伍培养、“12349”便民为老服务中心建设为重点，推进牧区养老服务业发展。

同时，我们也要看到，本阶段养老服务存在以下问题：一是城乡和区域养老发展不平衡，农村养老问题比较突出。从养老服务对象来看，城市养老在保障“三无”老人、低保家庭老人的基础上，已向其他社会老年人延伸；农村养老主要以满足农村“五保”对象等为主。从养老服务项目来看，城市养老提供了日间照料、医疗康复等服务，而农村养老服务只能提供生活照料、文体娱乐等较为单一的服务。二是养老床位存在着结构性矛盾，供给与需求矛盾犹存。一床难求和高空置率并存反映出床位的供给与需求具有特殊性和复杂性。部分养老机构提供的服务与老年人的养老需求不匹配，养老机构护理床位相对缺乏，难以满足老年人需求。三是养老人才队伍建设亟须加强，专业化、职业化水平低。社会保险的覆盖率较低且福利待遇差；整体工作人员的学历水平低，制约了后期职业技能提升。四是欠发达地区养老投入资金不足，社会投入需要加强。经济欠发达地区由于财政总量增长和老龄化增长速度不匹配，财政用于养老服务体系的资金投入比例不足，支持力度较弱，政府购买养老服务水平不高，社会投入养老服务业力度需要加强。

第二节　我国养老服务体系的前瞻性思考

党中央、国务院历来重视养老事业和养老服务体系建设，中华人民共和国成立70年来，尤其是党的十八大以来，我国的养老服务事业实现了突飞猛进的发展和令人瞩目的成就。当前已建立并不断完善居家为基础、社区为依托、机构为补充、医养相结合的多层次养老服务体系，吸引更多社会资本和社会力量参与养老服务事业，不断简政放权，优化和放宽养老服务市场；不断建立和完善中国特色养老服务制度和老年人权益保障法律体系，着力破除制约养老服务发展的体制机制方面的障碍；养老服务的质量和水平不断提升，尤其是对养老服务机构的评级和服务标准体系不断完善。截至2019年6月底，全国各类养老机构2.99万个，社区养老服务机构和设施14.34万个，养老服务床位合计735.3万张。[①] 展望未来，我国养老服务体系建设可以遵循以下战略重点和发展思路。

一　优化夯实顶层设计和宏观战略

2016年2月23日，习近平总书记对加强老龄工作做出重要指

① 民政部：《中国特色养老服务体系逐步形成》，https：//www.sohu.com/a/343577233_436021，2019年9月26日。

示强调，要立足当前、着眼长远，加强顶层设计，完善生育、就业、养老等重大政策和制度，做到及时应对、科学应对、综合应对。习近平总书记在主持中共中央政治局第三十二次集体学习时强调，要加强老龄科学研究，借鉴国际有益经验，搞好顶层设计，不断完善老年人家庭赡养和扶养、社会救助、社会福利、社会优待、宜居环境、社会参与等政策，增强政策制度的针对性、协调性、系统性；习近平总书记主持召开的全面深化改革领导小组第二十八次会议上强调，要紧紧围绕老年群体多层次、多样化的服务需求，降低准入门槛，引导社会资本进入养老服务业，推动公办养老机构改革，提升居家社区和农村养老服务水平。习近平总书记在主持召开中央全面深化改革领导小组第三十次会议时指出，要从国情出发，立足老年人服务需求，整合服务资源，拓展服务内容，创新服务方式，提升服务质量，让老年人享受到更多看得见、摸得着的实惠。习近平总书记主持召开中央财经领导小组第十四次会议时指出，要按照适应需要、质量优先、价格合理、多元供给的思路，尽快在养老院服务质量上有明显改善，加快建立全国统一的服务质量标准和评价体系，加强养老机构服务质量监管，坚决依法依规从严惩处欺老、虐老行为。党的十九大明确中国特色社会主义进入新时代，社会主要矛盾已经转变为人民日益增长的美好生活需要和不平衡不充分的发展之间的矛盾。社会主要矛盾的转化，既决定着养老事业主要矛盾的变化，也表现在养老事业之中，必然会对养老工作带来新影响、提出新要求，必然会对人民的养老需求产生新变化。总体上看，老年人的需求结构已从生存型向发展型转变，老年人越来越追求物质生活的好品质、精神生活的高品位、社会生活的深参与；消费理念已经从过去的生存必需型消费向享受型、发展型消费转变；服务需求已经从过去的简单生活照料需求向多层次、多样性、个性化需求转变；社会角色已经从过去被动接受照顾型向主动寻求社会参与型转变，更加渴望丰富、多彩、富有尊严的晚年生活。满足数量庞大的老年群众多方面需求，妥善解决人口老龄化带来的社会问题，事关国家发展全局，事关百姓福祉，事关全面建成小康社会宏伟目标的实现。

二　落实“健康中国”积极应对老龄化

积极应对老龄化，尤其是关注和重视老年人健康老龄化。《“健康中国2030”规划纲要》提出，要惠及全人群，不断完善制度、扩展服务、提高质量，使全体人民享有所需要的、有质量的、可负担的预防、治疗、康复、健康促进等健康服务，突出解决好妇女儿童、老年人、残疾人、低收入人群等重点人群的健康问题。要覆盖全生命周期，针对生命不同阶段的主要健康问题及主要影响因素，确定若干优先领域，强化干预，实现从胎儿到生命终点的全程健康服务和健康保障，全面维护人民健康。国务院办公厅《关于进一步扩大旅游文化体育健康养老教育培训等领域消费的意见》提出，着力推进幸福产业服务消费提质扩容，围绕旅游、文化、体育、健康、养老、教育培训等重点领域，引导社会资本加大投入力度，通过提升服务品质、增加服务供给，不断释放潜在消费需求。

三　全面保障老年群体权益和需求

全国老龄办等多部门联合印发《关于开展老年人意外伤害保险工作的指导意见》，提出逐步建立和完善政府支持、社会捐助、个人自费投保相结合的老年人意外伤害保险制度，形成政府、社会、家庭和个人应对风险合力，提高老年人及其家庭抗风险能力。国务院办公厅印发了《老年教育发展规划（2016—2020年）》，对建立养教结合的养老服务体系提出五大重点任务，包括扩大老年教育资源供给、拓展老年教育发展路径、加强老年教育支持服务、创新老年教育发展机制、促进老年教育可持续发展等。全国老龄办等部门联合印发的《关于推进老年宜居环境建设的指导意见》提出，到2025年，安全、便利、舒适的老年宜居环境体系基本建立，“住、行、医、养”等环境更加优化，并从适老居住环境、适老出行环境、适老健康支持环境、适老生活服务环境、敬老社会文化环境等方面提出了工作任务。

四　多措并举支持养老服务业发展

民政部等多部委印发的《关于金融支持养老服务业加快发展的指导意见》明确提出，建立人民银行、民政、金融监管等部门参加的金融支持养老服务业工作协调机制，加强产业政策与金融政策协调配合，综合运用多种金融政策工具，加强政策落实与效果监测，形成推进养老服务业发展的政策合力。民政部等多部委联合印发的《关于支持整合改造闲置社会资源发展养老服务的通知》明确提出，将充分挖掘闲置社会资源，引导社会力量参与，有效增加供给总量，推动养老服务业发展提质升级，满足社会日益增长的养老服务需求。由国务院办公厅印发的《全面放开养老服务市场提升养老服务质量》明确提出，深化改革，放开市场。进一步降低准入门槛，营造公平竞争环境，积极引导社会资本进入养老服务业，推动公办养老机构改革，充分激发各类市场主体活力。树立健康养老理念，注重管理创新、产品创新和品牌创新，积极运用新技术，培育发展新业态，促进老年产品用品丰富多样、养老服务方便可及。国家发展改革委等多部委联合印发的《养老服务体系建设中央补助激励支持实施办法》提出，将遴选出东中西部各前两名的省市，由国务院办公厅统一予以表彰。并将在安排年度相关中央补助时，对受表彰省市予以资金倾斜支持。

五　加快中央和地方养老试点步伐

针对老年人长期照护支付能力不足的问题，人社部办公厅印发的《关于开展长期护理保险制度试点的指导意见》提出，加大护理服务从业人员培训力度，落实职业培训补贴政策；运用费用支付政策，引导保障对象优先利用居家和社区护理服务，鼓励机构服务向社区和家庭延伸；鼓励商业保险公司开发适销对路的保险产品和服务，发展与长期护理社会保险相衔接的商业护理保险。在开展第一批公办养老机构改革试点工作的基础上，为了补足居家养老服务的短板，民政部、财政部印发了《关于中央财政支持开展居家和社区养老服务改革试点工作的通知》，旨在通过中央资金引导，鼓励地方加大政策创新和资金投入，统筹各方资源，形成比较完备的居家和社区养老服务发展环境和推动机制，补齐居家养老支持政策短板，满足绝大多数老年人在家门口养老的愿望。民政部等多部委联合印发了《关于开展以公建民营为重点的第二批公办养老机构改革试点工作的通知》，提出积极探索行之有效的公办养老机构改革模式，推动形成平等参与、公平竞争、统一开放的养老服务市场。

第三节　我国嵌入式养老发展的具体思路

一　构建优化协同的嵌入关系

（一）强化政府部门规划与建设主体责任

1. 强化政府部门的领导责任和目标责任

在嵌入式养老服务工作上，坚持党对老龄工作的统一领导，发挥各级党委总揽全局、协调各方的领导核心作用，为改革和创新工作提供领导保证；强化各级政府落实工作的主体责任，将社区居家嵌入式养老服务的主要任务指标纳入为民办实事项目，纳入政府工作议事日程和目标责任考核内容，最大限度从领导和管理层次保障工作全面开展。以北京市石景山区为例，以居家养老服务体制改革领导小组为基础，实行区委副书记和政府主管副区长同为区老龄委主任、区民政局局长和区卫生计生委主任一同兼任区老龄办主任的“双双主任制”，作为全国首创，有效解决了居家养老服务工作由少数部门单打独斗、领导分工交叉、协调推进不力、基层落点不实等问题。此外，强化主管领导责任机制，抓好责任落实，确保“合理分工、分级负责”，将社区居家养老服务工作纳入工作业绩考核和年度工作汇报范畴。

2. 强化嵌入式养老的整体规划和总体布局

我国“十三五”规划对社区居家养老服务进行总体布局，各级政府部门“十三五”规划对嵌入式居家养老服务进行详细规划，制定实施细则、落实办法、运行规范等，确保嵌入式居家养老服务事业有法可依、有章可循、有序推进。河北省石家庄市编制的《养老服务需求评估规范》，作为省级地方标准颁布执行，在国内尚属首次编制，在全行业具有推广借鉴和参考作用。石家庄市还制定了嵌入式居家养老服务中心建设、验收和服务规范，经省质监局立项并经过论证，用于规范石家庄市居家养老服务中心的建设和运营。此外，积极推动社区居家养老服务从全国层面、省级层面、市级层面开展试点工作制，按照先行先试、逐步辐射、全国推广的政策步调，确保居家养老服务工作稳步开展。在试点过程中，大力推动建设城乡社区居家养老服务政府、市场与社会多方合作机制，推动PPP 模式和政府购买试点项目。

3. 强化政府部门养老服务供给的主导作用

社区居家嵌入式养老服务需要政府充分调集社会力量参与服务供给，依托社区为居家的老年人提供多维度服务。但当前嵌入式养老服务工作处于初级阶段，政府在推动居家养老服务供给上应起到主导作用，包括对服务主体、服务设施、服务项目以及服务方案的全流程进行全方位把关和控制。政府应统筹协调多部门、多行业的扶持政策，形成互动衔接的政策体系和政策合力，在土地供应、税费减免、财政补贴、投融资、人才支持等方面加大政策创制力度，鼓励和引导社会主体以多种方式参与养老服务，建立起与市场经济相适应的居家养老服务发展模式、管理方式和运行机制，加快推进居家养老服务社会化。各地各政府承担全权责任，将社区居家养老服务工作作为“十四五”期间养老服务体系建设攻坚行动统筹推进，并列入向公众承诺的重大利民、惠民、便民工程有力推动。

（二）优化政府市场社会多主体协同关系

1. 优化政府机构跨部门协同

嵌入式养老工作涵盖养老、医疗、住房、教育等诸多民生领域，涉及社会保障、就业、健康产业等诸多政策领域，直接关系着当代及未来老龄人口的切身权益。社区居家嵌入式养老工作是一个典型的跨部门、跨领域、跨行业的工作体系，需要多部门协作、多地区协同，各部门、各地区既要各司其职，又要通力协作，打破部门间权力壁垒和制度藩篱，从整体上形成制度优势和联动效能。辽宁省沈阳市为加快推进养老服务工作，由市委领导牵头，协同市发改委、市民政局、市财政局、市卫生局、市公安局、市人社局等37个部门共同致力服务社区居家养老服务工作。建立多部门联席会议制度，定期召集各主管部门负责人汇报各自工作进展和改革进程，研究和解决跨部门工作难题，确保改革试点工作积极有效推进。

2. 积极引入市场竞争合作机制

城市社区居家嵌入式养老服务引入市场力量能够强化成本意识和竞争机制，有助于打破原有领域的垄断和壁垒，保持消费者的自主选择权和公平交易权，有助于保证居家嵌入式养老服务产品的足量供给和优质服务。国有资本、民营资本和境外资本在社区居家养老服务市场的共同参与能够大大激发市场活力，充分发挥市场经济的优势和红利。政府层面要鼓励和支持不同所有制的单位和个人以独资、合资、合作、联营、参股等方式，提供满足老年人居住、生活、学习、娱乐、健身的社区居家养老服务和产品。上海市松江区社区居家养老服务在引入市场竞争的过程中实现优胜劣汰的退出机制，委托第三方机构对承接服务的社会组织进行中期和末期两次绩效评价，在竞争和绩效压力下，居家养老服务机构从原来15个减少到现在的10个，营造了公平竞争、平等准入的市场环境。

3. 充分调动社会公益慈善力量

西方的嵌入式养老更多依托市场和社会力量，尤其是公益组织发挥了较大作用。在我国当前公益组织蓬勃发展、志愿者队伍不断壮大的背景下，公益力量也可广泛参与到社区居家嵌入式养老服务中，将公益慈善资源、社会工作者、志愿义务服务与养老服务相结合，既能弥补政府供给的不足，也能减轻社区居家养老的负担。在公益力量发起上，广泛组织和动员高校、工会、企业等各行业的公益慈善组织和志愿组织，参与到社区为老、助老和敬老的事业中，社区与公益组织建立长期合作关系。建立固定性、定向性、持久性的公益服务队伍，广泛吸纳社会工作者和志愿者，特别为社区中“三无”、失独、孤寡等特殊困难老人开展爱心志愿服务，充分满足特殊困难老人的物质需求和精神需求。湖北省武汉市静安社区居家养老服务由弘文尚德公益组织承担，这一公益组织曾为老人提供免费的公益素食午餐，且与上千位流动志愿者合作，确保每位老人都有固定的志愿者和护士进行专门的服务，包括吃饭、体检、聊天、洗澡等方面生活起居。

（三）健全养老服务全面评价和监督机制

1. 确立行业自律标准

社区居家嵌入式养老服务涉及多个行业和产业，吸纳较多的人力资本从事相关领域工作，涵盖包括政府部门、公益组织、企事业单位、相关从业人员等组织或个人，应当确立行业标准、从业标准和服务标准，为行业内部自查自纠、自律自管提供科学依据和标准指导，为老年人享受高质服务、维护自身权益提供判定依据和衡量标准。为此，应做好以下几方面工作：加快建立全国统一的养老机构服务质量标准和评价体系，完善安全、服务、管理、设施等标准，加强养老机构服务质量监管；进一步落实民政部制定的《养老服务标准体系建设指南》，鼓励社区养老服务机构和组织制定高于国家标准、具有竞争力的组织内部标准，以提升在社区居家养老市场的知名度和信誉度；在社区居家养老服务的招投标、政府购买、公私合营过程中，也应遵守和依据一定的行业标准和准入标准，确保整个过程合法、公平和公正。

2. 健全社会评议体系

社区居家嵌入式养老服务评议体系还应引入老年群体等直接利益相关者和第三方组织等独立化、专业化评估，进行定期评估、结果公示、星级评定等，并根据评估结果对被评估者进行奖励和惩罚。政府相关部门通过对享受和接受社区居家养老服务的老年人进行问卷调查、访谈座谈、电话咨询、上门回访等，系统了解老年人对居家养老服务数量和分布、价格与质量等各方面的态度和反馈，为下一步精准对接老年人居家养老服务需求和提升服务质量奠定基础。在第三方专业评估方面，政府部门聘请有资质和经验的专业团队和专家顾问，在设立评估总体目标的前提下，按照制定评估标准、确定评估方式、推进评估进程、公布评估结果的绩效评估流程展开，将最终评定结果作为居家养老服务机构准入和退出、政府部门奖惩、绩效经费发放、政府选择购买服务承接主体的重要参考依据。

3. 加强督导检查力度

社区居家嵌入式养老服务的督导检查机制体现了上级领导和政府部门对居家养老工作的高度重视和大力支持，采取对口督导、联合督导检查的灵活形式，提升居家养老服务工作的效率和效能。上级民政部门、财政部门会同国土建设部门、人保部门、卫生计生部门等官方机构，并邀请专家智库团队对居家和社区养老服务改革试点项目、补助资金使用情况、街道养老照料中心建设、社区养老服务驿站运行管理等进行实地调研和现场督导；督导检查工作组定期开展工作，在听取相关部门工作汇报的同时，也要深入社区了解实际情况；督导检查工作组需要及时推广和传递上级政策指示和其他地区标杆经验，制定实施细则和学习方案；督导检查工作既涉及对服务效果和满意度的督察，也需要起到统筹安排、协调职能、推动进程的作用，对取得的成绩进行及时肯定，对存在的问题进行提前遏制。

二　强化运营管理的嵌入能力

（一）推进养老服务市场化和社会化运营

1. 加快公办养老机构改革

为了鼓励更多的社会资本参与养老服务的供给，应当加快对公办养老机构的改革，旨在开放养老服务市场，解决公办养老机构资源稀缺、民办养老机构资源闲置的问题，对于降低家庭养老负担、提高养老服务质量有一定作用。在公办养老机构改革中，政府相关部门出台管理办法，适当放宽民间资本或社会力量兴办养老机构的准入条件，督促具备向社会提供养老服务条件的公办养老机构转制为企业或开展公建民营，允许党政机关和国有企事业单位培训疗养机构等改建的养老设施实行公建民营。鼓励社会力量通过独资、合资、合作、联营、参股、租赁等方式参与公办养老机构改革，嵌入式养老服务载体可以吸纳民间资本，通过参资入股、收购、委托管理、公建民营等方式进行改革，同时加强连锁化、品牌化经营，分担运营风险并分享运营利润，提高嵌入式养老组织的集团化、规模化和集约化。

2. 鼓励社会资本供给服务

在居家和社区嵌入式养老服务引入社会资本中，政府部门应完善鼓励政策，引导各类社会资本投入居家养老服务，倡导社会各界对老龄事业进行慈善捐赠，形成财政资金、社会资本、慈善基金等多元结合的投入机制，进而极大弥补政府投资养老服务的资金不足和资源有限。在有条件的社区，培育和打造一批品牌化、连锁化、规模化的龙头社会组织和企业，通过在社会力量开创设立、成长壮大和稳步发展过程中提供政策支持和发展便利，使社会力量成为提供居家和社区养老服务的主力。如北京市丰台区充分发挥社会力量在居家和社区嵌入式养老服务供给格局中的主体作用，年内新增、新建居家和社区养老服务设施交由社会力量运营比例达到100%，此外辖区内长辛店街道养老照料中心、颐养康复养老照护中心、“诚和敬”“无忧草”等养老机构正在逐步实现连锁化、专业化发展，从而保障服务质量的连贯性和稳定性。

3. 加大政府购买服务力度

社区居家嵌入式养老服务是政府购买社区公共服务的重要组成部分，预计到2020年，我国将基本建立比较完善的政府购买养老服务制度，政府面向全社会的企业、公益组织公开招投标，将政府购买养老服务与满足老年人基本养老服务需求相结合，高效合理地配置和供给养老服务资源。在政府购买居家养老服务上，根据养老服务的性质、对象、特点和实际情况，针对性开展对购买养老服务的组织领导、制度设计、政策支持、财政投入和监督管理；在招投标过程中，按照公开、公平、公正原则，吸引有一定经营资质和经营条件的组织参与，吸引创新创业组织的积极参与，通过竞争择优的方式选择承接政府购买养老服务的社会力量，并开展群众测评和定期考核，对顾客不满意、价格虚高、以次充好的供给主体及时淘汰。如福建省福清市11个社区试点居家养老政府购买服务，政府每月为符合条件的老年人购买50元、200元、400元不等的服务项目。

（二）完善养老机构风险管理和质量管理

1. 完善养老机构风险管理体系

在风险事前预防上，在老年人入住嵌入性照护机构前，需要由个人、照护者、委托方等多方评估其经济状况和健康状况，并在签约服务过程中详细规定权利义务责任，签署免责声明，从源头上降低运营风险。在风险事中管理上，培养和设立养老组织风险经理岗位，兼具风险管理和法务处理职能，有助于提升风险处置效率和风险管理水平。在风险事后处置上，制定《居家养老院风险管理标准》，涵盖各种风险处置的细则条款，并约定一些常见风险纠纷的解决方法，提高内外部风险的处置效率。此外社区居家养老机构严格执行《老年住宅设计和建设标准》，对硬件设施进行适老化改造，并更多运用交互装置和智慧养老设备，节省人工成本的同时有效降低人为风险或误差。

2. 强化养老人才认证和评估

社区居家嵌入式养老服务人员实行持证上岗、资格认证、定期评估的管理办法和体系，使养老服务人才分工更为细化、专业取向更为明显、职业发展更为广阔，大大优化养老服务市场的人才结构和从业门槛。根据人力资源和社会保障部制定的《养老护理员国家职业资格标准》，养老护理员共分为初、中、高、技师四个等级；民政部发布的《全国民政人才中长期发展规划（2010—2020年）》提出，到2020年要实现养老机构持证上岗的护理人员达到600万人。在对养老护理员评估中，建立以品德、能力和业绩为导向的职称评价和技能等级评价制度，对不合格者实行惩罚制度并建立退出机制。如吉林省长春市举办多种形式、多个场次的岗前培训班和资格鉴定班，对养老机构护理员免费开展职业技能培训，目前全市城区有证的养老机构护理员持证上岗率达80%以上，其中中高级护理员、初级护理员分别占上岗护理员总数的30%和70%。

3. 健全养老人才激励和保障制度

社区居家嵌入式养老服务人才的流失率和离职率较高，且社会传统对养老服务人才的职业选择有一定偏见，加之薪酬福利等保障较弱，造成了养老服务人才数量的短缺。因此，为吸引大中专养老服务毕业生入职居家养老服务机构、减缓有工作经验和一定工作年限居家养老服务人员的流动性、促进居家养老服务从业人员长期化固定化职业选择，各级政府需要重视和逐步提高养老服务从业人员的薪酬待遇，从生活补助、工作培训、岗位补贴、绩效奖励、先进表彰等方面奖励激励社区居家养老从业人员。江苏省苏州市将社区居家养老服务队伍的激励政策制度化，主要是通过免费培训、持证奖励、特岗补贴及落户优先等进行激励；浙江省宁波市建立养老护理员特殊岗位津贴制度，将养老护理员纳入宁波市紧缺高技能人才岗位补贴目录范围，按照初级、中级、高级、技师等不同等级进行补贴。

（三）强化嵌入式养老的基础和特色功能

1. 完善社区上门医疗护理服务

社区内高龄、重病、失能、部分失能及孤寡或空巢老人中，因行动不便或确有困难无法实现自主就医或就近就医，需要依托社区上门服务提供有针对性的医疗护理，并借助“互联网＋养老”技术平台对行动不便老年人、不能自理老年人、卧床老年人提供全天候、远程化个案健康管理服务。社区上门医疗护理服务需要由专业医疗护理机构和人员承接，对具备政府审核的运营资质、营业许可和专业资格认定证书的，可推行家庭医生签约服务，为老年人提供连续性、持久性的健康管理和医疗服务。社区上门医疗护理服务应当鼓励各级医疗卫生机构和医务工作志愿者为老年人开展义诊，鼓励社区工作者和护理员为老年人免费或优惠开展护理服务。山东省威海市加强对社区困难老年人的上门康养服务，设计“个性服务包”，提供家庭病床、家庭巡诊、长期护理康复、临终关怀等上门服务项目。

2. 全面推进长期护理保险制度

长期护理保险在国外发达国家已经较为普遍，我国目前正处于先行试点、逐步铺开阶段。长期护理保险制度与养老保险制度相辅相成，能够有效提升老年人养老服务支付能力和水平，有效缓解失能、半失能老年人生活自理能力差的问题，确保老年人享受到基本的护理服务。长期护理保险制度在实施过程中，根据老年人自理能力进行评估，并进行实时动态监测，进而划定护理服务等级。护理服务项目区分不同类型和等级，涵盖不同介护程度、不同收费标准、不同护理难度。护理保险的权责划分，根据地方实际确定筹资比例、保险报销比例、个人缴费比例等。2017 年，上海市在徐汇、普陀、金山三区试点长期护理保险制度，服务项目清单共有 42 项，包括 27 项基本生活照料内容，比如协助进食、进水，清洁整理，药物管理等；15 项常用临床护理内容，比如药物喂服、导尿、皮下注射等。这一服务清单整合了目前已有的居家照料、高龄老人护理计划、养老机构照护以及护理院常用临床护理项目。

3. 强化基层医疗卫生机构功能

基层医疗服务机构依托社区医院、社区卫生服务站或周边医疗资源，覆盖社区内医疗需求群体，建立“十分钟”社区医疗圈，落实基层首诊的分级诊疗机制。基层医疗服务机构应当开通向上级医院的双向转诊绿色通道，承接上级医院出院和本级医院首诊的老年病患，为老年人提供治疗期住院、康复期护理、稳定期生活照料以及临终关怀等一体化服务。基层医疗服务机构承担老年人健康管理和疾病预防工作，为老年人免费或优惠提供定期体检，面向社区老年人宣传推广老年病防治知识和方法，辅导老年人及时发现健康风险因素，促进老年病早发现、早诊断、早治疗，尤其是加强对老年人心脑血管疾病、糖尿病、呼吸系统疾病、口腔疾病等常见病和慢性病的健康咨询、护理指导。北京市朝阳区将养老驿站与社区医院相结合，进行家庭医生定期巡诊与健康教育，并对接上级医联体，将刚刚出院急需康复照料或失能失独失智等特殊的老年群体按需开展上门出诊服务。

三　提升科学合理的嵌入质效

（一）建设存量改造和增量优化的硬件设施

1. 改造原有社区养老服务设施

当前一些老旧小区、农村社区由于建设年代久远，在建设使用过程中并未过多考虑到养老服务的需求，一些建筑结构和建筑功能与老龄人口居住的社区不相匹配，因此原有社区需要进行适老化整体改造和局部升级。在适老化改造过程中，前期应当充分征询社区居民意见，进行组织动员和广泛宣传；中期应当制订实施成熟可行、成本较低、质量有保障的适老化改造工程方案；后期使用过程本着使用者付费、造福大多数的原则，既兼顾公平又节约成本。原有社区的适老化工程改造涉及对住宅外公共区域和住宅内私人区域的局部改造，包括内部增设和外部加挂电梯、老旧小区道路车位拓宽、扶手和防滑装置、应急照明装置、休息健身设施、救护消防紧急救援等。如湖南省湘潭市结合创建全国无障碍城市，将无障碍适老化改造内容纳入全市 126 个老旧小区的提升改造项目。

2. 养老机构面向社区延伸服务

现有社区居家养老服务应当充分借力和依托周边养老机构的辐射功能，由原来的围墙式管理转变到现在的开放式服务，最大限度减少养老服务资源的重复和浪费。政府相关部门应当鼓励和引导养老机构尤其是公办养老机构通过开设居家养老服务场所、承接居家养老服务项目，为周边社区老年人提供生活照料和护理服务；大力推动农村敬老院转型升级为区域性养老服务中心，在保障集中供养服务的基础上，多余床位向社会开放，并为周边老年人提供居家养老服务。广东省广州市的61个公办养老机构中，已有20个开展居家和社区养老延伸服务，占比达32.8%，并呈现逐步上升的态势。公办养老机构利用自身资源和优势向周边社区老年人开放医疗护理、老年餐厅等设施，提供助餐、助浴、助洁、助急、助医、“喘息”服务、护理培训等社区居家养老服务。

3. 优化新建社区养老服务功能

我国当前和未来新建社区或由置换、腾退等形成的社区养老服务场所，应充分考虑未来老龄化人口和老龄化服务需求，在标准制定、规划设计、设施建设、功能完善等方面与适老化、助老化、无障碍化相匹配。政府相关部门应当完善涉老工程建设标准规范体系，在规划、设计、施工、监理、验收、运行、维护、管理等环节，加强相关标准的实施与监督。新建社区无障碍设计中，加强与老年人自主安全地通行道路、出入相关建筑物、搭乘公共交通工具、交流信息、获得社区服务密切相关的公共设施的建设。新建社区应在基层公共文化设施内免费或优惠开放适宜老年人的文化娱乐活动场所，如书屋、放映室、唱歌舞蹈场地，增加适合老年人的特色文化服务项目。江西省南昌市要求新建居住小区、新建住宅和老城区连片改造居民区、棚户区项目应分别按照每百户不少于20平方米和15平方米建筑面积配建社区居家养老服务设施，且单处用房面积不得少于150平方米。

（二）促进智慧养老和“互联网+养老”软件创新

1. 构建信息化数据平台

社区居家嵌入式养老服务应当充分依托信息收集、处理和应用管理技术，构建居家养老服务信息化数据平台，涵盖供给方如养老服务运营机构、社区服务管理机构、老年活动中心等，以及需求方如社区老年人。信息化数据平台定期汇总公布辖区内老年餐桌、生活照料、家政服务、医疗医药、文化娱乐等居家和社区养老服务机构信息，方便老年人根据需求就近选择养老服务单位。社区内管理机构、服务机构定期、定向对老年人的基础信息进行统计、汇合和整理，涵盖人口、保障、服务、信用、财产等基础信息，采集老人的基础信息、健康信息、社会关系信息、兴趣爱好信息及老人的位置信息等。以安徽省铜陵市为例，铜陵市建立了养老院服务质量信息公开制度，对养老机构基本情况、设立许可、消防验收、医疗保障、食药安全、满意度测评和服务质量复查（复核）结果等内容，通过新闻媒体、部门网站等向社会公开发布。

2. 应用智能化服务产品

当前信息技术发展迅猛，科技产品更新迭代的速度日益加快，将信息化、智能化设备和产品用于养老服务领域，提升养老服务的个性化、精确化和科学化水平，实现“互联网＋养老”、智慧养老。在智能化产品和设备的开发设计中，相关企业、社会组织和科研团队应采取实地调研、市场调查的形式提前了解老年人需求，如生活服务、防走失定位、“一键式”紧急求救、煤气烟感防盗探测等；在智能化产品和设备的应用过程中，根据当地财政实力，对辖区内老年人免费或低价安装使用；在智能化产品和设备反馈过程中，充分采纳老年使用群体的消费意见和使用建议，对设备进行功能升级、更新换代。如浙江省宁波市将“为80周岁以上高龄老人和60周岁以上患有安全隐患性疾病老人免费安装‘一键通’电话机”列为民生实事项目，现已作为长效性制度，为老年人提供紧急求助和生活信息咨询服务。

3. 打造网络化服务系统

社区居家嵌入式养老服务主体充分鼓励运用互联网、物联网、大数据、云计算等技术，搭建养老服务信息化定制平台，探索线上线下相结合的养老服务新模式，为老年人提供健康管理、紧急救援、精神慰藉、服务预约、物品代购等更加多元、精准的居家养老服务。各地政府部门开通助老为老24小时公益服务热线，结合公共微信号、养老服务信息中心网站、智慧城市和社会服务管理信息化平台等渠道，统筹民政、卫生、医保以及社会化养老服务数据，为老年人提供24小时紧急救助、日常照护、家政服务、休闲娱乐、法律咨询、精神慰藉等综合性养老服务项目。如江苏省苏州市在每个市、区都探索建立“虚拟养老院”，依托自主研发的信息化系统平台，组建职业化养老服务队伍，已为数万名老人提供亲情、可靠的专业化、常态化居家养老服务。

（三）构建城乡和区域协调的养老服务布局

1. 健全农村嵌入式养老服务体系

农村养老院、敬老院、幸福院在承担原有孤寡、“五保”老人照料、护理工作的同时，逐步向机构和居家养老相结合的综合性服务中心转变，为更多农村老年人提供社区居家养老服务，有助于保障农村社区居家养老服务的供给与质量。各村、镇可结合地区特色发展农村地区养老服务中心，为农村老年人就近集中享受供养提供方便；也可合理设置日间照料和短期托养的养老床位，为农村老年人提供日间照料、短期托养以及助餐、助洁、助浴、助医、助行、助急等社区服务。农村养老机构应进一步与农村卫生院、乡村医生、乡村卫生站展开合作，大力开展居家和社区医养融合项目，引导农村基层医疗机构通过家庭医生签约形式，为老年人提供居家医疗护理服务。如浙江省杭州市桐庐县设立居家化微型养老机构，为入住老年人提供养老床位、棋牌室、阅览室、休闲区、老年食堂、种植园等，还可为社区内老年人提供专业护理和照料服务。

2. 充分利用农村互助式养老网络

农村社区在人际交往、邻里关系、亲情亲友等社会关系方面较于城市社区有着天然优势和独特功能，这为农村广泛发展互助式嵌入式养老模式提供社会基础。农村互助式养老可以充分满足农村老年人日常交往、生活照料、保健医疗、精神文化活动等需求，是农村社区居家养老服务的新补充、新载体，能够强化农村养老服务的保障功能。农村互助式养老通过邻里结对互助、亲友守望相助等模式，充分利用农村剩余劳动力，大力开发农村低龄老年人力资本，重点为低收入、高龄、独居、残疾、失能农村老年人提供养老服务。如吉林省长春市农村实行的“两访、三查、四助”互助式居家养老服务在全国起到示范引领作用。两访，指每天早晚两次走访受助老人家庭；三查，即查看老人在吃、穿、住三个方面情况；四助，即根据老人需要，提供助餐、助洁、助医、助难四个方面的服务。

3. 实现区域养老资源共享与协同

2018 年 5 月，上海、江苏、浙江、安徽的民政部门决定全面实施养老战略合作，以“资源互补、市场共享、务实合作、协同发展”的原则，合作推进“一体化战略下长三角区域的社会养老服务业”，实现高品质养老服务的共享发展。长三角地区“养老联盟”建设在公共政策联动、发展规划衔接、资源配置优化、人力资源共享等方面走在全国前列。未来全国将构建更多的区域性“养老联盟”和养老服务一体化区域，基于整体性治理理论构建区域养老服务一体化体系。以京津冀养老区域协同为例，一是建立京津冀地区养老服务政策协商机制，涵盖对区域内养老服务的引导、管理和监督政策的一体化、联动性；二是建立京津冀地区养老服务资源协同机制，包括信息数据、人力资源和社会资本的共享流动、互通有无；三是建立京津冀地区养老服务产业协作机制，包括养老产品、养老企业和养老市场的协同创新和合作共赢。从多主体、多角度、多层次提出构建京津冀一体化养老服务体系的对策建议，以期积极应对京津冀人口老龄化问题，提升京津冀老年人口服务质量和水平。

参考文献

[1] [美] 马克·格兰诺维特：《镶嵌：社会网与经济行动》，罗家德译，社会科学文献出版社 2007 年版。

[2] [美] 斯蒂芬·戈德史密斯、威廉·D. 埃格斯：《网络化治理：公共部门的新形态》，孙迎春译，北京大学出版社 2008 年版。

[3] 陈静：《福利多元主义视域下的城市养老服务供给模式研究》，山东人民出版社 2016 年版。

[4] 褚湜婧、王猛、杨胜慧：《典型福利类型下居家养老服务的国际比较及启示》，《人口与经济》2015 年第 4 期。

[5] 戴溥之：《中国古代社会保障思想及实践的研究》，《兰台世界》2011 年第 19 期。

[6] 丁煜、杨雅珍：《福利多元主义视角的社区居家养老问题研究》，《公共管理与政策评论》2015 年第 3 期。

[7] 杜鹏、孙鹃娟、张文娟、王雪辉：《中国老年人的养老需求及家庭和社会养老资源现状——基于 2014 年中国老年社会追踪调查的分析》，《人口研究》2016 年第 6 期。

[8] 杜鹏、杨慧：《中国和亚洲各国人口老龄化比较》，《人口与发展》2009 年第 2 期。

[9] 杜鹏：《回顾与展望：中国老人养老方式研究》，团结出版社 2016 年版。

[10] 费孝通：《生育制度》，商务印书馆 1999 年版。

[11] 冯晓丽：《创新开展试点工作使标准化建设落到实处》，《中国社会工作》2017 年第 5 期。

[12] 宫垣元：《福祉 NPOの社会学的理解に向けて》，《福祉社会学研究》2005 年第 2 期。

[13] 龚韩湘：《英国购买式社区照顾服务模式的发展、改革及启示》，《中国卫生政策研究》2017 年第 3 期。

[14] 谷甜甜、张建坤、李灵芝等：《典型福利国家养老服务体系发展历程对比及启示》，《经济体制改革》2017 年第 3 期。

[15] 郭红艳、彭嘉琳、雷洋、王黎、谢红：《美国养老机构服务质量评价的特点及启示》，《中华护理杂志》2013 年第 7 期。

[16] 郭林：《中国养老服务 70 年（1949—2019）：演变脉络、政策评估、未来思路》，《社会保障评论》2019 年第 3 期。

[17] 侯仕军：《社会嵌入概念与结构的整合性解析》，《江苏社会科学》2011 年第 2 期。

[18] 胡宏伟等：《“嵌入式”养老模式现状、评估与改进路径》，《社会保障研究》2015 年第 2 期。

[19] 黄晨熹：《社会福利》，上海人民出版社 2009 年版。

[20] 黄少宽：《国外城市社区居家养老服务的特点》，《城市问题》2013 年第 8 期。

[21] 贾丽萍：《中国养老保障 70 年：在整合中走向高质量》，《社会科学战线》2019 年第 10 期。

[22] 解芳芳、朱喜钢：《中日社区居家养老模式对比研究——基于社会嵌入理论视角》，《中国名城》2016 年第 11 期。

[23] 康国瑞：《社会保险》，台湾李明文化实业公司 1983 年版。

[24] 康越：《日本社区嵌入式养老发展历程及其经验》，《北京联合大学学报》（人文社会科学版）2017 年第 4 期。

[25] 兰建平、苗文斌：《嵌入性理论研究综述》，《技术经济》2009 年第 1 期。

[26] 李兵、张恺悌：《中外老龄政策与实践》，中国社会出版社 2010 年版。

[27] 李凤琴、陈泉辛：《城市社区居家养老服务模式探索——以南

京市鼓楼区政府向“心贴心老年服务中心”购买服务为例》，《西北人口》2012 年第 1 期。

[28] 李慧：《十年·社保大事记》，《光明日报》2012 年 9 月 21 日。

[29] 李璐：《我国 70 年养老模式的变迁》，《中国经贸导刊》2019 年第 18 期。

[30] 李璐龄：《香港安老服务：政府和社会携手并进》，《中国社会报》2013 年 9 月 30 日。

[31] 李伟峰、梁丽霞：《社区照顾理论及其在中国的实践问题》，《济南大学学报》（社会科学版）2008 年第 1 期。

[32] 李翔：《社会嵌入理论视角下城市社区居家养老问题研究》，《广西社会科学》2014 年第 4 期。

[33] 李长远：《国外社会组织参与居家养老服务的典型经验及借鉴》，《中国海洋大学学报》（社会科学版）2015 年第 6 期。

[34] 梁誉、李静、韩振燕：《我国城市养老服务发展 70 年回顾与前瞻——基于分配—供给—输送—财务四维框架的分析》，《河海大学学报》（哲学社会科学版）2019 年第 5 期。

[35] 刘红：《中国机构养老需求与供给分析》，《人口与经济》2009 年第 2 期。

[36] 刘敏：《论汉代“敬老”道德的法律化》，《天津社会科学》2005 年第 3 期。

[37] 刘鹏程：《让所有老年人都有幸福美满的晚年——新中国成立 70 年来养老事业改革发展巡礼》，《中国社会工作》2019 年第 26 期。

[38] 刘永华等：《我国台湾地区全民健康保险制度的启示》，《中国卫生经济》2006 年第 9 期。

[39] 刘长茂、叶明德：《中国人口老龄化前瞻》，《南方人口》1994 年第 4 期。

[40] 吕红平：《家庭生命历程变化与消费需求》，《市场与人口分

析》1997 年第 2 期。
[41] 马凯旋、侯风云：《美国养老保险制度演进及其启示》，《山东大学学报》（哲学社会科学版）2014 年第 3 期。
[42] 民政部社会福利和慈善事业促进司：《国外养老服务质量控制的启示》，《社会福利理论版》2012 年第 7 期。
[43] 穆光宗、姚远：《探索中国特色的综合解决老龄问题的未来之路》，《人口与经济》1999 年第 2 期。
[44] 穆光宗：《美国社区养老模式借鉴》，《人民论坛》2012 年第 22 期。
[45] 欧阳俭：《城市老年人社区照顾需求研究》，《青年与社会》（上）2015 年第 2 期。
[46] 潘凌飞：《西方国家的居家养老与自助养老服务模式》，《宏观经济管理》2015 年第 6 期。
[47] 祁峰：《英国的社区照顾及启示》，《西北人口》2010 年第 6 期。
[48] 钱宁：《社区建设中的社会工作探索》，云南民族出版社 2002 年版。
[49] 山娜：《日本社区养老服务模式研究及启示》，《社会政策研究》2018 年第 3 期。
[50] 史柏年：《老人社区照顾的发展和策略》，《中国青年政治学院学报》1997 年第 1 期。
[51] 苏素琼：《我国台湾地区全民健康保险制度的现状及启示》，《长春工业大学学报》2010 年第 3 期。
[52] 睢党臣、彭庆超：《“互联网 + 居家养老”：智慧居家养老服务模式》，《新疆师范大学学报》（哲学社会科学版）2016 年第 5 期。
[53] 特斯特：《老年人社区照顾的跨国比较》，周向红、张小明译，中国社会出版社 2002 年版。
[54] 田雪原：《中国老年人口》，中国经济出版社 1991 年版。

[55] 田钰燕、奉海春：《服务嵌入：城市居家养老模式的完善》，《中国民政》2016 年第 12 期。
[56] 万国威：《“以人民为中心”70 年来中国社会保障的变革与经验》，《人民论坛》2019 年第 29 期。
[57] 汪国华、张登国：《健全养老社会服务体系与机制——基于中外比较视角》，《现代经济探讨》2014 年第 9 期。
[58] 汪锦军：《嵌入与自治：社会治理中的政社关系再平衡》，《中国行政管理》2016 年第 2 期。
[59] 汪沂：《社会养老服务机构的法律规制》，《南京人口管理干部学院》2013 年第 10 期。
[60] 王贵林、孙雪飞、何毅：《应对人口老龄化问题的政策与法律研究》，兰州大学出版社 2012 年版。
[61] 王桂新：《高度重视农村人口过快老龄化问题》，《探索与争鸣》2015 年第 12 期。
[62] 王国奇：《中国古代社会保障思想与实践初探》，《攀登》2008 年第 2 期。
[63] 王建民：《嵌入性与中国社会的伦理场域》，《晋阳学刊》2006 年第 1 期。
[64] 王杰秀、徐富海、安超、柯洋华：《发达国家养老服务发展状况及借鉴》，《社会政策研究》2018 年第 2 期。
[65] 王莉莉：《中国城市地区机构养老服务业发展浅析》，《人口学刊》2014 年第 8 期。
[66] 王诺、张占军等：《机遇还是挑战？——中国积极老龄化道路》，经济科学出版社 2014 年版。
[67] 王浦劬、萨拉蒙等：《政府向社会组织购买公共服务研究——中国与全球经验分析》，北京大学出版社 2010 年版。
[68] 王思斌：《社会工作导论》，高等教育出版社 2004 年版。
[69] 王细芳、王振州：《城市社区养老服务体系构建研究》，《老龄科学研究》2014 年第 8 期。

［70］王裔艳：《澳大利亚、加拿大和英国居家服务比较研究》，《人口与发展》2016 年第 5 期。
［71］王宇熹、汪泓、陈群民、肖峻：《国际养老保险体系可持续发展改革政策评析》，《商业研究》2012 年第 8 期。
［72］王振波、吴湘玲：《城市社区居家养老服务模式研究——以武汉市为例》，《理论月刊》2017 年第 10 期。
［73］王振振、雍岚、王乐：《居家养老社区服务可及性评价研究——基于苏州市的调研》，《人口与发展》2016 年第 3 期。
［74］王震：《居家社区养老服务供给的政策分析及治理模式重构》，《探索》2018 年第 6 期。
［75］王志宝、孙铁山、李国平：《近 20 年来中国人口老龄化的区域差异及其演化》，《人口研究》2013 年第 1 期。
［76］吴玉韶：《树立积极老龄观　推动新时代养老服务业健康可持续发展》，《中国养老金融 50 人论坛论文》（第三辑），北京，2019 年 6 月。
［77］吴忠观、周君玉等：《人口科学辞典》，西南财经大学出版社 1997 年版。
［78］夏学銮：《社区回顾的理论政策与实践》，北京大学出版社 1996 年版。
［79］谢保群：《德日韩三国护理保险制度比较及启示》，《医学与哲学》（人文社会医学版）2011 年第 10 期。
［80］徐蒙、陈功：《宗法制度对中国古代尊老、恤老制度的影响》，《西北人口》2009 年第 2 期。
［81］杨斌、丁建定：《美国养老保险制度的嬗变、特点及启示》，《中州学刊》2015 年第 5 期。
［82］杨根来：《新中国养老服务 70 年发展历史脉络》，《中国社会工作》2019 年第 26 期。
［83］杨燕绥：《银色经济与嵌入式养老服务》，清华大学出版社 2017 年版。

[84] 杨玉波、李备友、李守伟：《嵌入性理论研究综述：基于普遍联系的视角》，《山东社会科学》2014 年第 3 期。

[85] 杨宗传：《居家养老与中国养老模式》，《经济评论》2000 年第 3 期。

[86] 张笑天：《美国医疗保险制度现状与借鉴》，《国外医学》（卫生经济分册）2002 年第 3 期。

[87] 张新生、王剑锋：《发达国家居家养老服务产业及其对我国的启示》，《理论导刊》2015 年第 9 期。

[88] 张岩松：《社会养老服务体系建设研究》，东北财经大学出版社 2016 年版。

[89] 章萍：《嵌入式养老：上海养老服务模式创新研究》，《现代管理科学》2016 年第 6 期。

[90] 章晓懿、刘帮成：《社区居家养老服务质量模型研究——以上海市为例》，《社会保障研究》2015 年第 10 期。

[91] 甄尽忠：《魏晋南北朝时期尊老养老制度述论》，《渭南师范学院学报》2011 年第 9 期。

[92] 郅玉玲：《和谐社会语境下的老龄问题研究》，浙江大学出版社 2011 年版。

[93] 曹煜玲：《中国城市养老服务体系研究》，硕士学位论文，东北财经大学，2011 年。

[94] 董建军：《中国养老模式的社会化转型与社工介入》，硕士学位论文，山东大学，2010 年。

[95] 高宁：《秦汉养老制度研究》，硕士学位论文，西北大学，2012 年。

[96] 康华：《“嵌入式”养老模式研究》，硕士学位论文，天津工业大学，2017 年。

[97] 康丽跃：《清代社会保障政策研究》，硕士学位论文，苏州大学，2005 年。

[98] 李霞：《先秦养老问题研究》，硕士学位论文，陕西师范大学，

2005 年。
[99] 马雪：《宋代优老养老政策述论》，硕士学位论文，湘潭大学，2008 年。
[100] 宋秋颖：《明代的养老政策》，硕士学位论文，吉林大学，2007 年。
[101] 苏勇：《周代养老制度研究》，硕士学位论文，吉林大学，2005 年。
[102] 王晓玉：《元代养老研究》，硕士学位论文，暨南大学，2013 年。
[103] 武佳：《居家养老服务质量评价的日本经验及启示》，硕士学位论文，山东大学，2017 年。
[104] 张莎莎：《我国古代涉老法令的现代法律意义》，硕士学位论文，西南政法大学，2013 年。
[105] 国家统计局、恒大研究院：《泽平宏观：中国人口报告老龄化少子化加快》，http：//finance. jrj. com. cn/2019/12/03063128480690. shtml，2019 年 12 月 3 日。
[106] 国家统计局、华经产业研究院：《2018 年中国人口总量及人口性别、年龄、城乡结构分析》，https：//www. sohu. com/a/30 2317786_ 120113054，2019 年 3 月 19 日。
[107] 《积极老龄化：国际养老社区及适老化住宅建设经验》，https：//www. sohu. com/a/345675369_ 801793，2019 年 10 月 8 日。
[108] 老年福祉学院：《第三年龄（Third Age）和第三年龄大学（University of Third Age，简称 U3A）》，http：//lnlm. bcsa. edu. cn/info/1083/3401. htm，2016 年 2 月 20 日。
[109] 联合国经济和社会事务部人口司：《世界人口展望 2019：发现提要》，http：//www. xinhuanet. com/tech/2019 - 06/18/c_ 1124639379. htm，2019 年 6 月 18 日。
[110] 联合国经济与社会事务部人口司：《2017 世界人口展望及要

点概览》，https：//population. un. org/wpp/Publications/Files/WPP2017_ KeyFindings. pdf，2017 年 6 月 10 日。

[111] 联合国人口与发展委员会：《世界人口前景：2015 年订正版》，https：//www. un. org/en/development/desa/population/migration/generalassembly/docs/A_ 71_ 296_ C. pdf，2016 年 6 月 4 日。

[112] 联合国人口与发展委员会：《世界人口展望：2019 年修订版》，https：//www. un. org/development/desa/publications/world－population－prospects－2019－highlights. html，2019 年 6 月 17 日。

[113] 刘玉红：《英国基本养老保险制度及对我国的借鉴》，http：//www. sic. gov. cn/News/456/5616. htm，2015 年 12 月 2 日。

[114] 美国退休人员委员会：《在美国如何养老?》，https：//www. sohu. com/a/164206701_ 611014，2017 年 8 月 13 日。

[115] 民政部：《中国特色养老服务体系逐步形成》，https：//www. sohu. com/a/343577233_ 436021，2019 年 9 月 26 日。

[116] 聂日明：《谁为中国人养老? 老龄化的现状与问题》，https：//www. thepaper. cn/newsDetail_ forward_ 5138656，2019 年 12 月 10 日。

[117] 《全国各省份老龄化程度统计表》，http：//www. chamiji. com/201804253428. html，2018 年 4 月 25 日。

[118] 卫健委：《中国人均预期寿命 77 岁，健康预期寿命仅 68. 7 岁》，https：//www. yidianzixun. com/article/0MnHtvpN? appid = yidian&s =8，2019 年 7 月 31 日。

[119] 央视网：国家发改委、民政部等部门联合印发《城企联动普惠养老专项行动实施方案》，http：//news. cctv. com/2019/02/22/ARTIHlc2bL9bMiS0x86D69vP190222. shtml，2019 年 2 月 22 日。

[120] 《中共中央、国务院关于加强老龄工作的决定》，http：//www. nhfpc. gov. cn/jtfzs/s3581c/201307/e9f0bbfea6c742ec9b832e2021a02eac. shtml，2000 年 8 月 21 日。

[121] 中华人民共和国财政部：《德国基本养老保险制度概况》，http：//zys. mof. gov. cn/pdlb/tszs/201601/t20160122 _ 1655079. htm，2016 年 1 月 22 日。

[122] 中华人民共和国商务部：《德国人口老龄化程度高》，http：//www. mofcom. gov. cn/article/i/jyjl/m/201706/20170602598131. shtml，2017 年 6 月 23 日。

[123] CQC："Who we are"，http：//www. cqc. org. uk/about – us/our – purpose – role/who – we – are，2019 年 11 月 13 日。

[124] Daron Acemoglu，Pascual Restrepo，"Secular Stagnation—The Effect of Aging on Economic Growth in the Age of Automation"，NBER Working Papers，Vol. 107，No. 5，2017.

[125] Evans，Peter B. ed.，*State – Society Synergy*：*Government and Social Capital in Development*，Berkeley：University of California Press，1997.

[126] Evans，Peter B.，*Embedded Autonomy*：*States and Industrial Transformation*，New Jersey：Princeton University Press，1995.

[127] Evers，A.，"Part of the Welfare Mix：The Third Sector as an Inter Mediate Area"，*Journal of Voluntas*，Vol. 6，No. 2，1995.

[128] Granovetter，M.，"Economic Action and Social Structure：the Problem of Embeddedness"，*American Journal of Sociology*，Vol. 91，No. 3，1985.

[129] Johnson，*The Welfare State in Transition*：*The Theory and Practice of Welfare Pluralism*，Amherst：The University of Massachusetts Press，1987.

[130] Jönsson，I.，Daune – Richard，A. M.，Odena，S. et al.，"The Implementation of Elder – care in France and Sweden：A

Macro and Micro Perspective", *Journal of Ageing and Society*, Vol. 31, No. 4, 2011.

[131] Kirsten J. Colello, *CRS Report for the Congress: Supportive Servi-ices Programs to Naturally Occurring Retirement Communities*, *Washington*, D. C.: Congressional Research Service Press, 2007.

[132] Polanyi, K., *The Great Transformation: The Political and Economic of Our Time*, *Boston*, MA: Beacon Press, 1944.

[133] R. Rose, "Common Goals but Different Roles: The State's Contribution to the Welfare Mix", in R. Rose & R. Shiratori, *The Welfare State East and West*, Oxford: Oxford University Press, 1987.

[134] W. G. Bell, "Community Care for the Elderly", *Journal of The Gerontologist*, Vol. 18, No. 3, 1973.

[135] Zukin, Sharon, DiMaggio, *Structures of Capital: The Social Organization of the Economy*, Cambridge: Cambridge University Press, 1990.